西方经济学教学题库

（微观部分）第2版

《西方经济学教学题库》编写组 编

江苏大学出版社
JIANGSU UNIVERSITY PRESS
镇 江

图书在版编目(CIP)数据

西方经济学教学题库. 微观部分/《西方经济学教学题库》编写组编. —2版. —镇江：江苏大学出版社，2017.10(2024.3重印)
ISBN 978-7-5684-0514-0

Ⅰ.①西… Ⅱ.①西… Ⅲ.①西方经济学—习题集②微观经济学—习题集 Ⅳ.①F091.3-44

中国版本图书馆CIP数据核字(2017)第189545号

西方经济学教学题库(微观部分)
Xifang Jingjixue Jiaoxue Tiku(Weiguan Bufen)

编　　者/《西方经济学教学题库》编写组
责任编辑/柳　艳
出版发行/江苏大学出版社
地　　址/江苏省镇江市京口区学府路301号(邮编：212013)
电　　话/0511-84446464(传真)
网　　址/http://press.ujs.edu.cn
排　　版/镇江文苑制版印刷有限责任公司
印　　刷/广东虎彩云印刷有限公司
开　　本/718 mm×1 000 mm　1/16
印　　张/20.25
字　　数/300千字
版　　次/2017年10月第2版
印　　次/2024年3月第2版第11次印刷 累计第14次印刷
书　　号/ISBN 978-7-5684-0514-0
定　　价/42.00元

如有印装质量问题请与本社营销部联系(电话:0511-84440882)

再版序言

《西方经济学教学题库》于2013年出版后，为学生学好微观经济学和宏观经济学课程，帮助他们更好地分析市场现象，把握经济运行规律，梳理认识思路，提高思辨能力提供了重要的练习手段和途径，也为教师教好这两门课程和考查学生学习效果提供了有效的帮助和支撑。经过四年的教学检验，我们发现一版存在的一些疏漏甚至错误。本次修订再版，正是针对这些问题进行的全面修正和系统优化。主要体现在两个方面：一是修正并更新了习题内容，重点解决了题目表达不够严谨、参考答案不够明确的问题，使题库质量得到了明显提升。二是将更新后的习题内容电子化，在校园网上同步建立了在线学习和检测系统，便于学生课后学习与教师及时进行课堂考核和最终成绩评定。

该书的修订再版，是在征集了任课教师和大量学生在教学或学习过程中发现问题的基础上，由王正明负责召集部分教师和国际贸易、产业经济专业研究生进行分工协作完成的，为期一年半。具体参加再版修订的人员主要有：王正明、赵晶、国秀琴、杨阳(大)、杨阳(小)、蔡源、刘伟等。

该书的再版得到了江苏大学出版社的全力支持，特别是编辑部顾正彤、柳艳老师做了大量认真、细致的工作，从而使编辑出版变得顺利而高效。此外，在该书的再版过程中，许多教师和同学都指出了存在的问题，并提出了修改意见，鉴于无法一一署名，只能在此一并表示感谢！

目　录

第 1 章

导　论

一、习　题

（一）名词解释

1. 经济
2. 经济学
3. 经济资源
4. 生产要素
5. 资源的稀缺性
6. 理性人(经济人)
7. 资源配置
8. 资源利用
9. 规范分析
10. 实证分析
11. 经济均衡
12. 均衡分析
13. 过程分析
14. 经济模型
15. 内生变量
16. 外生变量
17. 参数

18. 完全理性

19. 完全信息

20. 市场出清

21. 静态分析

(二) 单项选择题

1. 现代语境下的“经济”一词通常包括(　　)。

A. 节省(有效率)　　B. 生产与交换

C. 经济制度及系统　　D. 以上三者都是

2. 经济学研究的前提是(　　)。

A. 资源是稀缺的　　B. 劳动是稀缺的

C. 资金是稀缺的　　D. 技术是稀缺的

3. 经济学研究的基本内容是(　　)。

A. 劳动的合理利用　　B. 资源的开发与利用

C. 资源的有效配置和合理利用　　D. 有效治理国家

4. 现有资源总是不能满足人们的欲望,这一基本经济现象通常被描述为(　　)。

A. 资源是有用的　　B. 资源是有限的

C. 欲望是无限的　　D. 资源是稀缺的

5. 经济学中的稀缺性问题(　　)。

A. 只在市场经济形态中存在　　B. 只在计划经济形态中存在

C. 只在自然经济形态中存在　　D. 与经济形态无关

6. 经济学研究的稀缺资源主要是(　　)。

A. 经济物品　　B. 废品　　C. 自由物品　　D. 以上三者都是

7. 按照人类社会生产能力提高的历史进程,资源的稀缺性最早体现在(　　)要素上。

A. 土地　　B. 劳动　　C. 资本　　D. 技术

8.“资源是稀缺的”是指(　　)。

A. 资源是不可再生的

B. 资源必须留给下一代

C. 资源终将被耗费殆尽

D. 相对于需求而言，资源总是不足的

9. 以下属于生产要素的有(　　)。

A. 原始森林　　B. 南极圈的矿藏

C. 企业家才能　　D. 最新的科研成果

10. 以下不属于生产要素的有(　　)。

A. 工人的劳动　　B. 机器设备

C. 闲散资金　　D. 开采中的油田

11. 以下关于经济学的定义，最准确的是(　　)。

A. 研究如何将稀缺资源合理配置于竞争性用途的科学

B. 消费者如何获得收入并进行消费选择的科学

C. 研究政府部门如何对市场机制进行有效干预的科学

D. 研究生产者如何获取利润的科学

12. 经济学研究的基本问题包括(　　)。

A. 生产什么，生产多少　　B. 怎样生产

C. 为谁生产　　D. 以上三者都是

13. 经济学关于理性的理解，主要是基于(　　)。

A. 按照事物发展的规律做决策

B. 不凭感觉做事情

C. 在一定约束条件下追求预期效用最大化

D. 判断人的行为是否符合特定的目的

14. 理性只是一种行为而非结果，是指(　　)。

A. 人们的目标选择达到最优　　B. 偏好形成过程的最优

C. 影响偏好变化的最主要因素　　D. 偏好究竟是怎样的

15. 在经济学中说“人是理性的”，这是指(　　)。

A. 人们不会做出错误的判断

B. 人们总是从自己的角度做出最好的决策

C. 人们的决策总是在完全信息的条件下做出的

D. 人们不会为自己所做出的决策而后悔

16. “经济人”要求具备以下的假设条件(　　)。

A. 人是大公无私的

B. 追求利益最大化的智力资源和手段是无限的

C. 个体行为与群体行为总是不一致的

D. 人总是具有社会公共责任心的

17. 关于生产可能性边界上的点,表述不正确的是(　　)。

A. 在既定资源和技术条件下所能获得的最大产量的组合

B. 在资源和技术条件不变时,必须减少一种产品的生产才能获得更多的其他产品

C. 在任何资源和技术条件下,产量总是有限的

D. 多样化生产通常要优于单一产品生产

18. 关于资源利用问题,不正确的表述是(　　)。

A. 社会生产经常处在稀缺资源没有被充分利用的现实之中

B. 处在生产可能性边界之外的点代表着稀缺资源没有被充分利用

C. 突破生产可能性边界是有可能的

D. 处在生产可能性边界内的点代表着稀缺资源没有被充分利用

19. 从资源利用的角度看,充分就业是指(　　)。

A. 没有失业　　B. 总是有资源闲置

C. 所有资源都得到充分利用　　D. 生产可能性边界上的点向内移动

20. 下列问题不属于微观经济研究范畴的是(　　)。

A. 如何扩大需求促进就业水平的提高

B. 消费者如何安排其消费计划

C. 厂商如何确定生产产量

D. 市场价格的决定因素和过程

21. 规范经济学区别于实证经济学的根本点在于(　　)。

A. 规范经济学包含着价值判断

B. 它们的研究对象不同

C. 它们的研究范围不同

D. 规范经济学最常使用归纳分析法

22. 改革开放以来,中国经济的高速增长充分显示了市场经济的活力。这一判断属于(　　)。

A. 规范分析　　B. 实证分析

C. 实证分析与规范分析的结合　　D. 既非实证分析也非规范分析

23. 下列属于实证分析的是(　　)。

A. 合理配置生产资源对厂商有利

B. 合理配置生产要素对厂商不利

C. 只有合理配置生产要素才能实现利润的最大化

D. 合理配置生产要素比市场营销更重要

24. 可以在经济模型中得到说明的是(　　)。

A. 内生变量　　B. 外生变量

C. 参数　　D. 以上三者都是

25. 关于经济模型中的参数,正确的说法是(　　)。

A. 参数是事先人为给定的量,不管经济状态怎样变化都不会变化

B. 参数是由经济模型中的内生变量决定的量

C. 参数可以看成是由经济模型中所有外生变量所决定的量

D. 参数与经济模型中的内生变量和外生变量都没有关系

26. 在市场均衡模型中,属于外生变量的是(　　)。

A. 商品需求量　　B. 收入水平

C. 商品供给量　　D. 价格

27. 在市场均衡模型中,属于参数的是(　　)。

A. 商品需求量　　B. 商品供给量

C. 需求曲线的斜率　　D. 收入水平

28. 在市场均衡模型中,其他商品的价格是(　　)。

A. 均衡条件　B. 参数　C. 内生变量　D. 外生变量

29. 在市场均衡模型中,供给曲线的斜率是(　　)。

A. 参数　B. 内生变量

C. 外生变量　D. 均衡条件

30. 不属于微观经济学基本假设的是(　　)。

A. 经济人假设　B. 完全信息假设

C. 市场出清假设　D. 边际递减假设

31. 微观经济学的逻辑体系是从(　　)开始的。

A. 效用理论　B. 厂商理论

C. 一般均衡理论　D. 完全竞争理论

32. 研究单个居民、厂商经济行为的经济学是(　　)。

A. 规范经济学　B. 实证经济学

C. 微观经济学　D. 宏观经济学

33. 经济模型可以用文字、表格、图形、方程式来表示,相对而言最为直观的是(　　)。

A. 文字　B. 表格　C. 图形　D. 方程式

34. 经济模型是为了增进对现实经济的理解而(　　)。

A. 复杂化了的现实　B. 简化了的现实

C. 形象化了的理想　D. 理想化了的形象

35. 其他条件不变,如果粮食的价格从3元提高到5元,那么需求量将会如何变化?对这个问题的分析方法是(　　)。

A. 静态分析　B. 动态分析

C. 比较静态分析　D. 以上三者都是

(三) 辨析题

1. 经济学是研究稀缺资源有效配置和利用问题的科学。

2. 经济学所研究的资源是广义的资源。

3. “天生我物必有用”是对经济资源有用性进行的一般描述。

4. 资源的稀缺性源于人的欲望是可以控制的。

5. “经济资源是绝对有限的”,这是一个伪命题。

6. “理性”是一种行为而非结果。

7. “经济人”假设实际上否定了“大公无私”的社会道德期盼。

8. 从经济学的角度来分析,“选择”是有成本或代价的。

9. 资源利用程度的变化,表现为生产组合点沿着生产可能性曲线发生移动。

10. 要实现充分就业,就要使处在生产可能性边界之内的点向外扩张到生产可能性曲线上。

11. 价格稳定也是资源充分利用的目标之一。

12. 生产可能性边界可以不断向外推移。

13. 规范经济学回答的是“经济活动应该是什么”的问题。

14. “某种方案是否应该”是实证经济学需要回答的问题。

15. 均衡分析是静态分析,过程分析才是动态分析。

16. 建立经济模型的主要方法就是抽象。

17. 构成模型的参数是由外生变量所决定的。

18. “市场出清”是指市场上的产品能够全部销售出去。

19. 微观经济学逻辑体系是从均衡理论开始的。

20. 马歇尔的《经济学原理》是微观经济学体系形成的标志。

(四) 简答题

1. 简述“经济”的由来与发展。

2. 为什么说经济资源是稀缺的?

3. 简述经济学的基本内容。

4. 比较规范分析与实证分析的异同。

5. 试析静态分析、比较静态分析与动态分析的异同。

6. 画图说明市场交换的基本经济模型。

7. 微观经济学的基本假设有哪些?

8. 简述宏观经济学与微观经济学的区别。

9. 简述微观经济学理论的基本内容。

10. 简述微观经济学理论的逻辑结构。

(五) 案例分析题

1. 鲁滨孙的选择

在笛福的《鲁滨孙漂流记》中,酷爱航海的鲁滨孙在商船失事以后漂流到了一个荒无人烟的岛上。鲁滨孙凭着自己的才智,只身在荒岛上顽强地生存了下来。如果我们引入生产可能性边界这一概念,鲁滨孙漂流的故事便有了浓厚的经济学色彩。

对于处在孤岛上的鲁滨孙而言,虽然两手空空,但他毕竟来自于文明社会,具备了一定的知识和技能,可以利用自身的人力资源进行生产自救。假设鲁滨孙一天的工作时间为 8 小时,或者用于爬树摘椰子,或者用于下海抓鱼。这样鲁滨孙首先就有了两种极端的选择,他可以将一天 8 小时全部用于抓鱼,将这个数量记录在横坐标上;鲁滨孙也可以将一天 8 小时全部用于摘椰子,将这个数量记录在纵坐标上。这两个选择是鲁滨孙的生产可能性边界上的两个极端的点。当然,除这两点之外,鲁滨孙还有许多其他的选择:将一部分时间用于摘椰子,另一部分时间用于抓鱼,这又会有很多种组合。将这些点也都画出来,并连接起来,就得到了一条曲线。这条曲线就是鲁滨孙的生产可能性边界。

如果观察鲁滨孙的生产可能性边界,我们会发现这是一条向右下方倾斜并凹向原点的曲线。向右下方倾斜表明鲁滨孙在现有资源条件下要想多抓鱼就得少摘椰子。也就是说,通过鲁滨孙的选择,椰子可以转换为鱼,二者存在此消彼长的关系。凹向原点则表明,将椰子转换为鱼的过程中,转换的边际成本是递增的。当鲁滨孙拥有很多椰子的时候,生产椰子的效率几乎都发挥殆尽了,这时将一定量的劳动进行转换,多抓一条鱼,只需要放弃较少的椰子,但是随着调整的进行,当椰子的数量变少时,椰子的生产效率反而会回到较高的状态。这时,同样用一定量的劳动多抓一条鱼,则要放弃更多的椰子。这是由边际生产力递减规律所决定的。

请进一步分析处在鲁滨孙生产可能性边界之内和之外的点所表示的经济含义。

2. 经济学是快乐与痛苦的微积分[①]

威廉·斯坦利·杰文斯(William Stanley Jevons,1835—1882),英国经济学家,数理经济学派的主要代表之一。他有一句关于数学与经济学的名言:"经济学是快乐与痛苦的微积分。"

杰文斯运用数学方法提出了效用、边际效用等概念,进而"从数学原理引出了政治经济学家们先前已经得出的全部主要规律……最重要的公式之一是,随着一个人所消费的任一商品(例如进餐)数量的增加,得自所用的最后一部分商品的效用或福利在程度上是减少的。……事实上,政治经济学家们在更复杂的形式上,以供给与需求规律的名义已经提出了这个效用规律。不过一旦以简单的形式对它加以适当表述,它便提示了问题的全部……"当然,杰文斯也清楚指出,并非一旦承认经济学的数学性质、运用了数学方法便可获得真理。

杰文斯强调要用数学的方法来研究经济学,反对那种认为只有其精确计算的科学才能运用数学的观点,强调必须把一门科学的数学性和精确性加以区分。杰文斯认为,经济学所涉及的各种经济量及其相互关系,都属于数学的范畴,可以用数学的方法加以表达;经济生活中的各种量之间有着复杂的关系,数学分析比文字分析能够更好地处理这些复杂关系。当然,在经济学中数学方法运用最多的当属于微积分。

请具体阐述对"经济学是快乐与痛苦的微积分"的理解。

3. 有选择就有代价[②]

木兰围场,一个早春。"我已经来日不多了,该选择了。"清朝道光皇帝正吃力地思考着大清的未来。这个艰难的抉择一直困扰着他:一面是品德

---

① 刘厚俊:《西方经济学经典命题》,江西人民出版社,2008年。

② 根据《有选择就有代价》改编,http://roll.sohu.com/20120205/n333738919.shtml.

贤良并且又年长的皇四子奕詝,一面是自己欣赏、偏爱有加的皇六子奕䜣。他在心里踌躇着。

这时,皇六子奕䜣打猎归来,武艺超群的他果然满载而归。而皇四子奕詝却只是站在一旁,未发一箭。“你为什么没去打猎?”道光皇帝问道。“因为春天到了,正值鸟兽万物孕育的时候,我不忍心伤害它们,也不愿用这样的方式与弟弟们竞争。”皇四子奕詝——这位后来的咸丰帝,背出了老师教给他的台词。最后,这种“藏拙示仁”的表演让道光帝选择了他,也从此改变了中国的命运。

后来的历史证明,皇六子奕䜣要比咸丰优秀得多,如果道光帝选择了他,那么慈禧掌权、甲午战争、英法联军火烧圆明园都有可能不会发生。当然这只是一个推测,但是,有选择就要付出代价:也许,当哥伦布驶向美洲时,就注定了要摧毁印加文明;也许,当林肯决定废除奴隶制时,就已注定了南北战争的发生;再也许,当金融衍生品出世的时候,就注定了会有次贷危机……

不管怎样,我们要明白,选择是有代价的,特别是在机会只有一次、历史不会重演的关键时刻,选择的代价则可能会影响千秋万代。

请分析说明选择的代价就是机会成本。

二、参考答案

(一)名词解释

1. 解析:

现代语言环境下“经济”一词的含义,主要包含以下两个方面的内容:一是指节省、有效率,意为耗费较少的人力、物力、时间等而获得较大的成果;二是对人类社会生产、消费、分配、交换等活动,以及组织这些活动的制度、系统等的统称。

2. 解析:

尽管不同的学者对经济学的定义在表述上存在着差异,但其本质或内涵却是高度一致的，即经济学是研究如何有效配置稀缺资源的科学，或者说经济学是研究稀缺资源配置和利用问题的科学。

3. 解析：

资源一般可分为经济资源与非经济资源两大类。“天生我物必有用”说的是非经济资源“有用性”的一般特征，但经济资源强调的是“可被人类开发和利用”，只有能够被人类社会开发利用的客观存在才是资源。相反，即使有用但尚未被人类开发利用的物品，则不包含在经济资源序列之中。

4. 解析：

所谓生产要素，就是指进行社会生产经营活动时所需要的各种社会资源，是构成产品的主要因素或手段。从生产过程来理解，经济资源实质上就是生产要素的代名词。

5. 解析：

资源的稀缺性是指相对于人的无限欲望，经济资源总是不足的。这种判断是基于以下两个方面的理解：一是人的欲望是无限的，二是经济资源是绝对有限的。因此，资源的稀缺性是经济社会的一般特征，也是一切经济问题产生的根源。

6. 解析：

经济学中的理性，是指人们在一定的约束条件下追求预期效用最大化的行为。理性人（经济人）是以完全追求物质利益为目的而进行经济活动的主体，他们具有对其所处环境的完全信息，能对其偏好进行排序，具有无懈可击的逻辑推理和计算能力。

7. 解析：

资源配置是指对相对稀缺的资源在各种不同用途上加以比较而进行的选择。这些选择至少包括三个方面：一是生产什么（What），二是怎样生产（How），三是为谁生产（Who）。

8. 解析：

面对资源稀缺性的约束，人类社会理应充分利用现有资源生产更多的经济物品，但稀缺资源被浪费，得不到充分利用的现象却是经常存在的。研究造成这种状态的原因,寻求改良这种现象的方法,使生产组合处在生产可能性边界上,这就是资源利用。

9. 解析:

规范分析要解决的是“应该是什么”的问题。它主要依据一定的价值标准和社会目标,并以此作为处理经济问题和制定经济政策的依据,探讨如何才能符合这些价值标准及达到这种社会目标的方法和步骤。

10. 解析:

实证分析要解决的是“是什么”的问题。它是在一定的假定并考虑经济变量之间因果关系的前提下,着重描述、解释或说明已观察到的事实,并对有关经济现象将会出现的情况做出预测,通常会撇开对社会经济活动的价值判断,不考虑运行的结果是否可取,只研究经济活动中各种经济现象之间的联系。

11. 解析:

经济均衡是指这样一种状态:当经济中各种对立的、变动着的力量达到势均力敌或相互平衡时,使经济事物处于一种相对静止、不再变动的状态,或经济决策者(消费者个人、厂商等)在权衡抉择资源使用方式时,认为重新调整资源配置方式已不可能获得更多的好处,从而不再改变其经济行为的状态。

12. 解析:

均衡分析方法是在研究的问题所涉及的诸多经济变量(因素)中,假定自变量是已知的或不变的,然后分析当因变量达到均衡状态的时候会有的情况和所需具备的条件,即所谓的均衡条件。

13. 解析:

过程分析重点考察的是经济系统调整变化的实际过程。这种分析方法一般将经济运动过程划分为连续的分析“期间”,以便考察有关经济变量在相继各个期间的变化情况。

14. 解析:

经济模型是指用来描述与所研究的经济现象有关的经济变量之间的依

存关系的理论结构。作为一种经济分析工具或方法，经济模型以简单、明了的方式描述了现实世界的情况。

15. 解析：

内生变量是指直接构成该模型的变量，或者说是该模型所要决定的变量，即这些变量可以在模型体系内部得到说明。

16. 解析：

外生变量是指由模型以外的其他因素所决定的变量，是模型得以建立的外部条件，但这些变量不能在模型体系内得到说明。

17. 解析：

参数是指构成模型的常数项，或者说是模型中数值已知的变量。参数是模型本身所不能决定的，不能在模型体系内部得到说明，即这些变量的决定因素在模型之外，由外生变量决定。

18. 解析：

完全理性是指所有的经济主体(消费者个人和厂商)在所有时间和所有经济活动中都是理性的，即都以最小的代价去追逐和获得最大的自身利益，是完全的“经济人”，而不存在任何反例。

19. 解析：

完全信息是指所有经济主体都能及时获得一切市场信息，而且不需要支付任何代价。它包括两层含义：一是信息是对称的，二是信息是充分的。

20. 解析：

市场出清是指价格机制可以使所有市场都处于均衡状态，即市场价格自由而迅速的变动，可以使市场需求和供给及时做出反应，从而保证供需总是处于相等的状态。具体说，就是价格信号是完全有效的。

21. 解析：

静态分析是考察既定条件下某一经济事物在经济变量的相互作用下所实现的均衡状态及其特征，即根据既定的外生变量值求内生变量值的分析方法。

（二）单项选择题

略

（三）辨析题

1. 解析：

正确。资源的稀缺性是经济学研究的前提，没有稀缺性约束，也就不会产生经济问题。经济学研究的基本内容就是在资源稀缺的约束下，如何实现资源的有效配置和合理利用。

2. 解析：

错误。经济学作为一门社会科学，其研究的是社会经济活动，并非一般的自然现象。因此，经济学研究的资源强调的是"可被人类开发和利用"的经济资源，尚未被开发利用的物品是不能包含在经济资源之内的。

3. 解析：

错误。物品的有用性是客观存在的，这是"天生我物必有用"所表达的基本含义。但经济资源强调物品"可被人类开发和利用"，人类还没有认识到其存在的价值，或者尚无法利用其价值的有用物品，是不在经济研究范围之内的。

4. 解析：

错误。通常人的欲望是无限的，在总体上是不可控的。资源的稀缺性，源于"欲望的无限性"和"资源的有限性"的相互比较。资源是否稀缺，关键在于资源数量与人的需要相比较是否充足。

5. 解析：

错误。由于受到自然条件的约束、人类认识水平和技术水平的限制，资源的数量在任何社会、任何时代都是既定的，不可能随意改变。

6. 解析：

正确。理性假设强调的是行为，是对偏好的一种表达，即人们在一定的预算约束条件下追求预期效用的最大化。它并不从选择结果上判断是否最优，更不从价值判断的角度来讨论应该怎样选择才是理性。

7. 解析：

错误。“经济人”假设只是假定人是理性的，总是在一定的预算约束条件下追求预期效用的最大化，并没有否定社会人的其他价值判断。“经济人”假设虽然符合统计学大数规律，但并不能全面、精确地反映社会现实，即“大公无私”值得社会提倡和期盼，但“自利”是大多数的。

8. 解析：

正确。从资源稀缺性角度出发，如何对目标需求进行权衡与取舍就成为经济问题的核心。当然，有选择就会有放弃，这样一来，放弃就成为选择的成本或代价。在经济学中，这种成本或代价可以用机会成本来定义。

9. 解析：

错误。生产可能性曲线上的点表示在现有技术条件下能够生产的产品的最大数量组合，即表示资源已经在现有技术下得到了充分利用。因此，生产可能性曲线上的点不管向上或向下移动，都是在资源充分利用的条件下的不同产品组合。资源被浪费或得不到充分利用的表现是产品组合点处于生产可能性曲线之内。

10. 解析：

正确。充分就业是指资源被使用，没有被闲置，这种状态可以用生产可能性曲线来表示。因此，处在生产可能性曲线之内的点向外扩张，本身就代表着资源利用效率的提高。

11. 解析：

正确。如果货币发生贬值，就必然导致物价上涨，持续下去就会引发通货膨胀，相应地就会造成资产价值缩水、价格扭曲、资源配置效率降低、社会生产脱离生产可能性边界。因此，价格稳定也是实现资源充分利用的目标之一。

12. 解析：

正确。生产可能性边界虽然代表着资源被充分利用，但其前提是在一定的技术条件、社会经济环境下。如果技术进步、社会改革取得了重大突破,那么,社会生产的技术条件和社会环境都得到改良,一定资源条件下的最大生产组合可以不断向外推移。

13. 解析:

正确。规范经济学主要是根据一定的价值判断和社会目标提出行为标准,并以此作为处理经济问题和制定经济政策的依据,探讨如何才能符合这些标准、达到这种目标的方法和步骤。

14. 解析:

错误。实证经济学需要说明和回答的问题是经济现象是什么、可供选择的方案有哪些,着重描述、解释或说明已观察到的事实,主要分析经济活动的过程、后果以及朝什么方向发展等问题,而不考虑结果是否可取等价值判断问题。

15. 解析:

错误。均衡分析可以是静态的,即分析经济过程的最终结果或状态,也可以是比较静态的,即比较分析不同的均衡状态。过程分析重点考察经济变量调整变化的阶段和趋势,虽然动态的时间序列分析是常用的方法,但静态的期间分析也是不可缺少的。

16. 解析:

正确。经济模型是用来描述经济变量之间依存关系的理论结构,是以简单、明了的方式描述现实世界的分析工具或方法。因此,抽象是建立经济模型的基本方法。

17. 解析:

正确。参数是模型中的常数项,即模型中数值已知的变量。参数是模型本身所不能决定的,不能在模型体系内部得到说明,它们取决于模型之外的外生变量。

18. 解析:

正确。市场出清指的是价格机制的作用具有充分的灵活性,可以使所有的市场都处于均衡状态,即市场价格自由而迅速的变动,可以使市场需求和供给及时做出反应,从而保证供需总是处于均衡状态。

19. 解析：

错误。供求均衡原理和弹性分析理论都是微观经济学理论的基础，但微观经济学理论的逻辑体系是从效用理论（消费者行为理论）开始的，因为消费行为是所有市场经济行为的基础。

20. 解析：

正确。在《微观经济学原理》中，马歇尔将边际效用理论与当时的供给理论、节欲论、生产费用理论等其他经济学说综合在一起，构造了微观经济学的理论体系。

（四）简答题

1. 解析：

现代汉语中的“经济”一词来源于对英语单词 Economy 的翻译。Economy 则来源于古希腊语“家庭管理”，即古希腊时代的“庄园管理”。随着资本主义制度的兴起和不断发展，英语中“企业”“行业”“中介机构”“政府”等词汇不断出现，西方社会家庭组织的重要性越来越多地让位于这些社会组织，相应的，Economy 一词的含义也由家庭收支管理更多地转向社会组织的收支、效率管理问题。发展到现在，现代语言环境下的“经济”一词，其含义主要包含以下两个方面：一是节省、有效率，意为以较少的人力、物力、时间等耗费而获得较大的成果；二是对人类社会生产、消费、分配、交换等活动，以及组织这些活动的制度、系统等的统称。

2. 解析：

经济资源是稀缺的，可以从以下两个方面来分析：

一是人的欲望是无限的。“世界再大也大不过人心”。正像马斯洛需求理论所描述的那样，人的欲望或需要是有层次的，从低到高分别由生理需要、安全需要、社交需要、尊重需要、自我实现需要所构成，而且，需要的层次通常是自主提升的：当较低层次的需要得到满足以后，又会产生更高层次的需要，一直持续，没有止境。

二是经济资源是绝对有限的。所有经济问题都是有前提或背景的，在一定时期、一定环境条件下，经济资源都会因为地理位置、生产技术、运输条件等方面的限制而表现出总量的既定性。从人类历史发展进程来看，无论是贫穷的原始部落还是富裕的现代社会，无论人类的生产能力低下还是强大，有用的资源总是显得不足。遵循人类社会生产能力提高的历史进程，这种稀缺有一定的先后顺序：先是劳动力，后来是土地、资本，再后来是技术、环境、制度。所有这些都清楚地说明：不管何时何地资源都是有限的。

3. 解析：

因为社会生活中人们的需要或欲望是无限的，但资源或满足需要的手段是有限的，因而产生了需要经济学研究、探讨的经济问题，即怎样使有限的、相对稀缺的生产资源来满足无限且多样化需要的问题。具体分析这一问题，通常可以分解为两个方面：一是稀缺资源如何优化配置问题，二是稀缺资源如何有效利用问题。

资源配置问题至少包含着三个方面的内容(3W)，即“生产什么(What)、怎样生产(How)、为谁生产(Who)”。生产什么：指在既定的资源条件下选择何种产品进行生产。怎样生产：指为生产既定产品选择用什么样的方式、资源组合比例进行。为谁生产：指生产出来的产品在社会成员之间如何进行分配。

如何使有限的资源生产出更多的产品，即资源的充分利用问题。这一问题用生产可能性曲线来表示，就是如何将处在生产可能性边界内的产品组合，向外扩展到边界上或边界之外。

4. 解析：

规范分析是研究经济运行“应该是什么”的研究方法，要解决的是“应该是什么”的问题。规范分析主要依据一定的价值判断和社会目标，提出行为标准，并以此作为处理经济问题和制定经济政策的依据，探讨如何才能符合这些价值标准、达到这种社会目标的方法和步骤。

实证分析则是分析经济问题“是什么”的研究方法，要解决的是“是什么”的问题。实证分析是在一定的假定并考虑经济变量之间因果关系的前提下，着重描述、解释或说明已观察到的事实，并对有关经济现象将会出现的情况做出预测。

5. 解析：

静态分析就是分析经济现象的均衡状态及有关的经济变量达到均衡状态所需要具备的条件，它完全舍弃掉了时间因素和具体变动的过程，是一种静止的、孤立的考察方法。

比较静态分析就是分析在已知的自变量发生变化后经济均衡状态相应的变化，以及有关的经济总量在达到新的均衡状态时的相应变化，也就是对经济现象有关经济变量发生一次变动（而不是连续变动）的前后进行比较。比较静态分析只是对比一个经济变动过程的起点和终点，而不涉及转变期间和具体变动过程本身，实际上只是对两种既定的自变量和它们各自相应的因变量的均衡值加以比较。区别于静态分析，比较静态分析就是对比分析两套既定的自变量下的静态均衡发生了什么样的变化，并不涉及变化的过程和路径。

动态分析则是对经济变动的实际过程进行分析，其中包括分析有关变量在一定时间过程中的变动，这些经济变量在变动过程中的相互影响和彼此制约关系，以及它们在每一时点上变动的速率，等等。也就是说，这种分析考察时间因素的影响，并把经济现象的变化当作一个连续的过程来看待。

6. 解析：

如图 1-1 所示（实线表示产品要素的流动，虚线表示价格或货币的流动）：

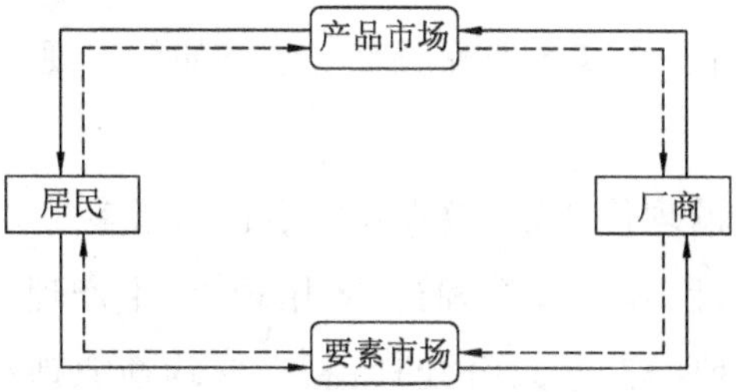

图 1-1

7. 解析：

微观经济学研究最基本的假设有三个，即完全理性、完全信息和市场出清。

完全理性是指所有的经济主体(消费者个人和厂商)在所有时间和所有经济活动中都是理性的,即都以最小的代价去追逐和获得最大的自身利益,是完全的"经济人",而不存在任何反例。

完全信息是指所有经济主体都能及时获得一切市场信息,而且不需要支付任何代价。具体来说,完全信息至少包括两层含义:一是信息是对称的,不存在"你知道的我不知道、你不知道的我知道"这样的情况;二是信息是充分的,信息的产生、传输和获取不会产生任何费用和代价,所有信息都是可以免费获取的。

市场出清是指价格机制可以使所有市场都处于均衡状态,即市场价格自由而迅速的变动,可以使市场需求和供给及时反应,从而保证供需总是处于相等的状态。

8. 解析:

与微观经济学相区别,宏观经济学的研究对象不再是单个经济主体,而是国民经济整体。如果说微观经济学研究的是广袤森林中的一棵棵树木,那么宏观经济学研究的则是由这些树木组成的整个森林。

与微观经济学研究资源配置问题不同,宏观经济学的任务是研究如何充分利用资源。微观经济学把资源的充分利用看作既定的前提,宏观经济学则把资源的最优配置作为既定的前提。

微观经济学是从个量角度进行研究,宏观经济学则研究的是国民经济总量的决定及其变化,并以此来说明市场经济如何实现资源的充分利用。

9. 解析:

作为一个完整的理论体系,微观经济学包括诸多相对独立的理论内容,主要有供求均衡原理、弹性分析理论、效用理论、生产理论、成本理论、自由竞争原理、垄断博弈原理、收入分配理论、一般均衡原理和市场失灵与微观经济政策等。

10. 解析:

微观经济学是一个严格的演绎逻辑体系。

微观经济学的逻辑体系是从效用理论(消费者行为理论)开始的。它从反映消费偏好的最简单的公理出发,提出了“理性人”的假定。在此基础上,效用理论通过构造描述偏好的效用函数,进而决定了人类经济行为中至关重要的主观交换比率,即边际效用替代率。在既定预算约束的前提下,消费者的客观交换比率是由市场相对价格来决定的。于是,当主观交换比率(边际替代率)等于客观交换比率(相对价格)的时候,交换就得以发生。这样,产品市场上的交换行为就得到了完美的解释。

与消费者行为理论相对应的是厂商理论,其理论逻辑与消费者行为理论如出一辙。基于对厂商行为的假定可以推导出厂商生产最大化、成本最小化、利润最大化的要素价格曲线,即要素需求曲线。其中的一个关键环节就在于劳动力价格要等于劳动的边际产出,资本价格要等于资本的边际产出。这样,在要素市场上工资、利息等要素的价格就被决定了。

(五)案例分析题

1. 解析:

生产可能性边界是一条以纵轴和横轴分别表示两种产品的坐标系中的曲线,它表示人们在既定资源和技术条件下所能生产的两种产品的最大产量组合。因此,沿着生产可能性边界运动,鲁滨孙在生产上就总是处于有效率的状态,或者说他不会窝工。最简单的理由就是,当鲁滨孙的生产选择沿着生产可能性边界运动时,他要多抓一条鱼,就必须少摘一些椰子。如果鲁滨孙的选择不在生产可能性边界上,而是处于生产可能性边界的内部,这就说明鲁滨孙的生产是无效率的,或者说鲁滨孙的生产窝工了。因为在此状态下,鲁滨孙可以在不减少鱼的产量的前提下,增加椰子的产量,或者在不减少椰子产量的前提下,增加鱼的产量,而重新回到生产可能性边界上。这说明原先的状态不是最好的。

尽管在生产可能性边界上从事生产都是有效率的,但鲁滨孙究竟会选择哪一点仍然是一个值得研究的问题。因为鲁滨孙的生产是为了自己的消费,所以,在这里是鲁滨孙的个人偏好决定了生产组合在生产可能性边界上的具体位置。假如鲁滨孙是个典型的素食主义者,他的选择就一定在纵轴上的那个点上;反之,如果鲁滨孙偏爱吃鱼,那他的选择就一定位于偏向横轴的点上。当鲁滨孙这样选择时,资源就得到了优化配置,实现了微观经济效益。

对鲁滨孙来讲,生产可能性边界之外的那些点又意味着什么?当然是更多的鱼和更多的椰子,但由于位于生产可能性边界之外,是鲁滨孙在现有的资源和技术条件下不可能达到的。如果鲁滨孙可以增加劳动投入,这就需要鲁滨孙每天工作超过8小时,他完全可以得到更多的鱼和椰子,这就意味着他的整个生产可能性边界向右移动。当然,鲁滨孙也可以在不增加劳动投入,而是改进生产技术的前提下,使生产可能性边界向右扩张。比如,鲁滨孙不再赤手空拳去抓鱼,而是造船结网,用渔船捕鱼;也不再爬树摘椰子,而是造采摘器在树下摘椰子。结果鱼和椰子的产量都比以前大大增加了。在这种情况下,鲁滨孙通过更加充分地利用资源获得了更多效益。

2. 解析:

经济模型可以用文字、表格、图形或数学式来表示。传统的方法多采用文字来说明,现代经济学更多地采用图形、函数关系或数学方程式来表示。用图形来表示的经济模型比较直观,用数学方程来构造的模型可以更好地进行定量分析。无论是坐标图形还是数学模型,都需要借助数学的方法和手段来构建。

现代经济学运用最多的数学手段是微积分,微观经济学中的边际革命便是最直接的例证。纵观西方经济学理论体系,处处都体现着微积分的思想,从边际递减规律的描述到等边际法则的运用,从局部均衡分析到一般均衡分析,从产品市场研究到要素市场研究,微积分的分析手段随处可见。

杰文斯把经济学形象地定义为“快乐与痛苦的微积分”,不仅出于他对数理经济学的喜爱与推崇,更重要的是用数学概念更好地解释了经济学的本质或内涵。经济学是讲究效率的科学,需要解决的根本问题是如何使有限的资源得到最大限度的利用,其均衡原则是投入与产出遵循等边际法则。用快乐与痛苦来替换产出和投入,经济学自然就是研究以最少的痛苦来获取最多快乐的一门科学。

3. 解析：

既然资源是稀缺的，人们就必须学会选择如何对目标需求进行权衡和取舍。当然，有选择就会有放弃，或者说“放弃”就成为“选择”的成本或代价。在经济学中这种成本或代价是用机会成本来定义的。

所谓机会成本，就是指人们在做出一项选择（或决策）时所要放弃的其他选择可能获得的最大收益或价格。简言之，机会成本就是为选择（或决策）所付出的代价。通过权衡选择的收益和机会成本，人们就可以在面对稀缺资源约束时，对如何进行选择或取舍做出判断。

因此，哥伦布选择驶向美洲的机会成本或许就是印加文明的覆灭；林肯选择废除奴隶制的机会成本或许就是南北战争；美联储决定对金融衍生品不加监管的机会成本或许就是次贷危机……

第2章

供求均衡原理

一、习　题

（一）名词解释

1. 需求
2. 需求的变动
3. 需求量的变动
4. 供求定理
5. 供给
6. 供给的变动
7. 供给量的变动
8. 替代品
9. 互补品
10. 均衡价格
11. 支持价格
12. 限制价格

（二）单项选择题

1. 微观经济学分析的核心问题是（　　）。

A. 消费者均衡　　B. 生产者均衡

C. 价格　　D. 供求关系

2. 当汽油的价格上升时，对小汽车的需求量将(　　)。

A. 减少　　B. 保持不变　　C. 增加　　D. 不确定

3. 在市场经济中，生产什么和生产多少的问题由(　　)来回答。

A. 政府　　B. 生产者

C. 消费者和政府　　D. 消费者和生产者

4. 王同学对钢笔的需求表示为(　　)。

A. 王同学买了钢笔

B. 王同学没有买钢笔，而是买了毛笔

C. 钢笔价格为每支 1 元时，王同学准备用现有的收入买 4 支，而每支为 2 元时，准备买 1 支

D. 王同学准备买 10 支，但钱没带够

5. 自然灾害使大豆歉收导致大豆价格上升，准确地说在这个过程中发生了(　　)。

A. 大豆供给减少引起大豆需求量下降

B. 大豆供给减少引起大豆需求下降

C. 大豆供给量减少引起大豆需求量下降

D. 大豆供给量减少引起大豆需求下降

6. 下列哪一项会导致面包的需求曲线向右移动？(　　)

A. 面粉价格的上涨　　B. 果酱价格的上涨

C. 收入的下降　　D. 花生酱价格的下降

7. 在某一时期内彩色电视机的需求曲线向左平移的原因可能是(　　)。

A. 彩色电视机的价格上升

B. 消费者对彩色电视机的预期价格上升

C. 消费者对彩色电视机的预期价格下降

D. 消费者的收入水平提高

8. 生产某种商品所需的原材料价格上升，这种商品的(　　)。

A. 需求曲线向左方移动　　B. 供给曲线向左方移动

C. 需求曲线向右方移动　　　　　D. 供给曲线向右方移动

9. 如果某种商品的供给曲线斜率为正,在保持其他因素不变的情况下,该商品的生产技术水平有所提高,必将导致(　　)。

A. 供给量增加　　　　　B. 供给量减少

C. 供给增加　　　　　D. 供给减少

10. 生产者预期某商品的价格将下降,则影响该商品当前供给(　　)。

A. 减少　　　　　B. 不变

C. 增加　　　　　D. 上述三种情况都有可能

11. 在绘制农民对粮食的供给曲线时,下列除了(　　)外均被假定为常量。

A. 技术水平　　　　　B. 生产要素的价格

C. 气候条件　　　　　D. 粮食的价格

12. 一种商品价格下降对其互补品的最直接影响是(　　)。

A. 互补品的需求曲线向右移动

B. 互补品的需求曲线向左移动

C. 互补品的供给曲线向右移动

D. 互补品的价格上升

13. 已知某商品的均衡价格是1元,均衡交易量是1 000单位。现假定消费者收入的增加使这种商品的需求增加了400单位,在供求正常的情况下,该商品均衡时,消费数量(　　)。

A. 正好是1 000单位　　　　　B. 多于1 000单位少于1 400单位

C. 正好是1 400单位　　　　　D. 无法判断

14. 均衡价格一定随着(　　)。

A. 需求与供给的增加而上升

B. 需求的增加和供给的减少而上升

C. 需求的减少和供给的增加而上升

D. 需求和供给的减少而上升

15. 需求规律说明(　　)。

A. 药品的价格上涨会使得药品质量提高

B. 计算机价格下降导致销售量增加

C. 门票价格提高,游览公园的人数增加

D. 汽车的价格提高,小汽车的销售量增加

16. 如果商品 A 与商品 B 互为替代品,则 A 商品价格下降将造成(　　)。

A. 商品 A 的需求曲线向右移动　B. 商品 A 的需求曲线向左移动

C. 商品 B 的需求曲线向右移动　D. 商品 B 的需求曲线向左移动

17. 两种互补商品中的一种价格下降将导致另一种商品的(　　)上升。

A. 需求量　B. 需求　C. 价格　D. 均衡价格

18. 如果政府对卖者出售的商品每单位征税 5 美分,那么这种做法将引起这种商品的(　　)。

A. 价格上升 5 美分　B. 价格的上升幅度少于 5 美分

C. 价格的上升幅度大于 5 美分　D. 价格无法确定

19. 需求曲线上任意一点对应的价格是(　　)。

A. 均衡价格　B. 市场价格

C. 需求价格　D. 最低价格

20. 影响一种商品需求数量的因素不包括以下哪一个:(　　)。

A. 商品本身的价格　B. 消费者的收入水平

C. 商品生产的技术水平　D. 消费者的偏好

21. 若市场需求减少大于市场供给减少,则市场价格(　　)。

A. 上升　B. 下降　C. 不变　D. 不确定

22. 已知某种商品的市场需求函数为 $D=20-P$,市场供给函数为 $S=4P-5$,在其他条件不变的情况下对该商品实行减税,则减税后的市场均衡价格(　　)。

A. 大于 5　B. 等于 5　C. 小于 5　D. 小于或等于 5

23. 如果某商品的需求函数为 $Q=\frac{1}{P}$,则该商品价格下降使销售收入(　　)。

A. 增加　　B. 减少　　C. 不变　　D. 无法确定

24. 市场成交数量增加而市场价格并无变化,则下列哪一条件是必要的?(　　)

A. 供求曲线均为线性　　B. 供求量等幅增加

C. 供求等幅增加　　D. 上述条件都不必要

25. 下面哪一项反映了供给规律?(　　)

A. 消费者不再喜欢消费某商品,使该商品的价格下降

B. 政策鼓励某商品的生产,因而该商品的供给量增加

C. 生产技术提高会使商品的供给量增加

D. 某商品价格上升将导致对该商品的供给量增加

26. 若需求曲线为向右下方倾斜的直线,则当价格从高到低不断下降时,卖者的总收益将(　　)。

A. 不断增加

B. 不断减少

C. 在开始时趋于增加,达到最大值后趋于减少

D. 在开始时趋于减少,达到最小值后趋于增加

27. 对于大白菜供给的减少,不可能是由于(　　)。

A. 气候异常严寒　　B. 政策限制大白菜的种植

C. 大白菜的价格下降　　D. 化肥价格上涨

28. 政府为了扶植某一行业生产而规定的该行业的最低价格是(　　)。

A. 限制价格　　B. 支持价格　　C. 领先价格　　D. 歧视价格

29. 假设某商品的需求曲线为 $Q=3-2P$,市场上该商品的均衡价格为4,那么,当需求曲线变为 $Q=5-2P$ 后,均衡价格将(　　)。

A. 大于4　　B. 小于4

C. 等于 4　　　　　　　　　　D. 小于或等于 4

30. 当某种商品的需求减少而供给增加时，那么（　　）。

A. 均衡价格下降，均衡产销量减少

B. 均衡价格下降，均衡产销量无法确定

C. 均衡价格无法确定，均衡产销量减少

D. 均衡价格上升，均衡产销量减少

31. 当某种商品的需求和供给同时出现减少时，那么（　　）。

A. 均衡价格下降，均衡产销量减少

B. 均衡价格下降，均衡产销量无法确定

C. 均衡价格无法确定，均衡产销量减少

D. 均衡价格上升，均衡产销量减少

32. 当某种商品的需求和供给同时出现增加的情况时，那么（　　）。

A. 均衡价格下降，均衡产销量减少

B. 均衡价格下降，均衡产销量无法确定

C. 均衡价格无法确定，均衡产销量增加

D. 均衡价格上升，均衡产销量减少

33. 当某种商品的需求增加而供给减少情况时，那么（　　）。

A. 均衡价格下降，均衡产销量减少

B. 均衡价格下降，均衡产销量无法确定

C. 均衡价格无法确定，均衡产销量减少

D. 均衡价格上升，均衡产销量无法确定

34. 所有下列因素除（　　）外，都会使需求曲线移动。

A. 消费者收入变化　　　　　　B. 商品价格变化

C. 其他有关商品价格下降　　　D. 消费者偏好变化

35. 政府规定最低价格，会使（　　）。

A. 过分旺盛的需求得到遏制　　B. 供不应求的现象消失

C. 供过于求的现象加剧　　　　D. 供不应求的现象加剧

36. 政府无论调高或者调低价格，其结果（　　）。

A. 都会使消费者得到好处

B. 都会使生产者得到好处

C. 都会使供求失衡现象消失

D. 都可能使供求失衡现象持续存在

37. 国家要保护农民的利益,规定了较高的农产品收购价格,同时(　　)。

A. 规定农民的种植面积是必要的

B. 规定农民不准到黑市去销售是必要的

C. 要求农民尽可能超产是合乎情理的

D. 对超产的农产品不予收购

38. 市场上某产品存在超额需求是由于(　　)。

A. 产品价格超过均衡价格　　B. 该产品是优质品

C. 该产品供不应求　　D. 该产品价格低于均衡价格

39. 如果政府利用商品配给的方法来控制价格,意味着(　　)。

A. 供给和需求的变化已不能影响价格

B. 政府通过移动供给曲线来抑制价格

C. 政府通过移动需求曲线来抑制价格

D. 市场上商品的供给量和需求量不相等

(三) 辨析题

1. 只有在落后国家才存在资源的稀缺性现象。

2. 微观经济学的研究对象是包括单个消费者、单个生产者、单个市场在内的个体经济单位。

3. 如果需求量增加,需求一定增加。

4. 市场需求曲线是每个人需求的数量与价格的加总。

5. 当某种商品价格上升时,其互补商品的需求将上升。

6. 在商品过剩的情况下,卖者之间的竞争会压低价格;在商品短缺的情况下,买者之间的竞争会抬高价格。

7. 假定需求不变，供给的增加将引起均衡价格的下降和均衡交易量的减少。

8. 假定其他条件不变，某种商品的价格下降将会引起需求量的增加。

9. 在均衡状态时没有多余的需求和供给。

10. 商品价格的变化将会导致市场需求曲线向右移动。

11. 消费者收入的变动将移动他的需求曲线。

12. 钻石的价格高于水的价格是因为钻石比水更有用。

13. 如果价格低于均衡价格的话，厂商不能销售出任何他们想要出售的数量。

14. 需求的变动是指商品本身价格变动所引起的该商品的需求数量的变动。

15. 卖者提高价格肯定会增加销售收入。

16. 某商品的替代品价格的上升将会导致此商品需求曲线向右移动。

17. 需求就是居民在某一特定时期内，在一定价格水平下愿意购买的商品量。

18. 商品 X 的价格下降导致商品 Y 的需求数量下降，说明两种商品是替代品。

19. 构成需求的两个要件是购买欲望和购买能力。

20. 支持价格是政府为了扶持某一行业的发展所制定的某种产品的最高价格。

(四) 简答题

1. 决定消费者对一种物品需求量的因素有哪些？

2. 简述市场经济中价格的作用。

3. 简述需求量的变动和需求的变动的关系。

4. 为什么只有需求量与供给量相等的价格才是均衡价格？

5. 政府的最高限价政策有什么后果？

6. 价格下降是如何消除产品过剩的？

7. 指出发生下列几种情况时,某种蘑菇的需求曲线的移动方向,并说出原因。

(1) 世界卫生组织发布一份报告,称这种蘑菇会致癌;

(2) 另一种蘑菇的价格上涨了;

(3) 消费者的收入增加了;

(4) 培育蘑菇的工人工资增加了。

8. 粮食价格提高对猪肉的供给曲线有何影响?猪肉价格提高对猪肉的销售量和供给曲线是否会产生影响?

9. 导致典型的需求曲线向右下方倾斜的因素有哪些?

10. 导致典型的供给曲线向右上方倾斜的因素有哪些?

(五) 计算题

1. 假定某商品的需求价格为 $P=100-5Q$,供给价格为 $P=40+10Q$,求该商品的均衡价格和均衡产量。

2. 市场研究得出以下有关巧克力市场的信息:需求可以表示为方程式 $Q_d=1\ 600-300P$,这里 Q_d 是需求量,P 是价格。供给可以表示为方程式 $Q_s=1\ 400+700P$,这里 Q_s 是供给量。计算巧克力市场的均衡价格和均衡数量。

3. 已知某市场的供给函数为 $Q_s=-50+3P$,需求函数为 $Q_d=100-2P$。

(1) 求均衡价格和均衡数量。

(2) 若由于某种原因,市场需求函数变化为 $Q_d=150-2P$。

① 求新的均衡价格和均衡数量。

② 若政府要维持(1)的市场均衡,试问在价格不变的情况下,并以 40 元的价格购进其他市场产品后,以(1)中的市场均衡的价格投放到市场,需购买多少?耗资多少?

③ 若政府对生产企业进行补贴,以维持(1)中的价格,那么每单位产品补贴为多少?

④ 第②和第③这两种方式中,政府采用哪种方式耗资较少?

4. 设某市场只有两个消费者，其需求曲线分别为：

$$\begin{cases} Q_1=100-2P & (P\leqslant 50) \\ Q_1=0 & (P>50) \end{cases} \qquad \begin{cases} Q_2=160-4P & (P\leqslant 40) \\ Q_2=0 & (P>40) \end{cases}$$

试求市场需求曲线。

5. 已知某一时期内某商品的需求函数为 $Q=50-5P$，供给函数为 $Q=-10+5P$。

(1) 求均衡价格和均衡数量。

(2) 假定供给函数不变，由于消费者收入水平提高，使需求函数变为 $Q=60-5P$。求出相应的均衡价格和均衡数量。

(3) 假定需求函数不变，由于生产技术水平提高，使供给函数变为 $Q=-5+5P$。求出相应的均衡价格和均衡数量。

(4) 利用前面的分析，说明需求变动和供给变动对均衡价格和均衡数量的影响。

6. 设某水泥厂的需求函数为 $Q=400-2P$，问：

(1) 该厂计划每日销售水泥 180 吨，价格应为多少？

(2) 每吨水泥售价 150 元，每日能销售多少？

(3) 价格提高到多少，销售量为零？

7. 假定某商品市场上有 1 000 位相同的消费者，单个消费者的需求函数为：$Q_d=10-2P$；同时有 20 个相同的厂商向该市场提供产品，每个厂商的供给函数为 $Q_s=500P$。

(1) 求该商品的市场需求函数和市场供给函数。

(2) 如果消费者对该商品的偏好减弱，使得个人需求曲线向左移动了 4 个单位，求变化后的市场均衡价格和均衡数量。

8. 某商品的需求函数为 $Q_d=124-4P$，供给函数为 $Q_s=-26+2P$，若政府决定对生产者征收每单位商品 6 元的销售税，问生产者和消费者各承担了多少的税收负担？

9. 某种商品的需求函数为 $Q_d=260-60P$，供给函数为 $Q_s=100+40P$，假定政府对于每单位产品征收 0.5 元税收。

(1) 求税后的均衡产量 Q 与消费者支付的价格 P_d 及生产者获得的价格 P_s。

(2) 计算政府的税收收入与社会的福利净损失。

(六) 案例分析题

1. 雪天的杂货店

1967年,一场大暴雪使得芝加哥市区的交通瘫痪,送货车辆不能及时将货物补充给各个商店,城市外的生活必需品难以进入,使得各个商店的生活必需品十分紧缺。当时还是大学生的詹姆斯的住所附近有两家杂货店。一家杂货店老板慈悲为怀,坚持在大雪天对店内商品不涨价,其店中的商品很快被抢购一空,如此低的价格使这个老板难以以高价从外界继续采购新的商品,货源得不到及时补给,这家店再没有货物可以销售,所以很快就关门大吉。另外一家杂货店则将所有的商品和价格暂时提高到原来的两倍,同时这家杂货店的老板出高价请人乘雪橇从外地运进当地市民需要的各种商品。涨价的杂货店因为能够支付较高的雇佣雪橇拉货的成本,一直在暴雪期间保证了对居民的基本供应,同时高价格也自然促使居民根据新的价格状况调整自己的需求,将采购的物品控制在自己能够承担并且是必需的范围内。

试用市场供求定理来解释此现象。

2. 歌星的高收入

歌星报酬的丰厚是众所周知的,现在越来越多的选秀节目开始挑选民间优秀的歌手,不少民间的歌手自然希望通过这些选秀节目出名,从而获得更好的收入。近几年来,唱片业衰减,很多歌手纷纷投身演唱会市场。一场个人演唱会得到的报酬,比发一张唱片得到的收入要多几十到上百倍,甚至可以与广告代言的收入相媲美。一些很普通的歌星的演唱会门票都要几百到上千,并且还经常一票难求,歌星一场演唱会的出场费的收入是几十万元人民币甚至更多,是普通人几年或几十年的收入,以2013年台湾地区歌手演唱会收入榜为例:排名前三的分别为周杰伦(4.3亿元台币),五月天(2.3

亿元台币),罗志祥(2.1 亿元台币)。对比这样的高收入,老百姓难免有不平衡之感,觉得社会收入差距越来越大,越来越不公平,为什么自己辛辛苦苦地工作还不如歌星随便唱几首歌。

请用供求规律来分析歌星的收入是否合理。

3. 家电市场价格的变化

在改革开放初期,我国生产力水平落后,生产厂家少,家电产品的总需求量远远高于其总供给量,出现了凭票排队抢购冰箱的场面,当时最普通的一款冰箱卖到 2 800 元左右,还要凭票供应。虽然不排除通货膨胀的影响,但就当时国内各家电生产厂家的技术水平和产品质量而言,连续几年的高价倾销,家电市场长期供小于求,厂商的利润可观,因此有越来越多的厂家投身于家电产品的生产,生产商由原来的几个增加到几十个。随着改革开放的不断发展,国外先进技术的不断引进及国外家电产品的不断进入,如索尼、东芝、三星、飞利浦等也都看准了中国家电市场这块蛋糕,竞争越发激烈,供求关系随之改变,由原来的供小于求逐步转变为供大于求。同时,由于竞争的需要,产品的质量逐步提升,品种式样不断增加,从低端产品到高端数字化产品一应俱全,产品的价格更加市场化,厂家的服务也更加优质,带给消费者的实惠也就越多。再加之消费者的收入影响着商品的需求,收入越高消费的档次越高,对劣等产品的需求呈反方向变动。如今的家电市场竞争已进入白热化,各厂家为了争夺市场不断用降价、促销等手段来赢得顾客,甚至推出了大批低于成本价的特价机来争得一时的高市场份额,而这样做往往是饮鸩止渴,不少品牌由于厂家的收不抵支而逐渐退出家电市场。可以看到,价格调节供求,市场竞争最后使得家电市场更加规范化、品牌化,逐渐趋于供求平衡。

请通过市场供求机制来分析此案例。

4. 政府对鸡蛋的补贴弊端

资料表明,1995 年天津市鸡蛋生产量缺口为 0.5 亿公斤,这除了生产成本上升的冲击之外,也与补贴制度的缺陷不无关系。一方面,价格补贴的存在使鸡蛋的实际收购价达到 3.50 元/斤~3.80 元/斤的水平,当生产者手中不受管制的鸡蛋由非国营门市部征购时，生产者心目中已有了一个很高的心理价位，更希望通过此举弥补由于受到价格管制而遭受的损失(即使政府对生产者由于低价出售而遭到的损失进行了补贴，而且补贴额很高，名义收购价很低，也使生产者产生吃亏的错觉)，于是市场价被拉升到很高的水平；另一方面，较低的价格刺激了需求，从而进一步加剧了供求双方的矛盾。解决这种矛盾的方法，在不受价格管制的情况下，就表现为价格的上涨。调查资料显示，当定点门市部被迫以 3.30 元/斤的价格出售鸡蛋时，农贸市场的鸡蛋价格却一度达到了 3.9 元/斤～4.1 元/斤的水平。

试分析市场自身调节供求的好处。

二、参考答案

(一) 名词解释

1. 解析：

需求是指个人或所有消费者在一定时间内，在一定价格条件下，对某一商品愿意并且有能力购买的数量。

2. 解析：

需求的变动是指除商品价格外其他因素发生变化时商品需求数量的改变。在图上表现为需求曲线的整体移动。

3. 解析：

需求量的变动是指在其他条件不变的情况下，由某种商品自身的价格变动而引起的该商品需求数量的变动。

4. 解析：

供求定理是指当需求量大于供给量时，价格上升；当需求量小于供给量时，价格下降，这就是市场价格变化的具体规律，一般称之为供求规律。

5. 解析：

供给是指某个厂商或全部厂商在一定时间内，在一定价格条件下，对某一商品愿意并且有商品出售的数量。

6. 解析：

供给的变动是指除商品价格外，其他因素发生变化时商品供给数量的改变。在图上表现为供给曲线的整体移动。

7. 解析：

供给量的变动是指在其他条件不变的情况下，由某种商品自身价格变动而引起的该商品供给数量的变动。

8. 解析：

如果两种商品之间可以相互替代以满足消费者的某一种欲望，这两种商品就互称为替代品。

9. 解析：

如果两种商品必须同时使用才能满足消费者的某一种欲望，这两种商品就互称为互补品。

10. 解析：

均衡价格是指一种商品需求价格和供给价格相等，同时需求量和供给量相等的价格，在图上就是需求曲线和供给曲线的交点。

11. 解析：

支持价格是指政府为了扶植某一行业的生产而规定的该行业产品的最低价格。

12. 解析：

限制价格是指政府为了限制某些生活必需品的价格上涨，而对这些产品所规定的最高价格。

（二）单项选择题

略

（三）辨析题

1. 解析：

错误。资源的稀缺性是相对于需求而言的，不是相对国家的发展状况而言的。如果对某种资源没有需求,也就不存在稀缺或者富裕的情况。

2. 解析:

正确。微观经济学是相对宏观经济学而言的,宏观经济学分析的是整个经济体系,比如一个国家的经济状况,而微观经济学则反映的是整体中的个体情况。

3. 解析:

错误。需求量的改变可以是在一条需求曲线上由于价格的变化而导致消费者需求量的变化,或者是由于其他原因导致整个需求曲线的整体移动而造成需求量的改变。

4. 解析:

错误。市场需求曲线能够反映人们的总体平均需求水平,但不是全部需求者的简单加总求和。

5. 解析:

错误。当某种商品的价格上升,消费者对该物品的需求量会减少,随着对该商品需求量的减少,消费者对该商品的互补品的需求量肯定会减少。

6. 解析:

正确。当商品过剩即供过于求时,卖家为了销售自己的产品,不惜以降价来吸引消费者购买;反之,当商品短缺即供不应求时,消费者为了得到想要的产品,不惜高价竞争来获得该商品。

7. 解析:

错误。假定需求不变,供给的增加使供给曲线向右下方移动,从而与原先的需求曲线形成新的均衡价格和均衡交易量,新的均衡价格比旧的均衡价格低,而新的均衡交易量比旧的均衡交易量大。

8. 解析:

正确。在其他条件不变的情况下,商品价格的下降表现在需求曲线上是随着需求曲线向右下方移动,从而表现出需求量的增加。

9. 解析:

正确。所谓均衡状态,就是消费者的需求和生产者的供给相一致,不存在供过于求或者供不应求的状况，即供求相等。

10. 解析：

错误。商品价格的变化只会使在同一需求曲线上的点来回移动，并不会使需求曲线整体来回移动。

11. 解析：

正确。消费者的需求同样受消费者收入的影响，如果消费者收入改变，消费者很有可能会改变自己的消费倾向，增加或者减少某种商品的购买。

12. 解析：

错误。用供求理论来分析，对钻石和水的需求一样的情况下，钻石的供给却比水少很多，所以钻石的市场价格比水高。

13. 解析：

错误。如果市场价格低于均衡价格，则会出现消费者的需求量大于卖家的供给量，即供不应求的状态，厂家可以出售自己想要出售的商品数量。

14. 解析：

错误。需求的变动是指某种商品自身的价格不变的情况下，由于其他因素变动所引起的该商品的需求数量的变动。

15. 解析：

错误。卖者提高价格可能会使消费者购买数量减少，所以不一定存在提高价格就会增加销售收入的情况。

16. 解析：

正确。某种商品的替代品的价格上升，肯定会使该商品需求量增加，而在其他条件不变的情况下，就表现为该商品整个需求曲线向右方移动。

17. 解析：

错误。需求就是居民在某一特定时期内，在一定价格水平下愿意并且能够购买的商品量。需求既要有购买意愿，也要有购买能力。

18. 解析：

正确。如果两种商品之间可以相互替代以满足消费者的某一种欲望，这两种商品就互称为替代品。当某一商品价格下降时，该商品的需求量会增加,则会对它的替代品产生替代效应,减少其替代品的需求。

19. 解析:

正确。通过需求的概念可以知道,消费者的需求要满足消费者存在购买欲望和购买能力这两个必不可少的条件。

20. 解析:

错误。支持价格是政府为了扶持某一行业的发展所制定的某种产品的最低价格。即使出现供过于求的情况,也不至于使该行业受到过大的损失。

(四) 简答题

1. 解析:

(1) 商品自身的价格。一般来说,一种商品的价格越高,对该商品的需求量就会越小;相反,价格越低,对该商品的需求量就会越大。

(2) 消费者的收入水平。消费者的收入水平提高时,会增加对正常品的需求量,减少对低档品的需求量;相反,消费者收入水平下降时,会减少对正常品的需求量,增加对低档品的需求量。

(3) 互补品的价格。在其他条件不变的情况下,某种商品的互补品的价格上涨,会导致对其需求量的减少。

(4) 替代品的价格。在其他条件不变的情况下,对某一特定商品而言,某种商品的替代品的价格上涨,则会造成对此特定商品的需求量的增加。

(5) 消费者的偏好。当消费者对某种商品的偏好程度增强时,对该商品的需求量就会增加;相反,偏好程度减弱,对该商品的需求量就会减少。

(6) 消费者对商品的价格预期。当消费者预期某种商品的价格在将来某一时期会上升时,就会增加对该商品的现期需求量;当消费者预期某商品的价格在将来某一时期会下降时,就会减少对该商品的现期需求量。

2. 解析:

价格在市场经济中起着极其重要的作用,主要体现在以下几个方面:

(1) 价格是对市场供求进行调节的信号,是推动物品与劳务的需求量与供给量达到均衡状态的力量。当市场价格偏离均衡价格时,导致供给不平衡，会产生过剩或短缺，此时生产者就会调整自己的产量以满足市场需求，最终达到市场的供给平衡，生产者和消费者达到了自己的效用最大化。

(2) 价格激励最有效的生产。价格体系的另外一个重要的特点就是，它在传递信息的同时，还激励人们见机行事，进行最有效的生产。

(3) 价格是配置稀缺资源的机制。价格既反映了一种商品的社会价格，也反映了生产该物品的社会成本，它指引着个别决策者在大多数情况下实现了整个社会福利最大化的结果。

3. 解析：

(1) 需求量的变动和需求的变动各自的定义(略)。

(2) 区别：① 在概念上：前者是具体数量的变动，后者是一种关系的变化；② 在图像上：前者表现为线上一点，后者表现为一条需求曲线；③ 变动的原因不同：前者是价格因素引起的，后者是非价格因素引起的；④ 变动的几何表现不同：前者是点沿着线运动，后者是整条需求曲线移动。

(3) 联系：不同价格下需求量的总和即需求。

4. 解析：

均衡是指两种互相对立的力量达到不再变动时的状态。均衡价格就是供求平衡，不再变动时的价格。如果价格不能使供求平衡，供给和需求就要变动。价格高于均衡价格时，需求减少供给增加；价格低于均衡价格时，需求增加供给减少。所以，只有供求相等时的价格才是均衡价格。

5. 解析：

政府实行最高限价政策的后果可能有：过度需求；出现消费者偏好；政府偏好代替消费者偏好；可能出现黑市、腐败、变相涨价；从长远来看，还会限制供给量；使政府卷入微观经济活动中。

6. 解析：

产品剩余的存在意味着在现行价格条件下供给量大于需求量。消除剩余就要增加需求量减少供给量。随着价格的下降，需求量会增加，而供给量会减少，从而最终消除过剩。

7. 解析：

(1) 此种蘑菇的需求曲线会向左移。因为世界卫生组织发布的该蘑菇会致癌的报告会使得人们普遍产生对食用此种蘑菇的恐惧心理，从而在任一价格水平下大大减少对它的需求量。

(2) 此种蘑菇的需求曲线会向右移。因为各个品种的蘑菇相互属于替代商品，当另一种蘑菇的价格上涨后，人们会减少对那种蘑菇的需求量，并通过多消费此种蘑菇来实现替代，因而在任一价格水平下会增加对此种蘑菇的需求量。

(3) 此种蘑菇的需求曲线会向右移。因为消费者收入的增加意味着他们的购买力增强，这将使他们增加对此种蘑菇在内的正常商品的需求量，并且在任一价格水平下都是如此。

(4) 如果不考虑培育蘑菇的工人作为消费者对此种蘑菇需求的话，此种蘑菇的需求曲线不变。因为培育蘑菇的工人工资增加，只影响蘑菇的供给成本进而影响其供给曲线，对需求曲线则不产生影响。

8. 解析：

(1) 粮食是养殖生猪的主要饲料来源，当粮食价格上涨时，饲养生猪的成本会提高，从而导致猪肉的供给曲线向左方移动，供给减少。

(2) 在其他条件不变的情况下，猪肉价格提高对猪肉的销售量会产生影响，这主要是由于猪肉价格提高意味着销售这种商品更加有利可图，从而刺激供应商增加供给，导致供给量增加。但商品自身的价格发生变动仅对供给量产生影响，因此不会引起供给曲线变动。

9. 解析：

(1) 由于商品之间在使用上往往会存在一定程度的替代性，从而，在其他条件不变的情况下，当某种商品的价格上升时，理性的消费者会采取减少对涨价商品的购买量而增加其替代品的购买量的方法，来弥补减少涨价商品消费可能引起的效用损失，我们把这种特定条件下的消费转移称之为“替代效应”。由于替代效应的存在，使得需求量与价格之间的反向变动成为一种需求的内在机制。

(2) 当人们的货币收入不变并且将全部收入用于消费时，一种商品的价格下降也就意味着人们实际收入水平的提高，从而购买能力增强，在不改变对其他商品消费的同时，增加购买降价商品能够直接引起消费者获得的效用增加，我们把这种受消费者实际收入变动影响而产生的消费改变叫作“收入效应”。由于收入效应的存在，使需求量与价格的反方向变动也成为一种需求的内在机制。

10. 解析：

(1) 在既定的技术和资源条件下，一种可变投入的边际产出终将在某一水平之后呈现递减的趋势，称之为“边际报酬递减规律”，这种产出的增加必然要求有更高的价格与递增的成本相适应，从而出现了较大的供给与较高的价格相伴随的内在机制。

(2) 由于价格上升，在既定的技术和资源条件下，就意味着利润的提高，从而引导已有的厂商扩大生产和吸引新厂商进入，导致供给增加，显然，这是市场机制发挥作用的必然结果。

(五) 计算题

1. 解析：

根据供求均衡条件 $Q_s=Q_d$，得：

$100-5Q=40+10Q$。

解得：

$Q=4$。

把 $Q=4$ 代入需求或供给函数，解得：

$P=80$(元)。

即均衡产量为 4，均衡价格为 80 元。

2. 解析：

根据供求均衡条件 $Q_s=Q_d$，得

$1\ 600-300P=1\ 400+700P$。

解得：

$P=0.2$(元),

$Q_d=1\,600-300\times0.2=1\,540$,

$Q_s=1\,400+700\times0.2=1\,540$。

所以,巧克力市场的均衡价格为 0.2 元,均衡数量为 1 540。

3. 解析:

(1) 依题意,由 $Q_s=Q_d$ 可得:

$-50+3P=100-2P$,

可以得出均衡价格 $P=30$(元),均衡数量 $Q=40$。

(2) ①由 $Q_s=Q_d$ 可得:

$-50+3P=150-2P$。

解得均衡价格 $P=40$(元),均衡数量 $Q=70$。

② 设需增加供给 ΔQ,则在市场需求函数变化的情况下要使均衡价格为 30 元,有:

$-50+3P+\Delta Q=150-2P$。

其中 $P=30$(元),解得:

$\Delta Q=50$。

所以政府购买量为 50,耗资为:

$50\times(40-30)=500$(元)。

③ 设每单位补贴 ΔP,则在市场需求函数变化的情况下要使均衡价格为 30,需有:

$-50+3(P+\Delta P)=150-2P$。

其中 $P=30$(元),解得:

$\Delta P=\frac{50}{3}$(元)。

所以政府应对每单位产品补贴$\frac{50}{3}$元,其耗资为$\frac{50}{3}\times90=1\,500$(元)。

④ 由以上计算可得:第②和第③这两种方式中,采用方式②政府耗资较少。

4. 解析：

市场总需求为消费者需求之和，即 Q_1+Q_2。

据题意，当 $P>50$ 时，$Q_1+Q_2=0$。

当 $40<P\leqslant 50$ 时，$Q_1+Q_2=100-2P+0=100-2P$。

当 $P\leqslant 40$ 时，$Q_1+Q_2=100-2P+160-4P=260-6P$。

所以

$$\begin{cases} Q=260-6P(P\leqslant 40) \\ Q=100-2P(40<P\leqslant 50) \\ Q=0(P>50) \end{cases}$$

5. 解析：

(1) 将需求函数 $Q_d=50-5P$ 和供给函数 $Q_s=-10+5P$ 代入均衡条件 $Q_s=Q_d$，有：

$50-5P=-10+5P$。

解得：

$P_e=6$(元)。

以均衡价格 $P_e=6$ 代入需求函数 $Q_d=50-5P$，得：

$Q_e=50-5\times 6=20$。

或者，以均衡价格 $P_e=6$ 代入供给函数 $Q_s=-10+5P$，得：

$Q_e=-10+5\times 6=20$。

所以，均衡价格和均衡数量分别为 $P_e=6$，$Q_e=20$。

(2) 由于消费者收入提高，需求函数变为 $Q_d=60-5P$。将它与原供给函数 $Q_s=-10+5P$ 代入均衡条件 $Q_s=Q_d$，有：

$60-5P=-10+5P$。

解得：

$P_e=7$(元)。

以均衡价格 $P_e=7$ 代入需求函数 $Q_d=60-5P$，得：

$Q_e=60-5\times 7=25$。

或者，以均衡价格 $P_e=7$ 代入供给函数 $Q_s=-10+5P$，得：

$Q_e = -10 + 5 \times 7 = 25$。

所以,均衡价格和均衡数量分别为 $P_e = 7$(元),$Q_e = 25$。

(3) 将原需求函数 $Q_d = 50 - 5P$ 和由于技术水平提高而产生的新供给函数 $Q_s = -5 + 5P$ 代入均衡条件 $Q_s = Q_d$,有:

$50 - 5P = -5 + 5P$。

解得:

$P_e = 5.5$(元)。

以均衡价格 $P_e = 5.5$ 代入需求函数 $Q_d = 50 - 5P$,得:

$Q_e = 50 - 5 \times 5.5 = 22.5$。

或者,以均衡价格 $P_e = 5.5$ 代入供给函数 $Q_s = -5 + 5P$,得:

$Q_e = -5 + 5 \times 5.5 = 22.5$。

所以,均衡价格和均衡数量分别为 $P_e = 5.5$(元),$Q_e = 22.5$。

(4) 由(1)和(2)可知,当消费者收入水平提高导致需求增加,即表现为需求曲线右移时,均衡价格提高了,均衡数量增加了。

由(1)和(3)可知,当技术水平提高导致供给增加,即表现为供给曲线右移时,均衡价格下降了,均衡数量增加了。

总之,一般来说,需求与均衡价格呈同方向变动,与均衡数量呈同方向变动;供给与均衡价格呈反方向变动,与均衡数量呈同方向变动。

6. 解析:

(1) $Q = 180$ 时,$P = \frac{(400 - Q)}{2} = \frac{(400 - 180)}{2} = 110$(元)。

(2) $P = 150$ 时,$Q = 400 - 2P = 400 - 2 \times 150 = 100$(吨)。

(3) $Q = 0$ 时,$P = \frac{(400 - 0)}{2} = 200$(元)。

7. 解析:

(1) $Q_d = 1\,000 \times (10 - 2P) = 10\,000 - 2\,000P$,

$Q_s = 20 \times 500P = 10\,000P$。

(2) $Q_d = 1\,000 \times (10 - 4 - 2P) = 6\,000 - 2\,000P$。

由 $Q_s=Q_d$ 得：

$6\ 000-2\ 000P=10\ 000P$。

解得：

$P=0.5$(元)，

$Q=5\ 000$。

8. 解析：

由 $Q_s=Q_d$ 可解得征税前的均衡价格为 25 元。

如果征 6 元的税，将导致供给曲线向上竖直移动 6 个单位，新的供给函数为：

$Q_s=-26+2(P-6)=-38+2P$。

此时，新的均衡价格为 27 元，意味着消费者要承担 27－25＝2 元的税收负担，生产者要承担 6－2＝4 元的税收负担。

9. 解析：

(1) 根据需求函数、供给函数，求得均衡价格为 1.6 元，均衡数量为 164；假设政府对供应商课税，供给函数将变为 $Q_s^*=40(P-0.5)+100$，需求函数不变，求得新的均衡价格为 1.8 元，均衡数量为 152。消费者支付的价格 $P_d=1.8$(元)，生产者供给价格 $P_s=1.8-0.5=1.3$(元)。

(2) 税收收入 $T=0.5\times152=76$ 元，社会的福利损失为 $0.5\times\frac{(164-152)}{2}=3$(元)(可辅助图形分析)。

(六) 案例分析题

1. 解析：

这就是"看不见的手"调节商品价格的一个小小案例。通过供求定理，我们知道当需求量大于供给量时，价格上升。在市场供求决定价格水平的市场机制面前，不考虑均衡价格的波动而慈悲为怀，往往不会获得预期的效果，维持低价的杂货店必然会面对居民的抢购。因为不能以低价格补充新的商品，好心的低价杂货店没有赚到合理的利润，而在雪灾之中不得不关门。居民也因为杂货店的低价而没有调整自己的商品需求,因而在低价杂货店关门之后,居民也就再也买不到所需的日用品了。倒是那位看起来发雪灾财的高价杂货店店主,始终保证了居民在雪灾期间的日用品的供应。

2. 解析:

歌星的高收入是由歌星的供给和公众的需求决定的,这是市场机制作用的结果。市场既然对歌星的消费需求如此之大,而供给又稀缺,也就是说在市场上少数著名歌星有完全垄断地位,因此他们的高收入不仅是合理的也是公正的。当看到一夜走红的歌星收入高于同样辛勤劳动的普通人时,普通人难免有不平衡之感,但从经济学的角度来看,歌星的高收入是市场供求关系决定的,因此歌星的高收入是合理的。

3. 解析:

根据供求规律,当需求量大于供给量时,价格上升;当需求量小于供给量时,价格下降,这是市场价格变化的具体规律。除价格外,影响需求的主要因素是收入,收入越高,消费者的消费水平就越高,消费者有更多的钱去购买所需的物品。供求规律在我们现实生活中随处可见。价值规律告诉我们商品的价格是围绕着商品的价值上下浮动的,但同时也受市场供求的影响,有时甚至出现价格背离价值的现象。家电市场价格的变化正是价值规律和供求规律共同作用的结果,即电视机的价格并不一定等于它的价值。当电视机的需求增多,高于它在市场上的供给量时,电视机的价格就会上升;当电视机的需求减少,以致出现供过于求时,那么电视机的价格就会下降。

4. 解析:

从案例中可以看出,价格管制反而使鸡蛋的市场价格上涨,并使价格变得不稳定,这是一项不符合经济规律的、失败的制度安排,最终不可避免地被设计者放弃。事实证明,像鸡蛋、大白菜这类生产周期较短、替代性较强的产品的价格水平和供求关系,最好由市场来调节:在短期内,鸡蛋价格的上升,一是正好刺激了其替代品(如肉类消费等)的消费量上升,调整了消费结构；二是会吸引外地市场供给，很快就能增加本地供给；三是刺激资源向生产领域流动，更多的人转入养鸡行业，从而在下一个生产周期使本地鸡蛋供给增加，鸡蛋价格又会再度回落下来。由此看来，至少在某些产品领域里，即使从维持物价稳定、保证人民生活安定的目的出发，选择市场调节也是最理想的制度安排。

第3章 弹性分析理论

一、习　题

(一) 名词解释

1. 弹性
2. 需求价格弹性
3. 需求交叉价格弹性
4. 需求收入弹性
5. 需求价格弧弹性
6. 需求价格点弹性
7. 供给价格弹性
8. 恩格尔定律
9. 低档商品
10. 正常商品
11. 发散型蛛网
12. 封闭型蛛网

(二) 单项选择题

1. 下列商品中,需求价格弹性最大的是(　　)。

A. 服装　　B. 化妆品　　C. 金银首饰　　D. 食盐

2. 直线型需求曲线的斜率不变,因此其价格弹性也不变。这个说法(　　)。

A. 一定正确　B. 一定不正确　C. 可能不正确　D. 无法判断

3. 若 X 和 Y 两商品的交叉弹性是－2.5,则(　　)。

A. 两商品是替代品　　　　B. 两商品是正常品

C. 两商品是劣质品　　　　D. 两商品是互补品

4. 某月内,X 商品的替代品的价格上升和互补品的价格上升,分别引起 X 商品的需求变动量为 50 单位和 80 单位,则在它们共同作用下该月 X 商品需求数量(　　)。

A. 增加 30 单位　　　　B. 减少 30 单位

C. 增加 130 单位　　　　D. 减少 130 单位

5. 如果一条直线型的需求曲线与一条曲线型的需求曲线相切,则在切点处两条需求曲线的需求价格弹性系数(　　)。

A. 不相同　　　　B. 可能相同,也可能不相同

C. 相同　　　　D. 根据切点的位置而定

6. 假定玉米市场的需求是缺乏弹性的,玉米的产量等于销售量且等于需求量。恶劣的气候条件使玉米产量下降 20%,在这种情况下,(　　)。

A. 玉米生产者的收入减少,因为玉米产量下降 20%

B. 生产者的收入增加,因为玉米价格上升低于 20%

C. 玉米生产者的收入增加,因为价格上升超过 20%

D. 说不清楚

7. 当两种商品中一种商品的价格发生变化时,这两种商品的需求量都同时增加或减少,则这两种商品的需求交叉价格弹性系数为(　　)。

A. 正　　B. 负　　C. 0　　D. 1

8. 一条从右上方向左下方先与价格轴相交,再与数量轴相交的直线型供给曲线,其供给的价格弹性为(　　)。

A. 无法判断　　B. 等于 1　　C. 大于 1　　D. 小于 1

9. 消费者偏好改变,对某商品的消费量随着消费者收入的增加而减少,则该商品是(　　)。

A. 替代品　　B. 互补品　　C. 正常品　　D. 低档品

10. 如果供给完全无弹性,课税将(　　)。

A. 全部向生产者征收　　B. 全部向消费者征收

C. 大部分向生产者征收　　D. 大部分向消费者征收

11. 如果某商品富有需求价格弹性,则该商品价格上升(　　)。

A. 会使销售收益增加　　B. 该商品销售收益不变

C. 会使该商品销售收益下降　　D. 销售收益可能增加也可能下降

12. 如果人们的收入水平提高,则食物支出在总支出中比重将(　　)。

A. 大大增加　　B. 稍有增加　　C. 下降　　D. 不变

13. 如果需求完全无弹性,供给曲线向右上方倾斜,税负将(　　)。

A. 全部落在销售者身上　　B. 大部分落在销售者身上

C. 全部落在消费者身上　　D. 大部分落在消费者身上

14. 假定某商品的价格从3美元降到2美元,需求量则从9单位增加到11单位,则该商品卖者的总收益将(　　)。

A. 保持不变　　B. 增加　　C. 减少　　D. 无法确知

15. 若需求曲线为正双曲线,则商品价格的下降将引起买者在商品上的总花费(　　)。

A. 增加　　B. 减少　　C. 不变　　D. 上述均可能

16. 粮食市场的需求是缺乏弹性的,当出现自然灾害使粮食减产时,(　　)。

A. 粮食生产者的收入将减少,因粮食产量下降

B. 粮食生产者的收入将增加,因粮食价格会更大幅度上升

C. 粮食生产者的收入将减少,因粮食需求量会大幅度减少

D. 粮食生产者的收入保持不变,因粮食价格上升与需求量减少的比率相同

17. 蛛网模型是以(　　)为前提条件的。

A. 需求量对价格缺乏弹性

B. 供给量对价格缺乏弹性

C. 需求方改变对未来的价格预期

D. 生产者按本期的价格决定下期的产量

18. 在下列情形中，哪种情况意味着商品是吉芬物品？（　　）

A. 需求收入弹性和需求价格弹性都是正的

B. 需求收入弹性和需求价格弹性都是负的

C. 需求收入弹性为正，但需求价格弹性为负

D. 需求收入弹性为负，但需求价格弹性为正

19. 在其他条件不变的情况下，需求弹性的大小（　　）。

A. 与消费者的税收负担成反比，与生产者的税收负担成正比

B. 与消费者的税收负担成正比，与生产者的税收负担成反比

C. 不影响税收额在生产者与消费者之间的分配比例

D. 与生产者和消费者的税收无关

20. 若某行业中许多生产者生产一种标准化产品，我们可估计到其中任何一个生产者的产品的需求价格弹性将是（　　）。

A. 零弹性　　B. 缺乏弹性或者说弹性较小

C. 有单位弹性　　D. 富有弹性或者说弹性很大

21. 在下列哪种情况下应采取薄利多销政策？（　　）

A. 价格弹性小于 1 时　　B. 价格弹性大于 1 时

C. 收入弹性大于 1 时　　D. 任何时候都应薄利多销

22. 假定某商品的供给曲线是一条过原点的直线，那么该商品供给的价格弹性（　　）。

A. 随价格的变化而变化　　B. 恒等于 1

C. 为其斜率值　　D. 难以确定

23. 低档品需求的收入弹性是（　　）。

A. 小于 1　　B. 等于 0　　C. 小于 0　　D. 大于 0

24. 若某商品价格上升 2%，其需求量下降 10%，则该商品的需求价格弹性是（　　）。

A. 缺乏弹性的　　B. 富有弹性的

C. 有单位弹性的　　　　　　　　D. 具有无限弹性

25. 若商品 X 和 Y 的需求交叉价格弹性大于零，则(　　)。

A. X 和 Y 是互补品　　　　　　B. X 和 Y 是替代品

C. X 和 Y 是必需品　　　　　　D. 以上都不对

26. 若供给曲线上每一点的点弹性都等于 1，则供给曲线只能是一条(　　)。

A. 过原点的 45°直线　　　　　　B. 过原点的直线

C. 平行于横轴的直线　　　　　　D. 垂直于横轴的直线

27. X 和 Y 两种产品的需求交叉弹性为－1.41，则可以确定这两种产品为(　　)。

A. 替代品　　B. 互补品　　C. 劣质商品　　D. 奢侈品

28. 某商品的价格上升，其销售收益非但没有增加，反而减少了，这是因为该商品的需求是(　　)。

A. 缺乏弹性的　　　　　　　　B. 富有弹性的

C. 无弹性的　　　　　　　　　D. 与弹性无关

29. 当某商品的供给价格弹性为零时，政府对卖者出售单位产品征税 3 元，则该商品的价格将(　　)。

A. 上升 3 元　　　　　　　　　B. 上升超过 3 元

C. 上升不足 3 元　　　　　　　D. 下降 3 元

30. 在其他条件不变的情况下，如果某商品的价格下降 10%能够引起消费者在该商品上的总支出增加 1%，则这种商品的需求量对其价格是(　　)。

A. 富有弹性的　　　　　　　　B. 缺乏弹性的

C. 单位弹性的　　　　　　　　D. 不能确定

31. 食盐市场的需求是缺乏弹性的，由于某种非价格因素的影响使食盐产量下降 20%，在这种情况下(　　)。

A. 食盐生产者的收入减少，因为食盐产量下降 20%

B. 食盐生产者的收入增加，因为食盐价格上升低于 20%

C. 食盐生产者的收入增加，因为食盐价格上升超过20%

D. 食盐生产者的收入不变，因为食盐价格上升等于20%

32. 一种物品需求价格弹性的大小取决于（　　）。

A. 替代品的可获得性　　B. 互补品的价格

C. 收入　　D. 以上都正确

33. 一般情况下，商品的需求量与其价格呈反方向变动，这是因为（　　）。

A. 收入效应的作用

B. 替代效应的作用

C. 收入效应与替代效应同时发生作用

D. 上述答案均不正确

34. 我们通常讲的薄利多销，主要是针对（　　）的商品。

A. 单位弹性　B. 缺乏弹性　C. 富有弹性　D. 无穷弹性

35. 某产品的需求函数为 $P+3Q=10$，则 $P=1$ 时的需求弹性为（　　）。

A. 1/9　B. 9　C. −1/9　D. −9

36. 雇主在工资率下降时一般倾向于增加雇佣工人，假如对工人的需求缺乏价格弹性，工资率的下降将导致雇主支付工资总额（　　）。

A. 减少　B. 不变　C. 增加　D. 无法确定

37. 如果商品的供给弹性为无穷大，那么在该产品的需求增加时（　　）。

A. 均衡价格和均衡产量同时增加

B. 均衡价格和均衡产量同时减少

C. 均衡产量增加但价格不变

D. 均衡价格上升但产量不变

38. 已知对汽车需求的价格弹性绝对值为1.2，需求收入弹性为3，前一期汽车的销售量为100万辆。假设价格提高8%，收入增加10%，则本期汽车的销售量估计是（　　）。

A. 102 万辆　B. 18 万辆　C. 118.8 万辆　D. 120.4 万辆

39. 下面说法正确的一项是(　　)。

A. 替代品种类越多,商品的需求价格弹性越小

B. 商品对消费者越重要,需求价格弹性越大

C. 用于商品的购买支出占消费者总收入的比重越高,需求价格弹性越小

D. 在价格和需求量既定的情况下,需求曲线越平坦,需求价格弹性越大

40. 需求的弹性系数是指(　　)。

A. 需求函数的斜率

B. 收入变化对需求的影响程度

C. 消费者对价格变化的反应程度

D. 以上说法都正确

(三) 辨析题

1. 垂直的需求曲线说明消费者对该种商品的需求数量为零。

2. 一般来说生活必需品的需求弹性比奢侈品的需求弹性小。

3. 若某商品的需求价格弹性 $E_d=0.6$,卖者提高价格肯定增加销售收入。

4. 需求曲线上各点的价格弹性相同。

5. 需求价格弹性与需求曲线斜率是两个相互联系却不相同的概念。

6. 容易被其他产品替代的产品缺乏弹性。

7. 需求价格弹性受产品占总支出的比例的影响。

8. 正常商品的需求量与消费者的收入水平呈同方向变动。

9. 如果某种商品很耐用,则其需求弹性越小。

10. 如果一种商品的需求价格弹性是 2,当其价格从 1 美元上升至 1.02 美元时,会导致需求量下降 4%。

11. 需求价格弹性受时间的影响。

12. 低档商品的经济学含义是指这些商品达不到某种可接受的质量标准。

13. 如果价格和总收益呈同方向变化，则需求是富有弹性的。

14. 生产时间的长短是影响供给价格弹性的一个重要因素。

15. 供给的价格弹性恒为无穷大意味着供给曲线是一条垂直于横轴的直线。

16. 假如需求曲线是一条直线，那么任意两点间的需求弹性一定相等。

17. 收敛型蛛网形成背景是需求曲线斜率绝对值小于供给曲线斜率绝对值。

18. 一种物品需求价格弹性的大小取决于收入。

19. 吉芬商品的需求收入弹性和需求价格弹性都是正的。

（四）简答题

1. 利用微观理论并结合实际，分析我国政府以保护价敞开收购农民余粮的福利效应和积极作用。

2. 运用供求理论分析说明“谷贱伤农”的道理或“丰收悖论”。

3. 影响需求价格弹性的因素是什么？

4. 需求价格弹性与需求曲线的斜率有什么联系和区别？

5. 如果其他条件相同，那么，平坦的需求曲线弹性大，陡峭的需求曲线弹性小。这说法正确吗？为什么？

6. 供给价格弹性在短期中更大，还是在长期中更大？为什么？

7. 借助弹性的相关理论，解释为何禁毒可以减少毒品供给量，但可能增加与毒品相关的犯罪。

8. 如果考虑到提高生产者的收入，那么对农产品和电视机一类高级消费品应分别采取提价还是降价的方法？为什么？

9. 某城市大量运输的需求价格弹性经估算为 1.6，城市管理者为了增加大量运输的收入，应该增加还是降低运输价格？

10. 影响供给价格弹性的因素有哪些？

(五)计算题

1. 已知某商品的需求方程和供给方程分别为：$Q_d=14-3P$，$Q_s=2+6P$。

试求该商品的均衡价格、均衡价格的需求弹性和供给价格弹性。

2. 假定表3-1是需求函数 $Q=500-100P$ 在一定价格范围内的需求状况：

表3-1　某商品的需求表

价格/元	1	2	3	4	5
需求量/单位	400	300	200	100	0

(1) 求出价格在2元和4元之间的需求的价格弧弹性。

(2) 根据给出的需求函数，求 $P=2$ 元时需求的价格点弹性。

3. 假定需求函数为 $Q=MP^{-N}$，其中 M 表示收入，P 表示商品价格，$N(N>0)$ 为常数。求：需求的价格点弹性和需求的收入点弹性。

4. 假定某商品市场上有100个消费者，其中，60个消费者购买该市场1/3的商品，且每个消费者需求的价格弹性均为3；另外40个消费者购买该市场2/3的商品，且每个消费者需求的价格弹性均为6。求：按100个消费者合计的需求的价格弹性系数是多少？

5. 假定某市场上A，B两厂商是生产同种有差异的产品的竞争者；该市场对A厂商的需求曲线为 $P_A=200-Q_A$，对B厂商的需求曲线为 $P_B=300-0.5Q_B$；两厂商目前的销售情况分别为 $Q_A=50$，$Q_B=100$。求：

(1) A，B两厂商的需求的价格弹性分别为多少？

(2) 如果B厂商降价后，使得B厂商的需求量增加为 $Q_B=160$，同时使竞争对手A厂商的需求量减少为 $Q_A=40$。那么，A厂商的需求的交叉价格弹性 E_{AB} 是多少？

(3) 如果B厂商追求销售收入最大化，那么，你认为B厂商的降价是一个正确的选择吗？

6. 假定表 3-2 是供给函数 $Q=-3+2P$ 在一定价格范围内的供给状况：

表 3-2　某商品的供给表

价格/元	2	3	4	5	6
供给量/单位	1	3	5	7	9

(1) 求出价格在 3 元和 5 元之间的供给的价格弧弹性。

(2) 根据给出的供给函数，求 $P=4$ 元时的供给的价格点弹性。

7. 某商品价格为 9 元时，需求量为 11；价格为 11 元时，需求量为 9。请计算：

(1) 以 $P=9$，$Q=11$ 作为基数时的需求弹性。

(2) 以 $P=11$，$Q=9$ 作为基数时的需求弹性。

8. 某消费者消费商品 X 的数量与其收入的函数关系为：$M=1\,000Q^2$，计算当消费者的收入 $M=6\,400$ 时的收入点弹性。

9. 已知某产品的需求价格弹性值 $E_d=0.6$，该产品原销售量为 $Q_d=1\,000$件，单位产品价格 $P=10$ 元，若该产品价格上调 20%。计算该产品提价后销售收入变动多少元？

10. 试求需求曲线 $P=8-0.5Q$ 在价格 $P=4$ 和 $P=6$ 时的点弹性。

11. 某地牛奶产量为 100 吨，社会需求量为 120 吨，牛奶的需求弹性系数为 0.5，原价格为每吨 500 元，当价格上升为多少元时，才能使供给等于需求？

（六）案例分析

1. 旧帽换新帽

在市场上各商家之间“挥泪大甩卖”“赔本跳楼价”的价格战中，人们可能从未仔细考虑过其中的原因，只是觉得很开心，因为可以省不少钱。有一次，一家安全帽专卖店打出这样的广告——“旧帽换新帽一律八折”。店家的意思是，如果你买安全帽时交一顶旧安全帽的话，当场退二成的价格；如果直接买新帽,则只能按原定价格买。这种促销方式让人觉得好奇:是不是店家加入了什么基金会或是店家和安全帽厂家有什么协定,收旧安全帽可以让店家回收一些成本,因此拿旧帽来才有八折的优惠呢?如果大家这么想,那可就猜错了,大凡这种以旧换新的促销活动主要是针对不同消费者的需求弹性而采取的区别定价方法,即给定一定的价格变动比例,购买者需求数量变动较大称为需求弹性较大,变动较小称为弹性较小。对需求弹性较小的购买者制定较高价格,对需求弹性较大的顾客收取较低价格。而这家安全帽专卖店的促销方法正是这个理论的实际应用,实际上,店家拿到你那顶脏脏旧旧的安全帽,并没有什么好处,常常是在你走后往垃圾筒一丢了事。

请用弹性理论分析这种现象。

2. 我国恩格尔系数的降低说明了什么

根据世界粮农组织公布的调查数据,各国恩格尔系数如下:印度51%,墨西哥33.2%,以色列21.0%,日本17.8%,德国17.7%,法国15.2%,澳大利亚14.6%,英国11.5%,美国10.9%。我国城镇居民恩格尔系数由1995年的49.9%下降到1999年的41.9%,农村居民恩格尔系数则由58.6%下降到52.6%,综合来看,到2005年年底,我国城乡居民的恩格尔系数将降到50%以下。2007年北京市统计局公布的资料表明,从1978年到2006年,北京市城市居民家庭恩格尔系数由58.7%下降到30.8%。特别是1996年至2006年,恩格尔系数降速明显加快,下降了15.8个百分点。恩格尔系数降低说明我国人民以吃饱为标志的温饱型生活,正在向以享受和发展为标志的小康型生活转变。它说明,我国城乡广大居民的生活质量正稳步提高!特别值得一提的是,在物质生活进一步改善和提高的同时,城乡人民的精神生活也得到了进一步充实。用于陶冶情操、增进身心健康的文化艺术、健身保健、医疗卫生等方面的支出稳步增长,用于子女非义务教育和自身再教育的支出大幅度提高。

思考收入弹性与恩格尔系数的关系并分析此案例。

3. 为什么猪肉和食用油的涨价会出现不同的结果

2009 年，报纸经常会报道以下两类新闻。

新闻一：某天猪肉价格又上涨了。记者在菜市场采访猪肉档主的时候，最常见的现象就是档主在抱怨，肉价涨了，买肉的人少了，以往一天能卖两头猪的，现在只能卖一头。而采访买菜的居民时，居民们都说，猪肉涨价了，那就少吃点猪肉了，多吃点鸡蛋什么的。为什么猪肉价格涨了，人们就买的少了呢？

新闻二：某天国内食用油集体调价了，结果人们一方面怨声载道，另一方面又赶快买些囤在家里，以防后面再涨。记者采访的时候，居民的反应就是，涨价都没办法了，也要买的了。为什么食用油价格涨了，人们却没有减少购买呢？

运用需求价格弹性理论分析案例中的现象。

4. 大众汽车进入北美市场

当大众汽车公司带着其无装饰的基本型轿车进入美国市场时，欧洲市场的开发却面临阻力，大量的存货堆满了港口和通道，因而大众汽车公司集中一段时间研究增加收益的美国市场开拓计划。在美国市场上，大众汽车公司原先没有经销商网络，当时通用和福特也正在开发微型车，所以大众决定以一个极低的促销价——800 美元进入美国市场。两年后，价格增长了 25%，虽然卖 1 000 美元会失去一些愿意支付 800～999 美元的潜在顾客，但继续售出的每辆车都多卖了 200 美元，很容易抵消以原价 800 美元销售减少的销售量所造成的收益损失，需求的价格弹性就是在弹性不足的范围内。1960 年，大众公司又将汽车价格提高了 20%，到 1 200 美元，收益又增加了。在 1964 年汽车价格达到了 1 350 美元，每辆售出的汽车都增加 150 美元的收益，足以补偿因销售量减少造成的收益损失，价格为 1 350 美元/辆时，价格弹性达到单位弹性的水平。

请用弹性理论分析这一现象。

二、参考答案

(一) 名词解释

1. 解析:

弹性是指当一个经济变量发生1%的变动时,由它引起的另一个经济变量变动的百分比。

2. 解析:

需求价格弹性是指在一定时期内,一种商品的需求量变动对于该商品的价格变动的反应程度。或者说,在一定时期内,当一种商品价格变化1%时所引起该商品需求量变动的百分比。

3. 解析:

需求交叉价格弹性表示在一定时期内,一种商品的需求量的变动对于它的相关产品的价格变动的反应程度,即一种商品价格变动1%时所引起的另外一种商品需求量变化的百分比。

4. 解析:

需求收入弹性表示在一定时期内,消费者对某种商品的需求量的变动对于消费者收入量变动的反应程度,即收入变化1%时所引起的需求量变动的百分比。

5. 解析:

需求价格弧弹性表示某商品需求曲线上两点之间的需求量的变动对于价格变动的反应程度,即需求曲线上两点之间的弹性。

6. 解析:

当需求曲线上两点之间的变化量趋于无穷小时,需求的价格弹性要用点弹性来表示。也就是说,需求价格点弹性表示需求曲线上某一点上的需求量的变动对于价格变动的反应程度。

7. 解析:

供给价格弹性表示在一定时期内一种商品的供给量的变动对于该商品

的价格变动的反应程度，即当一种商品价格变动 1%时所引起的供给量变化的百分比。

8. 解析：

恩格尔定律是指在一个家庭或国家中，食物支出在收入中所占比例随着收入增加而减少。

9. 解析：

低档商品是指当人们实际收入增加时，反而减少对其消费需求量的商品。低档商品是与正常商品相对而言的。

10. 解析：

需求量随着消费者的实际收入上升而增加的商品称为正常商品。

11. 解析：

当需求曲线斜率绝对值大于供给曲线斜率绝对值时，实际产量与实际价格上下波动幅度越来越大，离均衡点越来越远，形成的均衡点是不稳定的均衡，相应的蛛网被称为发散型蛛网。

12. 解析：

在供给弹性的绝对值等于需求弹性的绝对值的条件下，价格和产量波动始终按同一幅度进行，称为封闭型蛛网。

（二）单项选择题

略

（三）辨析题

1. 解析：

错误。垂直的需求曲线表明无论价格怎样变化，需求量总是一定的，说明消费者对该种商品的需求弹性为零。有可能是消费者对此类消费品依赖性非常高，比如水、电之类，需求量随价格的变动很小，可以忽略。

2. 解析：

正确。一般来说生活必需品是居民生活必不可少的，并不因为价格上升或下降过多地减少或增加购买量,所以需求价格弹性是小的;而当奢侈品出现降价时往往出现大家排队购买的现象,其需求价格弹性比较大。

3. 解析:

正确。需求价格弹性小于1,降价会使厂商的销售收入减少,提价会使厂商的销售收入增加。因为需求对价格的反应不明显,需求的减少量减少的收益小于价格增加量带来的收益。

4. 解析:

错误。根据点弹性的定义,需求价格弹性的计算式为$-\frac{\Delta Q}{\Delta P}\cdot\frac{P}{Q}$,是斜率的倒数乘以$\frac{P}{Q}$,所以在线性需求曲线上需求的点的位置越高,相应的点弹性系数值就越大,反之就越小。

5. 解析:

正确。需求曲线的斜率表示的是曲线在某一点或某一段弧上的倾斜程度,而根据需求价格弹性的计算公式,需求价格弹性不仅取决于需求曲线在某一点或某一段弧上的斜率的倒数值,还取决于相应的价格与需求量的比值。

6. 解析:

错误。很容易被替代的产品富有弹性。如梨可以由其他水果代替,当梨的价格上涨时消费者就可以少买梨,多买其他水果。而不容易被其他产品替代的产品则缺乏弹性,尽管其价格上涨,消费者也必须购买。

7. 解析:

正确。占总支出比例越大的产品,对生活影响就越大,价格上升时需求量必然减少很多;占总支出比例较小的产品,对生活影响较小,需求不会减少太多。

8. 解析:

正确。需求量随着消费者的实际收入上升而增加的商品称为正常商品;当人们实际收入增加时,反而减少对其消费需求量,这是与正常商品相对而言的低档商品。

9. 解析：

正确。越是耐用的产品，其需求弹性越小。例如，家具可以用很多年，即使其价格下降，在短时间内也不会重新购置；洗化用品是日常生活消耗较大的用品，经常需要购置，当价格有优惠时，人们会增加购买量。

10. 解析：

正确。需求价格弹性是需求对价格变化的反应程度，价格弹性为 2 时，需求变化的百分比是价格变化百分比的 2 倍，题中价格变化了 2%，所以需求会下降 4%。

11. 解析：

正确。需求价格弹性也是时间的函数，随着时间的变化，需求价格弹性也会发生变化。一般来说，在较长时间内，消费者的生活习惯可以改变，也会有新的替代品出现，因而需求价格富有弹性。

12. 解析：

错误。低档商品是指当人们实际收入增加时，反而减少对其消费需求量，以较高档次商品将其替代的那一类商品。

13. 解析：

错误。如果价格和总收益呈同方向变化，价格升高，总收益会增加，说明价格升高造成总收益的增加量多于需求减少造成总收益的减少量，说明这时需求是缺乏弹性的。

14. 解析：

正确。影响供给价格弹性的因素主要有：(1) 生产时间的长短；(2) 生产的易难程度；(3) 生产要素的供给弹性；(4) 生产所采用的技术类型。

15. 解析：

错误。供给的价格弹性恒为无穷大，意味着价格稍微变化一点儿，供给量就几乎没有或者是无穷大了，所以在图上表现为供给曲线是一条横着的直线。

16. 解析:

错误。假如需求曲线是一条直线,那么任意两点间的需求弹性公式为$-\frac{\Delta Q}{\Delta P}\cdot\frac{P}{Q}$,取决于公式中各个变量的具体数值,需求弹性不一定相等或不等。

17. 解析:

正确。市场价格变动对于该商品供给量的影响小于对需求量的影响。在这种情况下,价格波动对于该产品产量的影响越来越弱,价格与产量的波动幅度越来越小,最后自发地趋于均衡。反映在图形上,就形成一个向内收缩、收敛于均衡点的蛛网,称为收敛型蛛网。

18. 解析:

错误。在收入既定的情况下,一种物品需求价格弹性的大小的决定因素一般还有产品的种类、产品的替代性、产品占总支出的比例、产品的耐用程度和时间的长短。

19. 解析:

错误。所谓吉芬商品就是在其他因素不改变的情况下,当商品价格上升时,其需求量增加;价格下降时,需求量减少,其需求价格弹性是正的。吉芬商品是一种特殊的低档物品。作为低档物品,其需求收入弹性是负的。

(四) 简答题

1. 解析:

当政府以支持价格敞开收购农民余粮时,意味着农民出售粮食的价格高于市场均衡价格,尽管从私人部门来看,粮食产品存在过剩,但加上政府的收购,整个市场粮食是供求平衡的。

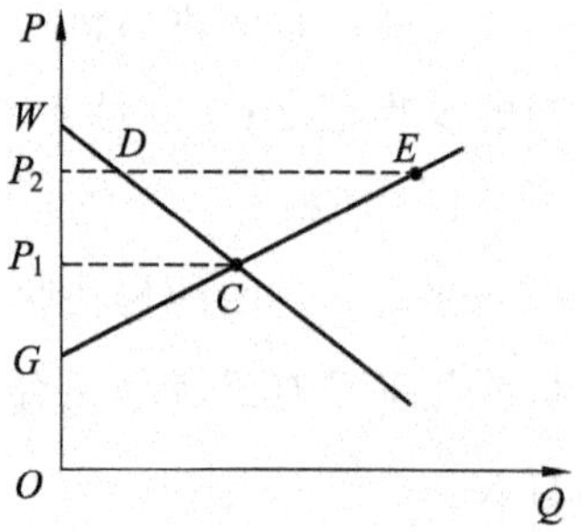

图 3-1

如图 3-1 所示,原生产者剩余为三角形 CGP_1 的面积,消费者剩余为三角形 WCP_1 的面积，当政府实行支持价格 P_2 后，消费者剩余减少为三角形 WDP_2 的面积，福利减少为 P_2P_1CD 的面积，生产者剩余为三角形 P_2EG 的面积，增加的福利为 P_2P_1CE 的面积，且大于消费者的福利损失，就此而言有福利的净增加，数值上等于三角形 DCE 的面积，因而对生产者农民而言是有益的；然而考虑到政府因此而不得不有大笔的支出，支出额在数值上是大于上述的净福利增加的，这种支出可能导致政府在其他领域的支出减少或采取增税等政策，因而社会总福利并不一定有所改善。

就这种政策的积极意义来讲，最明显的一点就是增加了农民的福利。此外，由于一般情况下粮食的价格需求弹性较小，在丰收的时候农民收入反而会减少，因此支持价格保证了农民的收入稳定。

2. 解析：

“谷贱伤农”是我国的一句俗语，它描述的是这样一种经济现象：在丰收之年，农民的收入却反而减少了。这种现象可以用弹性原理加以解释。造成这种现象的根本原因在于，农产品往往是缺乏需求弹性的商品，在缺乏弹性的需求曲线的作用下，农产品的丰收使农产品的均衡价格的下降幅度大于农产品的均衡数量的增加幅度，最后致使农民总收入量减少。

3. 解析：

影响需求价格弹性的因素主要有：(1) 消费者的偏好程度。对商品的偏好越大，则需求价格弹性就越小。(2) 商品可替代的程度。商品可替代的程度越高，则商品的需求价格弹性就越大。(3) 商品用途的广泛性。商品的用途越广泛，需求的价格弹性就越大。(4) 商品对消费者生活的重要程度。重要程度越高，商品的需求价格弹性越大。(5) 商品的消费支出在消费者预算支出中所占的比重。比重越大，则需求价格弹性可能越大。(6) 消费者调整需求量的时间。时间越短，则需求价格弹性就越小。

4. 解析：

需求价格弹性 $=\dfrac{\Delta Q/Q}{\Delta P/P}=-\dfrac{\Delta Q}{\Delta P}\cdot\dfrac{P}{Q}$，弹性的大小取决于斜率和该点处的价格与需求量之比。所以需求价格弹性和需求曲线的斜率是两个不同但相互联系的概念。弹性没有度量单位,斜率是有单位的。线性的需求曲线上每一点的斜率都相同,但每一点的弹性大小是不一样的。

5. 解析:

正确。从需求的价格点弹性公式 $E_{dp}=-\frac{dQ}{dP}\cdot\frac{P}{Q}$ 可以看出,决定需求弹性大小的有两方面的因素,一是需求曲线的斜率 $\frac{dQ}{dP}$,二是该点所处的具体位置,即 $\frac{P}{Q}$ 的值。本题中的"其他条件不变"是指除了需求曲线的陡峭程度因素之外的其他因素相同,这也就可以理解为两条需求曲线上的点具有相同的价格水平和需求量水平,即两条需求曲线一定相交于该点。如图 3-2 所示,D_1,D_2 相交于 A 点,此时,两条需求曲线的弹性系数计算公式中的 $\frac{P}{Q}$ 的值相等,需求曲线的弹性完全取决于其斜率 $\frac{dQ}{dP}$ 的大小,即曲线的陡峭程度。因此上述说法是正确的。

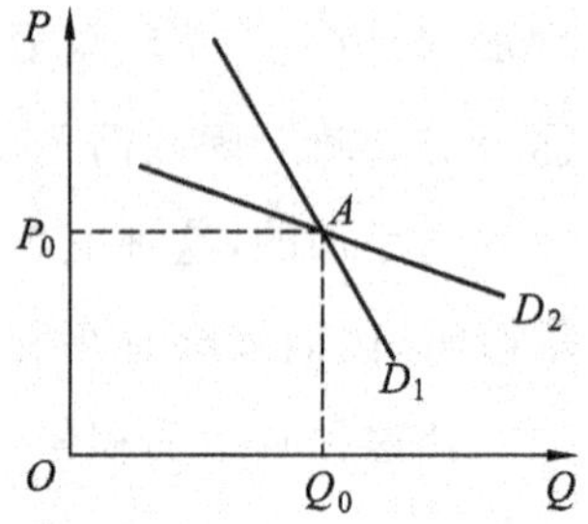

图 3-2 斜率与需求曲线的弹性

6. 解析:

长期供给价格弹性大。原因在于:在短期中,厂商不能对价格变化快速做出反应来扩大生产或减少生产以满足市场需求的变化,因此,在短期中,供给量对价格常常不敏感。而在长期中,厂商可以根据市场调整生产规模,甚至选择进入或退出一个市场。因此,在长期中,供给量可以对价格做出相当大的反应,长期供给价格弹性大。

7. 解析:

禁毒可以减少毒品的供给量,但是供给减少会导致毒品价格的上涨,由于毒品的需求是缺乏弹性的,因此毒品价格上涨会导致吸毒者的总支出增加。吸毒者为了获得更多收入用于满足毒瘾,他们将会更多地从事如盗窃、抢劫等犯罪活动。

8. 解析：

对农产品应采用提价的方法；对电视机这类高档消费品则应采取降价的方法。

根据需求的价格弹性与销售收入之间的关系，我们知道，对需求富于弹性的产品来说，其销售总收入与价格呈反方向变动，即：它随着价格的提高而减少，随价格的降低而增加；对需求缺乏弹性的商品来说，其销售总收入与价格呈正方向变动，即：它随着价格的提高而增加，随价格的降低而减少。

所以，从提高生产者收入的角度来讲，农产品这类需求缺乏弹性的必需品应该采取提价方法，而电视机这类需求富于弹性的高档消费品应该采取降价的方法。

9. 解析：

运输价格应该降低。因为大量运输的需求价格弹性约为1.6，即其需求价格富于弹性。而根据需求的价格弹性与销售者收入之间的关系，我们知道，若某种商品或劳务的需求是富于弹性的(缺乏弹性的)，则降低价格将为销售者带来较多的(较少的)收入，而提高价格会使销售者的收入较前减少(增加)。因此，为了增加富于弹性的大量运输的收入，应当降低运输价格。

10. 解析：

(1) 生产技术的类型。一般来说，生产技术越复杂，技术越先进，机器设备占用越大，生产周期越长，供给的弹性越小。

(2) 生产能力的利用状况。对于使用相同技术的生产者而言，拥有多余生产能力的生产者的供给会更富有弹性。

(3) 生产成本因素。在其他条件不变的情况下，如果产量增加只是引起边际成本的轻微提高，则说明供给弹性较大。反之，供给弹性就比较小。

(4) 最重要的因素是生产者调整供给量的时间。时间越短，生产者越来不及对供给量做出调整，供给弹性就越小。

(五) 计算题

1. 解析:

令 $Q_d = Q_s$,

即 $14-3P=2+6P$。

解得:$P=\frac{4}{3}$。

代入需求弹性公式得:

$E_d=\frac{2}{5}, E_s=\frac{4}{5}$。

2. 解析:

(1) $e_d = -(\Delta Q \times P)/(\Delta P \times Q)$

$= -[(Q_b - Q_a) \times P_a]/[(P_b - P_a) \times Q_a]$

$= -[(100-300) \times 2]/[(4-2) \times 300] = 2/3$。

(2) $e_d = -(dQ \times P)/(dP \times Q) = -(-100) \times P/Q = 100 \times 2/300 = 2/3$。

3. 解析:

需求的价格点弹性 $e_p = -\frac{\partial Q}{\partial P} \cdot \frac{P}{Q} = N$,

需求的收入点弹性 $e_I = \frac{\partial Q}{\partial M} \cdot \frac{M}{Q} = 1$。

4. 解析:

设被这100个消费者购得的该商品总量为 Q,其市场价格为 P。由题意知:

$Q_1=\frac{1}{3}Q, Q_2=\frac{2}{3}Q$。

因为 $E_d = -\frac{dQ_1}{dP} \cdot \frac{P}{Q_1} = Q_1' \cdot \frac{P}{Q_1} = 3$,

所以 $Q_1' = \frac{3Q_1}{P} = \frac{Q}{P}$。

又 $E_d = -\frac{dQ_2}{dP} \cdot \frac{P}{Q_2} = Q_2' \cdot \frac{P}{Q_2} = 6$,

所以 $Q_2{}'=\frac{6Q_2}{P}=\frac{4Q}{P}$。

而 $Q'=Q_1{}'+Q_2{}'$，

所以 $E_d=-\frac{dQ}{dP}\cdot\frac{P}{Q}=Q'\cdot\frac{P}{Q}=(Q_1{}'+Q_2{}')\frac{P}{Q}=\left(\frac{Q}{P}+\frac{4Q}{P}\right)\cdot\frac{P}{Q}=5$。

5. 解析：

(1) 当 $Q_A=50$ 时，$P_A=200-50=150$。

当 $Q_B=100$ 时，$P_B=300-0.5\times100=250$。

所以 $E_{d_A}=-\frac{dQ_A}{dP_A}\cdot\frac{P_A}{Q_A}=-(-1)\cdot\frac{150}{50}=3$，

$E_{d_B}=-\frac{dQ_B}{dP_B}\cdot\frac{P_B}{Q_B}=-(-2)\cdot\frac{250}{100}=5$。

(2) B 厂商降价，首先使其产量增加为 $Q_{B_1}=160$，其价格相应变为 $P_{B_1}=300-0.5\times160=220$，即 $\Delta P_B=220-250=-30$；其次，使 A 厂商的产量则降为 $Q_{A_1}=40$，即 $\Delta Q_A=40-50=-10$。

所以 $E_{AB}=\frac{\Delta Q_A}{\Delta P_B}\cdot\frac{P_B}{Q_A}=\frac{-10}{-30}\cdot\frac{250}{50}=\frac{5}{3}$。

(3) 因为 $R=Q_B\cdot P_B=100\times250=25\ 000$。

$R_1=Q_{B_1}\cdot P_{B_1}=160\times220=35\ 200$。

$R<R_1$ 即销售收入增加。

所以 B 厂商降价是一个正确的选择。

6. 解析：

(1) $e_s=\frac{\Delta Q}{\Delta P}\times\frac{P}{Q}=\frac{Q_b-Q_a}{P_b-P}\times\frac{P_a}{Q_a}=2$。

(2) $e_s=\frac{dQ}{dP}\times\frac{P}{Q}=8/5$。

7. 解析：

(1) $e_d=-\frac{\Delta Q}{\Delta P}\cdot\frac{P}{Q}=-\frac{9-11}{11-9}\cdot\frac{9}{11}=\frac{9}{11}$，需求弹性为 9/11。

(2) $e_d=-\frac{\Delta Q}{\Delta P}\cdot\frac{P}{Q}=-\frac{11-9}{9-11}\cdot\frac{11}{9}=\frac{11}{9}$，需求弹性为 11/9。

8. 解析:

由已知的收入函数整理得到:$Q=\sqrt{\frac{M}{1\ 000}}$,因此,$\frac{\mathrm{d}Q}{\mathrm{d}M}=\frac{1}{2}\left(\frac{M}{1\ 000}\right)^{-\frac{1}{2}}\frac{1}{1\ 000}$。

根据需求的收入弹性公式,有:

$$E_{\mathrm{d}_M}=\frac{\mathrm{d}Q}{\mathrm{d}M}\cdot\frac{M}{Q}=\frac{1}{2}\left[\frac{M}{1\ 000}\right]^{-\frac{1}{2}}\frac{1}{1\ 000}\frac{M}{\left[\frac{M}{1\ 000}\right]^{\frac{1}{2}}}=\frac{1}{2},$$

即该消费者在该状态下的需求的收入弹性为 0.5。

9. 解析:

原销售收入 $TR=P\times Q=10\times 1\ 000=10\ 000$ 元,

新价格 $P=10\times(1+20\%)=12$ 元。

有:$-\frac{\Delta Q}{Q}/\frac{\Delta P}{P}=0.6$,

即 $-\frac{\Delta Q}{1\ 000}/20\%=0.6$。

所以 $\Delta Q=-120$,

即销量变为 $Q=1\ 000-120=880$。

新收入 $TR=880\times 12=10\ 560$(元),$\Delta TR=10\ 560-10\ 000=560$(元)。

10. 解析:

$E_{\mathrm{d}}=-\frac{\mathrm{d}Q}{\mathrm{d}P}\times\frac{P}{Q}$,

其中:$\frac{\mathrm{d}Q}{\mathrm{d}P}=-2$。

$P=4$ 时,$Q=8$。

所以 $E_{\mathrm{d}}=2\times\frac{4}{8}=1$。

$P=6$ 时,$Q=4$,

所以 $E_{\mathrm{d}}=2\times\frac{6}{4}=3$。

11. 解析:

分析题意可知,本题实际要求的是将需求量 $Q_1=120$ 下降到与产量

$Q_2=100$相等，价格需要从 $P_1=500$ 上升到 P_2，求 P_2 的值。

已知 $E_d=0.5$，即：

$$E_d=-\frac{Q_2-Q_1}{Q_1}/\frac{P_2-P_1}{P_1}=0.5,$$

$$\frac{20}{120}/\frac{P_2-500}{500}=0.5,$$

解得：$P_2=500+\frac{500}{3}=666.7$（元）。

（六）案例分析题

1. 解析：

店家以顾客是否有旧安全帽来区别顾客的需求弹性。简单地说，没拿旧安全帽来的顾客说明他没有安全帽，由于法律规定驾驶摩托车必须要戴安全帽，故而无论价格高低，购买摩托车的人一定要买顶安全帽，因此这种顾客的需求曲线较陡，弹性较小。相对的，拿旧安全帽来抵掉二折价款的顾客表明他本来就有一顶安全帽，如果安全帽的价格便宜，他就有以旧换新的需求，而如果价格太贵他也可以以后再买，因为已有了一顶安全帽，对该商品的需求没有迫切性。因此，这类的顾客需求曲线较平坦，弹性较大。

综上所述不难看出，该安全帽专卖店采用这种"旧帽换新帽八折"的促销活动，是针对不同消费者的需求定价的方法，不仅不会减少营业收入，反而会吸引那些本不想购买新帽的消费者前来购买，从而增加了收益。因此，认真研究消费者心理，了解市场需求，针对本行业的特点，制定出适合自己的价格策略，一定会给企业带来丰厚的利润。

2. 解析：

恩格尔在研究人们的消费结构变化时发现了一条规律，即一个家庭收入越少，这个家庭用来购买食物的支出所占总支出的比例就越大，反过来也是一样。而这个家庭用于购买食物的支出与这个家庭的总收入之比，就叫恩格尔系数。这是因为食品属于缺乏弹性的商品，人们收入增加后食物支出不会增加很多，收入增加后增加消费的几乎都是弹性大的商品。由此可以得出结论,对一个国家而言,这个国家越穷,其恩格尔系数就越高;反之,这个国家越富,其恩格尔系数越低。这就是世界经济学界所公认的恩格尔定律。

恩格尔系数的降低表明消费结构的变化,消费结构的变化表明生活质量的提高,而在生活质量提高的背后是什么呢?无疑是经济的发展,人民收入水平的提高。我们了解收入弹性的原理,对个人消费、企业决策和国家制定政策都有一定的意义。如果你的即期收入很高而预期稳定和收入不断增加,你就应该追求高质量的生活消费;企业决策者应该随着居民收入的不断增加,不断生产出高品质的商品满足消费者的需求;作为国家的决策者,应根据居民收入的不断增加,适时地调整产业布局,对于需求收入弹性大的部门,由于其需求量增长要快于国民收入增长,因此发展应该快些,而对于需求收入弹性小的部门,发展速度应当慢些。根据收入弹性还可以分析各部门人员的收入现状等。

3. 解析:

新闻一中,猪肉存在大量的可替代品,如鸡蛋、牛肉、羊肉、鱼肉、鸡肉等等。如果猪肉价格上涨,人们可以少吃点猪肉,而多吃点鸡肉或鸡蛋,照样可以满足身体所需的营养。就算这几种肉类价格都上涨,人们也可以少吃,甚至暂时不吃肉,因此猪肉的价格弹性就比较大,其价格的变动就会引起需求量的更大的变动。所以猪肉一涨价,马上就滞销。这是人们在根据经济学原理,自动调节购买品种,来满足自己的需求。

新闻二中提到的食用油是我们日常生活中的必需品,几乎家家户户每天都要用到,而且替代品也有限,食用油的种类也只有花生油、调和油、葵花籽油、玉米油等。即便这几种油价格上涨,人们也还是要食用,或者减少一点儿用量,况且平均下来食用油占生活支出的比例非常有限。因此食用油是属于价格缺乏弹性的商品,即便价格上涨,对需求量的影响也是非常有限的。

4. 解析:

从案例中可知,大众先以“低价”方式进入美国市场,之后将售价从800

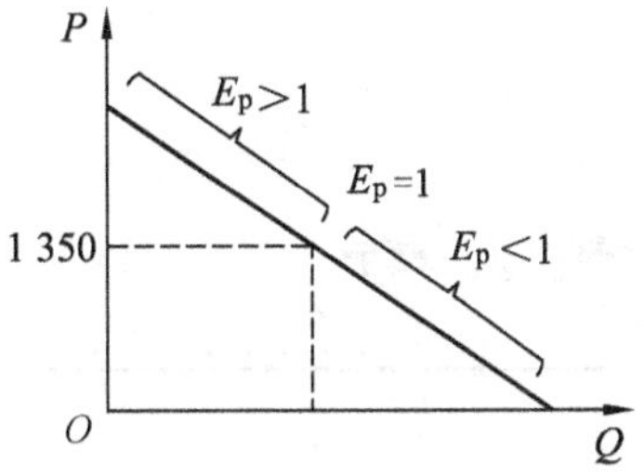

图 3-3

美元提升至 1 350 美元。而这个阶段中，大众汽车的价格弹性从缺乏弹性（$E_p<1$）逐渐演变成价格弹性等于单位弹性（$E_p=1$）。

从图 3-3 可以看出，当汽车的售价提高到 1 350 美元时，价格弹性等于单位弹性，总收益是最高的。而在价格尚未提高到 1 350 美元时，因这款车型的提价使得每辆车多赚取的利润合计足以覆盖因提价使得一部分消费者放弃购买而损失的利润。所以，当产品缺乏价格弹性的时候，涨价比降价能赚取更多利润。

从案例中可以看出，大众公司用低价打入北美市场的策略是非常成功的。这款车型的价格弹性非常低，大众公司利用这一点，通过低价格打入市场，再利用人们对其缺乏价格弹性的这种产品的依赖，持续小幅涨价，将价格提升至边际收益为零的 1 350 美元处，最大限度地赚取收益，获得有史以来最辉煌的成功。

第4章

效用理论

一、习　题

（一）名词解释

1. 基数效用论
2. 序数效用论
3. 边际效用递减规律
4. 无差异曲线
5. 预算线
6. 边际替代率
7. 消费者均衡
8. 替代效应
9. 收入效应
10. 恩格尔定律
11. 消费者剩余
12. 补偿预算线
13. 价值悖论
14. 价格—消费曲线
15. 收入—消费曲线
16. 边际替代率递减规律

(二) 单项选择题

1. 基数效用论认为,商品效用的大小(　　)。

A. 取决于它的有用性的大小　　B. 取决于它的价格

C. 可以比较　　D. A和C

2. 消费者对商品的消费达到饱和点时,其边际效用为(　　)。

A. 正值　　B. 负值　　C. 零　　D. 不确定

3. 消费者购买每单位物品所支付的价格一定等于(　　)。

A. 消费者从消费第一单位的这种物品中获取的边际效用

B. 消费者从消费这种物品中获得的总效用

C. 消费者从平均每单位的消费中获得的效用

D. 消费者从消费最后一单位物品中获得的边际效用

4. 如果消费者的预算收入为50元,商品X和Y的价格分别为5元和4元,消费者打算购买6单位X和5单位Y,商品X,Y的边际效用分别为25和20,那么,要达到效用最大化,他应该(　　)。

A. 按原计划购买

B. 减少X和Y的购买量

C. 增加X,Y的购买量

D. 增加X的购买量同时减少Y的购买量

5. 消费者剩余是消费者的(　　)。

A. 实际所得　　B. 主观感受

C. 没有购买的部分　　D. 消费剩余部分

6. 某种商品的市场价格为10元,某人在购买第1到第5单位的该商品时分别愿意支付的价格为18元、16元、14元、11元、9元,如果购买4单位商品,该消费者在消费该商品中所获得消费者剩余为(　　)。

A. 18　　B. 19　　C. 48　　D. 59

7. 水与钻石的价值之谜(水相对而言更有用,但价格却很低)可用以下哪个说法来解释?(　　)

A. 钻石的总效用高　　B. 钻石的边际效用高

C. 水的边际效用高　　D. 水的总效用高

8. 下列关于无差异曲线的说法，哪一个是不正确的？(　　)

A. 无差异曲线上的每一点代表了两种商品不同数量的组合

B. 同一条无差异曲线上的任一点代表的偏好水平都相同

C. 不同的无差异曲线不可能有交点

D. 以上说法都不正确

9. 无差异曲线的位置和形状取决于(　　)。

A. 消费者的收入　　B. 消费者的收入和商品价格

C. 消费者的偏好　　D. 消费者的偏好、收入和商品价格

10. 若某消费者的无差异曲线是垂直的，这表明该消费者对(　　)的消费已达饱和(商品 X 由横轴度量，商品 Y 由纵轴度量)。

A. 商品 X　　B. 商品 Y

C. 商品 X 和 Y　　D. 以上都不正确

11. 关于边际替代率递减规律，不正确的是(　　)。

A. 边际替代率递减说明每增加某种商品的消费，为保持效用不变，所需要减少的其他商品的消费量是递减的

B. 边际替代率与边际效用递减都说明了随着对某种物品消费量的增加，人的主观效用有递减的趋势

C. 边际替代率递减规律对于任何商品组合都是适用的

D. 边际替代率递减规律决定了无差异曲线是凸向原点的

12. 若 X，Y 的边际替代率 $MRS_{XY} > P_X/P_Y$，消费者为达到最大满足，将(　　)。

A. 增购 X，减购 Y　　B. 增购 Y，减购 X

C. 同时增购 X 和 Y　　D. 保持 X，Y 的量不变

13. 若 MRS_{XY} 递减，MU_X 和 MU_Y 必定(　　)。

A. 递增　　B. 递减

C. MU_X 递增，MU_Y 递减　　D. MU_X 递减，MU_Y 递增

14. 若消费者甲的 MRS_{XY} 小于消费者乙的 MRS_{XY}，对于甲来说，若想要获得效用最大化，可以(　　)。

A. 放弃 X，以之与乙交换 Y　　B. 放弃 Y，以之与乙交换 X

C. 或者放弃 X，或者放弃 Y　　D. 两个皆不放弃

15. 在西安，荔枝的价格比苹果的价格贵 5 倍，而在广东，荔枝的价格只是苹果的 1/2，那么两地的消费者都达到效用最大化时，(　　)。

A. 消费者的荔枝对苹果的边际替代率都相等

B. 荔枝对苹果的边际替代率，西安消费者要大于广东消费者

C. 苹果对荔枝的边际替代率，西安消费者要大于广东消费者

D. 无法确定

16. 下列哪一种说法最好地表述了消费者的预算线？(　　)

A. 消费者可以购买的每种物品量

B. 消费者消费选择的限制条件

C. 消费者合宜的消费水平

D. 消费者所做出的消费选择

17. 预算线向右上方平移的原因之一是(　　)。

A. 商品 X 的价格下降了

B. 消费者的收入下降了

C. 商品 Y 的价格下降了

D. 商品 X 和 Y 的价格按同一比率下降了

18. 如果用纵轴代表的物品的价格上升了，预算线将(　　)。

A. 变得更陡峭

B. 变得更平坦

C. 向外移动，但与原来的预算线平行

D. 向内移动，但与原来的预算线平行

19. 下列何种情形将使预算线在保持斜率不变的条件下做远离原点的运动？(　　)

A. X 的价格上涨 10%而 Y 的价格下降 10%

B. X和Y的价格都上涨10%而货币收入下降5%

C. X和Y的价格都下降15%而货币收入下降10%

D. X和Y的价格都上涨10%而货币收入上涨5%

20. 在消费者均衡点以上的无差异曲线的斜率绝对值(　　)。

A. 大于预算线的斜率

B. 小于预算线的斜率

C. 等于预算线的斜率

D. 可能大于、小于或等于预算线的斜率

21. 当某人处于均衡状态时,下列哪一种结论必然成立?(　　)

A. X的边际效用除以Y的边际效用等于X的价格除以Y的价格

B. 一种商品的价格变化将引起他对那种商品的消费的变化

C. 他的无差异曲线是凸向原点的

D. 上述说法没有一个必然成立

22. 商品价格变化引起的收入效应,表现为相应的消费者的均衡点(　　)。

A. 沿着原有的无差异曲线运动

B. 运动到另一条无差异曲线上

C. 沿着原有的预算线运动

D. 无法确定

23. 当消费者的实际收入上升时,他将(　　)。

A. 购买更少的低档商品

B. 增加正常商品的消费

C. 使均衡点移到更高的一条无差异曲线上

D. 以上都是

24. 哪条曲线可以反映一种商品价格变化与两种商品需求量变化之间的对应关系?(　　)

A. 需求曲线　　B. 价格—消费线

C. 收入—消费线　　D. 恩格尔曲线

25. 正常商品价格上升导致需求量减少的原因在于（　　）。

A. 替代效应使需求量增加，收入效应使需求量减少

B. 替代效应使需求量增加，收入效应使需求量增加

C. 替代效应使需求量减少，收入效应使需求量减少

D. 替代效应使需求量减少，收入效应使需求量增加

26. 当吉芬商品的价格下降时，应该有（　　）。

A. 替代效应为正值，收入效应为负值，且前者的作用小于后者

B. 替代效应为负值，收入效应为正值，且前者的作用小于后者

C. 替代效应为负值，收入效应为正值，且前者的作用大于后者

D. 替代效应为正值，收入效应为负值，且前者的作用大于后者

27. 某低档商品的价格上升而其他情况不变时，（　　）。

A. 替代效应和收入效应相互加强导致该商品的需求量增加

B. 替代效应和收入效应相互加强导致该商品的需求量减少

C. 替代效应倾向于增加该商品的需求量，而收入效应倾向于减少其需求量

D. 替代效应倾向于减少该商品的需求量，而收入效应倾向于增加其需求量

28. 需求曲线斜率为正的充要条件是（　　）。

A. 低档商品

B. 替代效应超过收入效应

C. 收入效应超过替代效应

D. 低档商品且收入效应超过替代效应

29. 关于需求曲线，不正确的是（　　）。

A. 价格—消费曲线对应两种商品的需求曲线

B. 需求曲线上的每个点都是能使消费者实现效用最大化的点

C. 价格与需求量的反比例关系是由替代效应造成的

D. 无论序数效用论还是基数效用论都可以推导出需求曲线

30. 当某一种商品的消费量上升，而另一种商品的消费量下降，则效

用(　　)。

A. 总是保持不变

B. 总会减少

C. 总会增加

D. 可能上升、可能下降也可能保持不变

31. 下列对“效用最大化”概念理解有误的是(　　)。

A. 在给定的预算约束下,个人消费实现尽可能高的效用水平

B. 个人的总效用通常会因收入变化而发生变化

C. 个人消费所能达到的某种商品的最大数量

D. 个人最大化其对社会的价值

32. 消费者收入增加,短期内将会导致(　　)。

A. 消费者偏好发生变化

B. 消费者总效用水平提高

C. 不会影响消费者的预算约束线

D. 改变无差异曲线的形状

33. 消费者剩余是指(　　)。

A. 供给曲线与均衡价格线之间的差额

B. 消费者所愿意购买的最小数量与他们实际购买数量之间的差额

C. 消费者意愿购买价格与实际支付价格之间的差额总和

D. 商品的总收益与总成本之间的差额

34. 成瘾型消费的特征是(　　)。

A. 边际效用随着消费量的增加而持续递减

B. 边际效用持续增加,没有边际效用递减

C. 仍然符合边际效用递减规律,但边际效用先增后减

D. 总效用水平保持不变

35. 下列关于人们消费商品的“效用”的观点不正确的是(　　)。

A. 商品的效用不是一成不变的,会因时因地发生变化

B. 人们的偏好和个人好恶会影响效用的大小

C. 物以稀为贵,越是稀少的商品其效用就越是高

D. 总效用的大小与人们的幸福程度成正比

36. 消费者剩余越大则消费者的(　　)。

A. 实际所得越多　　B. 福利水平越高

C. 没有购买的部分越少　　D. 消费后的剩余部分越多

37. 对一种商品,消费者得到了最大的满足,这意味着(　　)。

A. 边际效用最大　　B. 总效用为零

C. 边际效用为零　　D. 替代效应最大

38. 预算线围绕着它与横轴的交点向外转动的原因是(　　)。

A. 商品 X 的价格下降　　B. 商品 Y 的价格下降

C. 商品 X 和 Y 的价格同时上升　　D. 消费者的收入增加

39. 基数效用论认为,商品的效用(　　)。

A. 取决于价格

B. 取决于使用价值

C. 可以用确切的数字来表示

D. 可以排序比较

(三) 辨析题

1. 效用是一种心理学的概念,某种物品或劳务是否有效用,以及效用量是多少,没有一个客观标准,因而无法准确测定。

2. 只要商品的数量在增加,消费者得到的总效用就一定在增加。

3. 总效用决定产品的价格,而边际效用则决定了消费的数量。

4. 一杯水总是具有相同的效用。

5. 在同一条无差异曲线上,不同的消费者所得到的总效用是无差异的。

6. 无差异曲线越高(即离原点越远)所代表的满足程度越大。

7. 两条无差异曲线的交点所表示的商品组合,对于同一个消费者来说具有不同的效用。

8. 无差异曲线的形状越接近于直线,说明该消费者消费的两种商品之间替代性越大。

9. 预算线上的点表明消费者所有的收入都全部用于支出了。

10. 在同一条预算线上,货币收入是不变的。

11. 两种商品的价格按相同的比例上升,而收入不变,则预算线不发生变动。

12. 在无差异曲线和预算线的切点上,消费者所得到的效用达到最大。

13. 在消费者均衡点处,消费者所消费的各种物品的边际效用相等。

14. 效用最大化原则针对消费一种商品时,它的条件是边际效用大于零。

15. 在消费者均衡条件下,消费者购买商品的总效用一定等于他所支付货币的总效用。

16. 正常物品的收入效应和替代效应的共同作用,使总效用与价格呈反方向变动关系。

17. 某低档商品的价格下降而其他情况不变时,替代效应和收入效应相互加强导致该商品的需求量减少。

18. 如果农产品价格下降将导致消费者对这些农产品消费量的减少,那么,这些农产品就一定是劣等品。

19. 吉芬商品的收入效应的作用大于替代效应的作用,从而使总效用与价格之间呈同方向变动。

20. 所有的劣等品都是吉芬商品。

(四) 简答题

1. 试述基数效用论与序数效用论的区别与联系。

2. 消费者剩余是如何形成的? 价格的变动对其有何影响?

3. 解释无差异曲线的经济意义、特征及其凸向原点的原因。

4. 用无差异曲线说明:免费发给消费者一定量食品与发给消费者按市场价格折算的这些食物的现金,哪种方法给消费者带来的效用更大?

5. 试解释消费品的边际替代率递减的原因。

6. 试用边际分析法说明消费者最佳消费行为的确定。

7. 用替代效应和收入效应解释需求定理。

8. 用图分析吉芬商品的替代效应和收入效应，并进一步说明吉芬商品需求曲线的特征。

9. 假定牛奶和咖啡为完全替代品，眼镜架和眼镜片是完全互补品，分别画出它们的收入—消费曲线。

10. 钻石对人的用途很有限但价格昂贵，而生命中必不可少的水却很便宜，运用所学经济学原理来解释这一价值悖论。

（五）计算题

1. 已知效用函数为 $U(X,Y)=X_aY_b$，求商品 X，Y 的边际替代率。

2. 已知某消费者每年用于 X 商品和 Y 商品的消费为 540 元，两种商品的价格分别为 $P_X=20$ 元，$P_Y=30$ 元，该消费者的效用函数为 $U=3XY^2$，该消费者每年购买这两种商品的数量各应是多少？每年从中获得的总效用是多少？

3. 已知某人消费两种商品 X 和 Y 的效用函数为 $U=X^{\frac{1}{3}}Y^{\frac{2}{3}}$，商品价格分别为 P_X 和 P_Y，收入为 M，求此人对商品 X 和 Y 的需求函数。

4. 假定 X 和 Y 两种商品有线性无差异曲线，其斜率处处为 $-1/2$，$MRS_{XY}=1/2$。

（1）当 $P_X=1$，$P_Y=1$，且 $M=1\,000$ 时，消费者的均衡是什么？

（2）当 $P_X=1$，$P_Y=2$，消费者的均衡是什么？

5. 某消费者面临两种商品 X，Y 的选择，已知其效用函数为 $U=X^2Y$，商品 X，Y 的价格分别为 $P_X=4$，$P_Y=2$，消费者用于消费的收入为 60，现在商品 X 的价格降为 2，Y 的价格未变，请分别计算替代效应和收入效应对商品 X 的购买量的影响。

6. 所有收入用于消费 X，Y 的消费者的效用函数 $U=XY+X$，当 $P_X=3$，$P_Y=2$ 时，对于这一消费者来说，X 是哪种类型的商品？

7. 假定某人的效用函数为$U=20+2M$,其中U是效用,M是货币收入(单位:万元)。他有10万元,想投资某项目,但他认为有50%的可能性损失全部投资,有50%的可能性获得30万元。试问:

(1) 如果他投资,效用是多少?

(2) 他是否会进行这笔投资?

8. 若无差异曲线是一条斜率为$-b$的直线,当两种商品X,Y的价格分别为P_X,P_Y,收入为M时,最优的消费组合是什么?

9. 已知某商品的需求函数为$Q=50-P/2$,当价格P从6降到4时,消费者剩余增加了多少?

10. 假设消费者的效用函数为$U=X^4Y^3$,求消费者在商品X和Y的支出占总支出的比重分别是多少。

11. 若已知效用函数$U(x_1,x_2)=10x_1{}^2+20x_1x_2+10x_2{}^2+50$,请计算证明$x_1$和$x_2$两种商品为完全替代商品。

(六) 案例分析题

1. 由于水源不足,我国北方出现多年未有的旱情,一些大中城市出现了少有的水荒,被迫采取提高水价、定时定量供水等限制性措施缓解用水紧张的局面。然而,记者近日在东北采访时,注意到一个奇怪的现象:一方面是城市居民用水紧缺,另一方面一些大城市的洗浴中心却生意火爆,浪费水的情况十分严重。

我国半数以上大中城市缺水,东北的长春、沈阳等大城市更是"缺水大户"。由于近年来气候干燥少雨,东北几个主要城市的水库水量比去年减少了3~4成。定时定量供水使市民用水过起了"紧日子",有人用水洗脸后再来洗脚,再用来涮拖布、冲坐便器。但是,洗浴场所用水却依然大手大脚。长春、沈阳和哈尔滨等城市都有几百家上档次的洗浴、嬉水场所,大部分是昼夜开业。据了解,长春市日需水量80万立方米,其中洗浴、嬉水场所用水已经占到10%左右。在居民用水日益紧张的状况下,大部分洗浴中心没安装节水型用水器具,淋浴器不安装脚踏板,"长流水"现象非常普遍,每天有

4 万吨宝贵的水资源就这样变成了污水。买水便宜卖水贵是洗浴中心浪费水的客观原因。长春市节水办的专家介绍，洗浴业是暴利行业，使用普通自来水 14 元一吨，自己打井取用地下水一吨交 3 元钱水资源费，而一张洗浴票价在数十元乃至上百元。大量取用地下水使洗浴中心暂时避过了目前的水荒，但却破坏了城市赖以生存和发展的水环境。仅长春市就有近 700 眼深水井，其中洗浴场占了 1/4，全市地下水每年允许开采 1 200 万立方米，实际开采量超过 2 000 万立方米，“黑井”还屡禁不止，市区形成了 4 个漏斗区，部分地面下沉。

如果根据边际效应递减原理设计一种方案供政府来缓解或消除上述问题，那么这种措施：

(1) 对消费者剩余有什么影响?

(2) 对生产性资源的配置有何不利和有利的效应?

(3) 对于城市收入分配有何影响? 有什么补救的办法?

2. 住房补贴的供给者是国家。福利经济学之父庇古给出了一项重要命题：在国民收入一定的条件下，通过国民收入的再分配可以增加一国的福利。该命题的依据是边际效益递减规律。国家或政府补贴，无论是实物补贴，还是货币补贴，从本质上看，都应该是财富自高收入家庭向低收入家庭的转移。市场经济国家如此，福利国家也是如此。美国是典型的市场经济国家，政府十分谨慎地行使着对市场的干预权。在住房补贴问题上，美国将住房补贴的对象限定于低收入家庭。一部分低收入家庭在支付了占其家庭收入 25%的房租后，政府补贴剩余的房租给房东。瑞典是高福利国家的代表，在住房补贴对象的选择上，也明确规定为退休人员和低收入、多子女家庭。德国向低收入家庭租用的“社会住宅”建设提供补贴。我国现阶段的住房制度改革是按 1998 年《国务院关于进一步深化城镇住房制度改革加快住房建设的通知》(以下简称《通知》)精神实施的。《通知》指出：对房价收入比(即本地区一套建筑面积为 60 平方米的经济适用住房的平均价格与双职工家庭平均工资之比)在 4 倍以上的城市可以实行住房补贴，最低收入家庭租赁由政府或单位提供的廉租住房。应该说，我国住房补贴对象也是明确的,即以贫困家庭或相对于经济适用住房市场价(租价或售价)属于贫困的家庭为补贴对象。住房补贴是一种具有福利性质的、财富自高收入家庭向低收入家庭的转移,其实施的手段自然是税收与税收转移支付。政府作为收税者,也自然成为税收的支出者。国家是住房补贴的当然承担者。

对消费者来说,如果政府准备实行住房补贴政策,是将住房补贴直接发给消费者本人好,还是将住房补贴发给提供住房的房东好?请结合上述关于住房补贴的背景知识,用无差异曲线分析法进行分析。

3. 随着社会发展速度的加快,人们的婚恋观念也发生了较大的变化。从"执子之手,与子偕老"的传统婚姻,到出现了闪婚、试婚等新的变化。当今年轻人婚恋观开放,一见钟情,草率成婚;婚后失意,一离了之。这几乎成了不少时尚年轻人的浪漫和自豪,难怪有些人见面开玩笑"又离了吗"。人们把这种婚姻叫作"儿戏婚姻"。随着"80后""90后"群体步入婚姻殿堂,闪离、冲动性离婚的比例正在提高,尽管冲动性离婚群体不仅限于"80后"。有些小两口结婚仅一年左右,就因为锅碗瓢盆、油盐酱醋、家长里短等小事打得不可开交,甚至闹离婚。由于现在青年多为独生子女,个性较强,生活能力相对较差,在心理上对父母的依赖性强,在夫妻婚姻生活中缺乏宽容、忍耐、耐心,所以因经济等原因离婚的相对不多,而婚前了解不够,草率结婚,婚后发现性格不合,成为他们离婚的主要原因,因感情破裂而离婚的案件,占的比例较大。据统计,当前离婚人群的五分之一为"80后"。

父母离异、家庭破裂会对未成年子女的身心产生严重伤害,极不利于他们的健康成长。单亲家庭的子女可能会遇到经济上、生活安排上的多方困难,会整日忧心忡忡,缺乏自信,从而影响正常的学习生活。此外,父母在离婚过程中出现的争吵、谩骂,会向子女传递悲伤、焦虑的不良信息,有的孩子会因此形成自卑、孤僻、忧郁、软弱或暴戾的性格,甚至人格扭曲、心理变态,单亲家庭的孩子缺乏管教和自律,容易走上违法犯罪的道路。随着离婚率的上升,青少年犯罪也呈持续增长的态势,并出现犯罪年龄低龄化的趋势。

请结合边际效用理论，讨论当前社会离婚率增高的经济学原因及其影响和危害。

4. 随着信息技术的发展和游戏终端的普及，游戏对青少年的学习和生活产生了重要的影响。部分青少年学生沉湎于网络游戏的虚拟世界不能自拔，发生了不少个体和社会的悲剧。下面的一些具体事例揭示了游戏成瘾的危害及其表现。

危害身体健康。痴迷于网络游戏的孩子因为生活没规律，大多生物钟紊乱，身体健康状况很不乐观。一名学习烹饪技艺的“网迷”，由于夜里上网玩游戏，白天昏昏沉沉、心不在焉，一刀下去把左手中指和食指切掉，结果造成终身残疾！

危害人际关系。贵州毕节城区一名少年长期痴迷网络游戏，导致性格变得任性而偏执，处理人际关系方式僵硬，毫无理智。一次与邻居吵架之后，竟持刀将邻居捅死。

危害道德伦理。很多网络游戏都打出“侠客”“英雄”及“拯救世界”的字眼作幌子来吸引青少年。慕尼黑警方曾及时逮捕了一名 21 岁男子，该男子痴迷于名叫“杀人”的网络游戏。他被解雇后在网络上发誓要杀掉他的老板，并声称“对整个世界都充满仇恨”。在他电脑中存有详细的杀人计划，警方确信他并非戏言，而是确有杀人心理。

危害学业前途。网络游戏吸引的主要是学生群体，不少学生几乎把所有的课余时间都耗费在网络游戏上，导致他们玩物丧志、荒废学业。据一份调查报告显示，每天在玩游戏上所花时间为 3～6 小时的学生占了学生总数的 28.17%。这对于学生群体而言，影响很大。上课时间和效率得不到保证，浪费了温习功课的黄金时间。

请结合边际效用理论，分析学生游戏成瘾现象的原因及其危害和措施。

二、参考答案

(一) 名词解释

1. 解析:

基数效用论认为,效用是可以计量并可以加总求和的。表示效用大小的计量单位被称为效用单位(Utility Unit)。因此,效用的大小可以用基数(1,2,3…)来表示,正如长度单位可以用米来表示一样。基数效用论采用的是边际效用分析法。

2. 解析:

序数效用论认为,效用作为一种心理现象,无法计量,也不能加总求和,只能表示出满足程度的高低与顺序,因此,效用只能用序数(第一、第二、第三……)来表示。序数效用论采用无差异曲线分析法。

3. 解析:

边际效用递减规律是指在一定时间内,在其他商品的消费数量保持不变的条件下,随着消费者对某种商品消费量的增加,消费者从该商品连续增加的每一消费单位中所得到的效用增量即边际替代效用是递减的。

4. 解析:

无差异曲线是一种用来表示消费者偏好相同的两种商品数量的所有组合的曲线。同一条无差异曲线上的每一个点代表的商品组合所提供的总效用是相等的,所以无差异曲线也叫作等效用线。

5. 解析:

预算线是在既定价格水平下,消费者用给定的收入可能购买的各种商品组合点的轨迹,也称为预算约束(Budget Constraint)。

6. 解析:

边际替代率指消费者在保持相同的满足程度或维持效用不变的情况下,增加一单位某种商品的消费数量时所需要放弃的另一种商品的消费数量。它衡量的是从无差异曲线上的一点转移到另一点时,为保持满足程度不变，两种商品之间的替代比例。在无差异曲线上任一点的边际替代率等于该点上无差异曲线的斜率的绝对值。

7. 解析：

在消费者收入和商品价格既定的条件下，当消费者选择商品组合获取了最大的效用满足，并将保持这种状态不变时称为消费者均衡。

8. 解析：

一种商品的名义价格(Nominal Price)发生变化所导致的消费者所购买的商品组合中，该商品与其他商品之间的替代，称为替代效应(Substitution Effect)。

9. 解析：

在名义收入不变的条件下，因一种商品名义价格变化，导致消费者实际收入变化，进而导致的消费者所购商品总量的变化，称为收入效应(Income Effect)。

10. 解析：

19 世纪德国统计学家恩格尔根据统计资料，对消费结构的变化得出一个规律：一个家庭收入越少，家庭收入中(或总支出中)用来购买食物的支出所占的比例就越大；随着家庭收入的增加，家庭收入中(或总支出中)用来购买食物的支出则会下降。推而广之，一个国家越穷，每个国民的平均收入中(或平均支出中)用于购买食物的支出所占比例就越大，随着国家变得富裕，这个比例呈下降趋势，这就是恩格尔定律。

11. 解析：

消费者愿意支付的价格与实际支付价格之差。它是消费者的主观心理评价，反映消费者通过购买商品所感受到的福利。

12. 解析：

当商品的价格发生变化引起消费者的实际收入水平发生变化时，补偿预算线是用来表示以假设的货币收入的增减来维持消费者的实际收入不变的一种分析工具。具体地说，在商品价格下降引起消费者的实际收入水平提高时，假设可以取走消费者的一部分货币收入，以使消费者的实际收入水平维持原有的水平,则补偿预算线在此就可以用来表示使消费者的货币收入下降到只能维持原有的无差异曲线的效用水平(即原有的实际收入水平)这一情况,反之亦然。

13. 解析:

许多生活必需品(如水)的"使用"价值很大,但市场价格很低,而许多奢侈品(如钻石)"使用"价值很小,但市场价格很高。这一悖论可以由以下事实解释:价格不反映一件商品的总效用,而是反映它的边际效用。

14. 解析:

价格—消费曲线是在消费者的偏好、收入及其他商品价格不变的条件下,与某一种商品的不同价格水平相联系的消费者效用最大化的均衡点的轨迹,即商品价格变动所对应的两种商品最佳购买组合点组成的轨迹。

15. 解析:

如果消费者消费的两种商品价格不变,消费者的收入变动使得预算约束线平行移动。对应于每一条预算约束线与一条无差异曲线的切点,消费者可以确定一个效用最大化的商品组合,连接这些组合点描述出来的曲线就是收入—消费曲线。

16. 解析:

商品的边际替代率递减规律是指在保持效用水平不变的条件下,随着一种商品消费数量的增加,消费者每增加一单位该商品的消费而愿意放弃的另外一种商品的消费数量逐渐减少,即随着一种商品数量的增加,它对另外一种商品的边际替代率递减。

(二) 单项选择题

略

(三) 辨析题

1. 解析:

正确。效用是指对于消费者通过消费或者享受闲暇使自己的需求、欲望等得到满足的一个度量，因为是消费者的一种主观感受，所以同样商品的效用也会因时、因地、因人发生变化。

2. 解析：

错误。由于受到边际效用递减规律的作用，随着同一种商品连续的消费增加，消费的边际效用是递减的，总效用虽然在增加，但增加的幅度越来越小；当边际效用为负时，随着商品消费的增加，总效用开始递减。

3. 解析：

错误。消费者愿意为商品所付出的价格取决于商品的边际效用，而非总效用。消费者总效用最大时，其边际效用为零，因此可以理解为消费者追求效用最大化时商品的数量，或者说总效用决定了消费的数量。

4. 解析：

错误。同样商品的效用也会因时、因地、因人发生变化。对于沙漠中饥渴的人而言，一杯水的效用等价于生命，而在日常生活中一杯水所能带来的效用是极其有限的。

5. 解析：

错误。无差异曲线的定义就是指同一消费者在不同数量的两种或两组商品消费中产生的满足程度相等，因此不同的消费者通常不能适应完全相同的无差异曲线来进行分析和比较。

6. 解析：

正确。无差异曲线越高，表明消费者消费的两种商品的数量越大，其所产生的满足程度也势必越高。另外根据无差异曲线的形成过程，距离原点越远的无差异曲线，是用垂直高度越高的平面去截效用球面的结果。

7. 解析：

错误。根据无差异曲线的特征，无差异曲线两两之间不能相交，因此也就不存在两条无差异曲线交点所代表的商品组合的效用比较问题。

8. 解析：

正确。完全替代的两种商品之间的无差异曲线，为一条斜率为负的直线，因此无差异曲线形状越接近直线，表明这两种商品之间的替代程度越高,反之则表明两种商品为互补品。

9. 解析:

正确。根据定义,预算线表示在两种商品价格已知的情况下,消费者将所有预算都花光所能购买的全部产品的数量组合。

10. 解析:

正确。一条预算线表明在一个既定的收入水平下,消费者将这一收入全部用于两种已知价格商品的数量组合,因此,一条预算线对应一个唯一的收入水平。

11. 解析:

错误。两种商品的价格按相同的比例上升,而收入不变,则两种商品在各自坐标上的截距都在等比例减少,这将导致预算线向左移动,消费者可以购买的消费边界收缩。

12. 解析:

正确。在无差异曲线和预算线的切点上,消费者所得到的效用达到最大;如果是预算线与无差异曲线相交于两个点,则这些交点表示的效用水平都没有达到最大化。

13. 解析:

错误。根据消费者均衡的条件,在消费者均衡点处,消费者所消费的各种物品的边际效用除以各种物品的价格后得到的结果相等,即单位货币多购买两种商品产生的边际效用相等。

14. 解析:

错误。效用最大化原则如果针对消费一种商品时,它的条件应该是边际效用等于零,这时消费者对这一商品的消费达到饱和,消费者从这一商品消费中所能产生的总效用水平最高。

15. 解析:

正确。根据消费者均衡的条件,在消费者把所有预算花光的前提下,单位货币所购买的每一种商品所产生的边际效用相等,因此消费者购买商品的总效用一定等于他所支付货币的总效用。

16. 解析：

正确。当价格上升的时候，正常商品的收入效应为负，替代效应为负，在替代效应与收入效应的共同作用下，总效应与价格呈反方向变动关系。

17. 解析：

错误。其他情况不变时，低档商品的价格下降，替代效应为正，收入效应为负，两者之间相互抵消导致该商品的需求量变化相对不多。

18. 解析：

正确。正常商品在价格下降时，其产品消费会增加，如果此类农产品价格下降将导致农户对这些农产品消费的减少，其收入效用为负，所以这些农产品属于劣等品。

19. 解析：

正确。价格下降时，吉芬商品的收入效应为负，替代效应为正，但收入效用的作用远大于替代效应的作用，从而使总效用与价格呈现出同方向变动关系。

20. 解析：

错误。吉芬商品是特殊的劣等品，但不是所有的劣等品都是吉芬商品，当商品价格下降时，劣等品和吉芬商品的收入效用为负，替代效应为正，但吉芬商品的收入效应大于替代效应，因此导致总效用为负，而一般劣等品的收入效应要小于替代效应。

（四）简答题

1. 解析：

两者都是研究消费者行为的一种理论，后者是前者的补充和完善。两者用的研究方法也不相同，前者用边际效用分析法，后者用无差异曲线分析法。

基数效用论的基本观点是：效用是可以计量并加总求和的，因此，效用的大小可以用基数(1，2，3…)来表示，正如长度单位可以用米来表示一样。基数效用论采用的是边际效用分析法。基数效用论认为效用大小是可以测量的,其计数单位就是效用单位。

序数效用论是为了弥补基数效用论的缺点而提出来的另一种研究消费者行为的理论。其基本观点是:效用作为一种心理现象,无法计量,也不能加总求和,只能表示出满足程度的高低与顺序,因此,效用只能用序数(第一、第二、第三……)来表示。例如,消费者消费了巧克力与唱片。如果他认为消费一块巧克力所带来的效用大于消费唱片所带来的效用,那么就一块巧克力的效用是第一,唱片的效用是第二。

2. 解析

消费者剩余是指消费者消费一定数量的某种商品时,其愿意支付的该商品的最高价格与这些商品的实际市场价格之间的差额。消费者总剩余可以用需求曲线下方、价格线上方和价格轴围成的三角形的面积表示,由消费者剩余的定义可知:第一,如果价格上升,则消费者剩余下降,反之,如果价格下降,则消费者剩余上升;第二,如果需求曲线是水平的,则消费者剩余为0。

3. 解析

无差异曲线是一条表示线上所有各点两种物品不同数量组合给消费者带来的满足程度相同的线。无差异曲线的特征有:

(1) 无差异曲线是一条向右下方倾斜的线,斜率是负的。它表明为实现同样的满足程度,增加一种商品的消费的同时必须相应地减少另一种商品的消费。

(2) 在同一个平面上可以有无数条无差异曲线。同一条曲线代表相同的效用,不同的曲线代表不同的效用水平。

(3) 无差异曲线不能相交,否则无差异曲线的定义会和它的第二特征发生矛盾。

(4) 无差异曲线凸向原点。无差异曲线通常凸向原点,这是由边际替代率递减规律所决定的。

4. 解析:

从图4-1分析可知,如果发放的食品数量与E点所对应的X_1和X_2数量正好吻合，则消费者可以实现均衡，如果给消费者现金，消费者的预算线为 AB，理性消费者必然选择 E 点作为消费者均衡点，因此给现金的方式消费者可以自动选择均衡，而通过发放一定数量食品的方式，消费者无法选择自己所需要购买的商品的数量和种类，因此则有很大可能会偏离消费者各自的消费者均衡，例如在图 4-1 中 C 点和 D 点的情形所示，消费者消费的数量被固定，在 D 点 X_1 数量过多，X_2 数量不足；在 C 点则 X_1 数量不足，X_2 数量过多，在 C 和 D 都偏离了消费者均衡，消费者效用水平位于 U_1 的效用水平，低于消费者自己持有现金而自我决策达到的消费均衡时所对应的效用水平 U_2。

在图 4-2 中，X_2 表示食品需求量，X_1 表示其他商品需求量。无差异曲线与预算线相切时，切点表示的商品组合是消费者在既定支出水平上（AB）所能实现的最大效用（如 U_1）；如果给消费者发放一定数量的食品，则对食品的需求量可以减少，进而增加其他商品的消费，效用水平提高（如 U_2）；如果给消费者发放相等量的现金，则预算线向右上方平移，可实现更高的效用（如 U_3）。但是在发生市场失灵、战争、饥荒等特殊时期，由于黑市、排队和寻租盛行，导致商品有价无市，这时发放实物的效用可能高于发放货币现金。

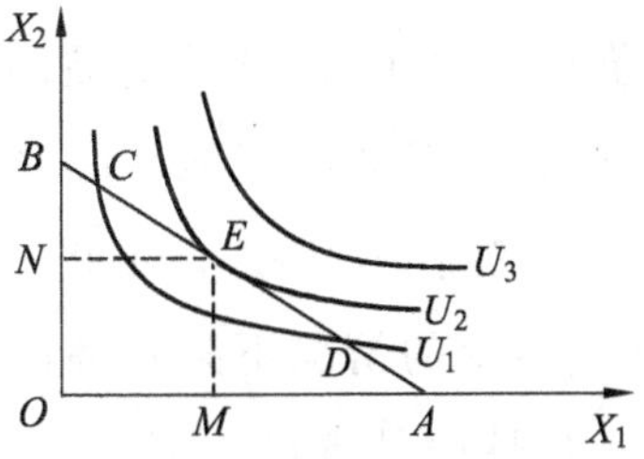

图 4-1

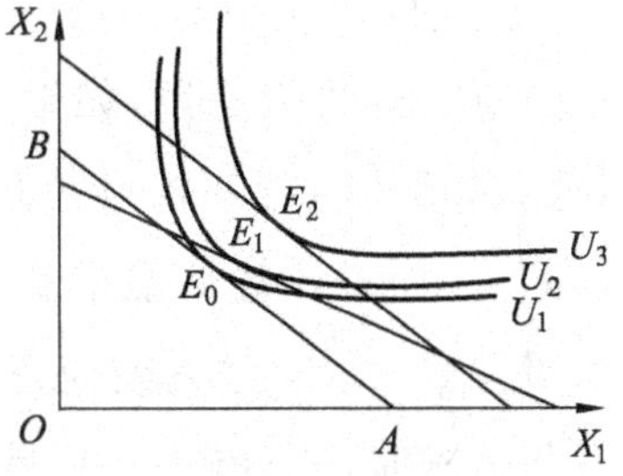

图 4-2

5. 解析：

消费品的边际替代率的公式为 $MRS_{XY}=\dfrac{\Delta Y}{\Delta X}=\dfrac{MU_X}{XU_Y}$，随着消费者不断地以 X 商品替换 Y 商品，根据边际效用递减定律我们知道，X 商品的数量不断增加,而导致 MU_X 不断递减,而随着 Y 商品的数量不断减少,导致 MU_Y 不断增大,根据 MRS_{XY} 的公式,其分子 MU_X 不断减少,分母 MU_Y 不断加大,因此 MRS_{XY} 的数值呈现不断递减的特征。我们根据边际替代率等于无差异曲线上对应的点的切线斜率的特征,也可以知道,因为无差异曲线凸向原点,边际替代率也呈现不断递减的特征。因此,边际替代率递减本质上是边际效用递减的另一种表现形式。

6. 解析:

边际分析法以基数效用分析为基础解释消费均衡,边际分析法可以用以下的两个公式加以说明。消费者均衡首先要满足消费者将所有的预算都花光,即 $P_X x+P_Y y=M$,其次只有当消费者用单位货币在任何一种商品上所获得的边际效用都相等的时候,消费者才能实现消费者均衡,即 $\frac{MU_X}{P_X}=\frac{MU_Y}{P_Y}$,若 $\frac{MU_X}{P_X}>\frac{MU_Y}{P_Y}$,则消费者用单位货币在 X 商品上获得的满足程度更高,理性的消费者会主动减少 Y 商品的购买,增加 X 商品的购买,以提升其总效用水平,这种调整直到单位货币在 X 商品和 Y 商品上所能获得边际效用相等时才能实现消费者选择最优,反之亦然。

7. 解析:

(1) 替代效应是指实际收入不变的情况下某种商品价格变化对其需求量的影响。这也就是说,如果某种商品价格上涨了,而其他商品的价格没变,那么,其他商品的相对价格下降了,消费者就会用其他商品来代替这种商品,从而对这种商品的需求就减少了。替代效应使价格上升的商品需求量减少。(2) 收入效应是指货币收入不变的情况下某种商品价格变化对其需求量的影响。这也就是说,如果某种商品价格上涨了,而消费者的货币收入并没有改变,那么消费者的实际收入就减少了,从而对这种商品的需求也就减少了。收入效应使价格上升的商品需求量减少。(3) 需求定理所表明的商品价格与需求量反方向变动的关系正是这两种效应共同作用的结果。

8. 解析：

图 4-3 中 X_1 表示吉芬商品，最初预算线 AB 与无差异曲线 U_1 相切于 a 点，当其价格下降时，预算线 AB 向右旋转到 AB'，预算线 AB' 与无差异曲线 U_2 相切于 b 点，作补偿预算线 FG 与 U_1 相切于 c 点，由 a 到 c 的变化为替代效应，其方向为正，由 c 到 b 的变化为收入效应，其方向为负。从图 4-3 中可以发现负向的收入效应大于正向的替代效应，因此总效应为负。根据图形分析的结论，我们知道吉芬商品的价格和需求量之间呈同向变化，即价格越高，消费者购买的越多，价格越低，消费者购买的越少。

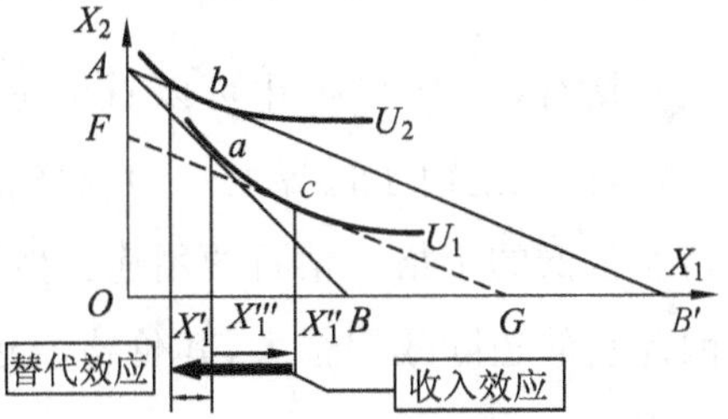

图 4-3

9. 解析：

如图 4-4 所示，咖啡与牛奶两种商品相互完全替代，完全替代品的无差异曲线与预算线完全平行，因此收入—消费曲线与无差异曲线重合；如图 4-5 所示，眼镜架与眼镜片为完全互补商品，完全互补品无差异曲线与预算线只能相切在直角无差异曲线的拐点上，因此其收入—消费曲线只能将这些拐点连接起来。

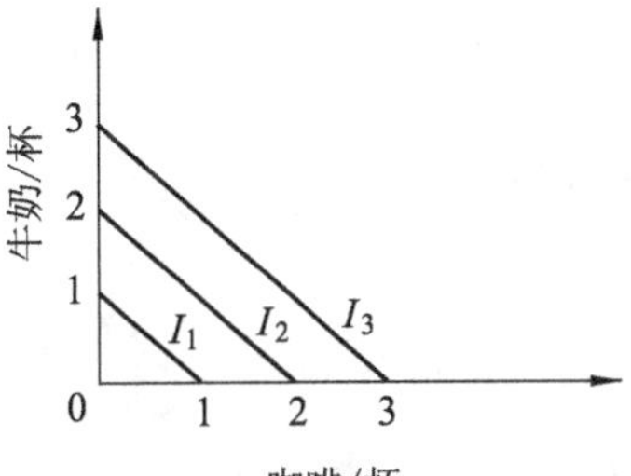

图 4-4

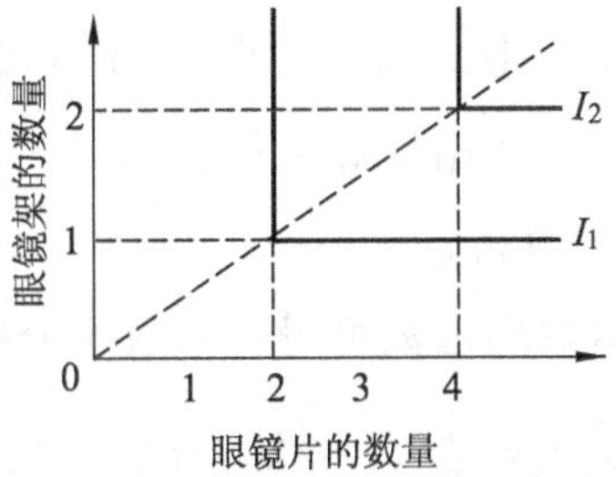

图 4-5

10. 解析：

水对人的生命很重要，人们从水的消费中得到的总效用要远远大于钻石，可是水的价格相对钻石来说却很低。经济学原理告诉我们，决定商品需求价格的不是商品的总效用,而是商品的边际效用,从等式$\frac{MU_X}{P_X}=\frac{MU_Y}{P_Y}$(X表示钻石,Y 表示水)中可以看出,虽然人们从水中得到的总效用要远远大于钻石,但是由于世界上水的数量很多,因此其边际效用很小,人们只愿意付非常低的价格。钻石的用途虽然不及水大,但是世界上钻石的数量很少,因此它的边际效用很大,其价格就远远比水贵。"物以稀为贵"说的就是这个道理。

(五) 计算题

1. 解析:

$U(X,Y)=X_aY_b,MU_X=Y_b,MU_Y=X_a,$

$MRS_{XY}=\frac{MU_X}{MU_Y}=\frac{Y_b}{X_a},MRS_{YX}=\frac{X_a}{Y_b}$。

2. 解析:

由题意得预算线方程为:$20X+30Y=540$。 ①

由效用函数得边际效用函数:$MU_X=3Y^2,MU_Y=6XY$。

根据消费者均衡条件:$\frac{MU_X}{P_X}=\frac{MU_Y}{P_Y}$,可得:

$\frac{3Y^2}{20}=\frac{6XY}{30}$。 ②

联立①②,解得:$X=9,Y=12$。

代入效用函数可得:$U_{max}=3\times9\times12^2=3\ 888$。

3. 解析:

由效用函数可得边际效用分别为:

$MU_X=\frac{1}{3}X^{-\frac{2}{3}}Y^{\frac{2}{3}},MU_Y=\frac{2}{3}X^{\frac{1}{3}}Y^{-\frac{1}{3}}$。

根据消费者均衡条件 $\frac{MU_X}{MU_Y}=\frac{P_X}{P_Y}$,可得:

$Y\cdot P_Y=2X\cdot P_X$。 ①

由于消费者收入为M,即有:

$P_X X + P_Y Y = M$。　②

由①和②可解得：

$P_X X = \frac{M}{3}, P_Y Y = \frac{2M}{3}$。

商品 X,Y 的需求函数分别为：

$X = \frac{M}{3P_X}, Y = \frac{2M}{3P_Y}$。

4. 解析：

(1) 因为无差异曲线为线性，且斜率为 $-\frac{1}{2}$。而预算线为 $P_X X + P_Y Y = M$，当 $P_X = 1, P_Y = 1, M = 1\ 000$ 时，有 $X + Y = 1\ 000$，斜率为 -1。由于预算线比无差异曲线平坦，所以消费者均衡点必为预算线与纵轴的交点，其坐标为(0,1 000)。

(2) 当价格变化之后，预算线方程为 $X + 2Y = 1\ 000$，其斜率也是 $-\frac{1}{2}$，即新的预算线与无差异曲线平行。因此，实现消费者均衡时，预算线与无差异曲线必定重合，即预算线上任一点都是消费者均衡点。

5. 解析：

由已知消费函数 $U = X^2 Y$，可得：

$MU_X = 2XY, MU_Y = X^2$。

(1) 当 $P_X = 4, P_Y = 2$ 时，

由消费者均衡条件 $\frac{2XY}{X^2} = \frac{4}{2}$ 可得：

$Y = X$，

代入预算线方程 $4X + 2Y = 60$，解得：

$X^* = Y^* = 10$，

最大效用 $U^* = 1\ 000$。

(2) 当 $P_X = 2, P_Y = 2$ 时，

由消费者均衡条件 $\frac{2XY}{X^2} = \frac{2}{2}$ 可得：

$Y=\frac{1}{2}X$,

代入预算线方程 $2X+2Y=60$,解得:

$X^*=20, Y^*=10$,

最大效用 $U^*=4\ 000$。

(3) 作补偿预算线并使之与原无差异曲线相切,其切点应满足 $P_X=2$, $P_Y=2$ 时消费者均衡条件 $\frac{2XY}{X^2}=\frac{2}{2}$,解得:$Y=\frac{1}{2}X$。

保持原效用水平不变,即有 $U^*=X^2Y=1\ 000$,可解得:

$X^*=10\sqrt[3]{2}\approx 12.6$。

替代效应为 $12.6-10=2.6$。

收入效应为 $20-12.6=7.4$。

6. 解析:

由预算线方程 $P_XX+P_YY=M$ 可得:

$P_YY=M-P_XX$。

由效用函数 $U=XY+X$ 可得:

$MU_X=Y+1, MU_Y=X$。

根据 $\frac{MU_X}{P_X}=\frac{MU_Y}{P_Y}$,即 $\frac{Y+1}{P_X}=\frac{X}{P_Y}$ 可得:

$P_XX=P_YY+P_Y=M-P_XX+P_Y$,

$P_XX=\frac{M+P_Y}{2}$。

当 $P_Y=2$ 时,有:

$P_XX=\frac{M}{2}+1$。

显然,商品 X 的价格与数量的乘积为定值,表明商品 X 为单位弹性商品。

7. 解析:

(1) $U=20+2M, M=50\%\times 0+50\%\times 30=15$,

则投资产生的预期效用为 $U=50$。

(2) 若不投资，则 $U=20+2\times10=40$，因此该人会进行此投资。

8. 解析：

已知预算线方程为 $P_X X+P_Y Y=M$，

根据消费者均衡的条件 $\frac{MU_X}{P_X}=\frac{MU_Y}{P_Y}$，

又根据 $MRS_{XY}=\frac{\Delta Y}{\Delta X}=\frac{MU_X}{MU_Y}=-b$，可知，无差异曲线为线性，所以这时有边角解或者重合解，具体情况如下：

(1) 当 $b=P_X/P_Y$ 时，预算线与无差异曲线重合，预算线上任何一点都为最佳商品组合。

(2) 当 $b>P_X/P_Y$ 时，边角解是预算线与纵轴的交点，这时 $Y=0$，由预算线方程得 $X=M/P_X$，此时最优商品组合为 $(M/P_X, 0)$。

(3) 当 $b<P_X/P_Y$ 时，边角解是预算线与纵轴的交点，这时 $X=0$，由预算线方程得 $Y=M/P_Y$，此时最优商品组合为 $(0, M/P_Y)$。

9. 解析：由于 $Q=50-P/2$，则当 $Q=0$ 时，有 $P=100$。

当 $P=6$ 时，$Q=47$，此时消费者剩余 $C_{S_1}=0.5\times(100-6)\times47=2\ 209$。

当 $P=4$ 时，$Q=48$，此时消费者剩余 $C_{S_2}=0.5\times(100-4)\times48=2\ 304$。

$C_{S_2}-C_{S_1}=2\ 304-2\ 209=95$。

10. 解析：

假设消费者的收入为 M，商品价格分别为 P_X 和 P_Y，得到预算约束方程为：

$P_X X+P_Y Y=M$。

根据 $U=X^4Y^3$，得到：

$MU_X=4X^3Y^3$，$MU_Y==3X^4Y^2$。

根据 $\frac{MU_X}{P_X}=\frac{MU_Y}{P_Y}$，有：$\frac{4X^3Y^3}{P_X}=\frac{3X^4Y^2}{P_Y}$。

得到 $3X\cdot P_X=4Y\cdot P_Y$，代入预算约束条件可以得到：$XP_X=4M/7$，$YP_Y=3M/7$。

因此得到结论：消费者在商品 X 和 Y 商品上的支出应各占总支出的 4/7和 3/7。

11. 解析：

已知 $U(x_1, x_2)=10x_1^2+20x_1x_2+10x_2^2+50$，根据全微分方程，有：

$$dU=\frac{\partial U}{\partial x_1}dx_1+\frac{\partial U}{\partial x_2}dx_2。$$

根据给定的效用函数可以得到 MU_x：

$$MU_{x_1}=\frac{\partial U}{\partial x_1}=20x_1+20x_2，$$

$$MU_{x_2}=\frac{\partial U}{\partial x_2}=20x_1+20x_2。$$

因为在同一条无差异曲线上保持效用不变，因此有：

$$dU=\frac{\partial U}{\partial x_1}dx_1+\frac{\partial U}{\partial x_2}dx_2=(20x_1+20x_2)dx_1+(20x_1+20x_2)dx_2=0。$$

$$\frac{dx_2}{dx_1}=\frac{20x_1+20x_2}{20x_1+20x_2}=1, MRS_{x_1x_2}=\frac{dx_2}{dx_1}=\frac{MU_{x_1}}{MU_{x_2}}=1。$$

整理得 $MRS_{x_1x_2}=1$。

因为两种商品的边际替代率为常数，因此两种商品为完全替代品。

（六）案例分析题

1. 解析：

(1) 可提高自来水的使用价格来缓解或消除这个问题。提高自来水的价格，一方面会减少人们对自来水的浪费(减少需求)，另一方面可扩大自来水的生产或供给。而且根据边际效用递减规律，当自来水变得紧缺时，人们也愿意支付更高的价格来购买它。这样，自来水供应紧张的局面或许会得到缓解或消除。但该措施必然会使得用户的消费者剩余减少。

(2) 相应的，对生产资源的配置有利的效应是节约了水资源，使其配置到更加重要、更加有效的地方，不利的效应是相应会增加其他替代资源的消耗，如本来用自来水来冷却物体，现在可能要改为用电。

(3) 应当核定更合理的洗浴场所供水基本水价。在水资源如此紧缺的今天，供水部门还要实行季节浮动价格，促使其节约用水。对于偷采地下水的行为要加大惩治力度。如果城市居民的名义收入不变，则由于水价上升导致居民实际收入的下降，补救的办法是向居民发放水价补贴或增加居民工资收入。

2. 解析：

对消费者来说，最好的选择是将住房补贴直接发给消费者本人，因为这样消费者可以拿着政府补贴根据消费者均衡条件选择效用最大化的住房消费模式，可以根据自己的偏好选择自己需要的住房，而一旦发给房东，其实就相当于发给消费者实物补贴，消费者就无权根据效用最大化原则支配这些补贴，消费者就难以得到最大的满足，如图 4-6 所示。

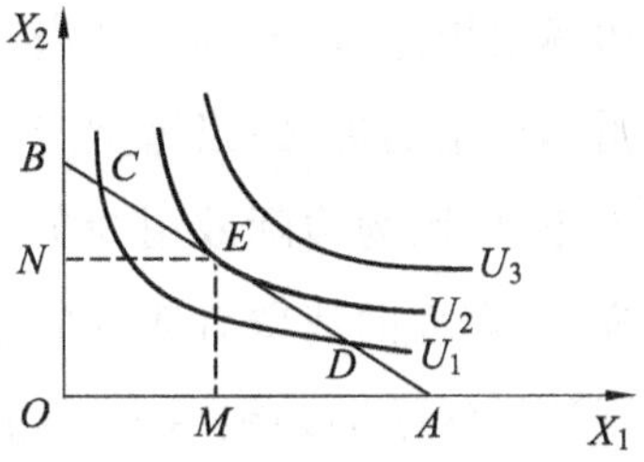

图 4-6

图 4-6 中，X_1 轴代表消费住房商品的数量，X_2 轴代表消费其他商品的数量。在政府实施住房补贴的情况下，消费者预算线为 AB，当消费者自由选择消费的商品时，消费均衡点为 E，U_2 为与其相切的无差异曲线，其对应的住房消费量为 OM，对应的其他商品消费量为 ON，此时消费者效用最大化。当政府将住房补贴发给提供住房的房东时，消费者的消费选择未必在 E 点，很可能被强制性地选择在 C 点或者 D 点，显然此时消费者的效用没有最大化。无差异的曲线与消费可能线相切时，商品的组合(M,N)是消费者在既定支出水平上(AB) 所能实现的最大化效用(U_2)。如果 U_1 与 AB 曲线相交于C 点、D 点，则是以较多的钱实现较低的满足程度，$U_1<U_2$，发生了浪费。虽然 $U_3>U_2$，但在现有预算约束下无法实现。因此对消费者来说，最好的选择是将住房补贴直接发给消费者本人。

3. 解析：

稳定的婚姻是幸福家庭的基础，而家庭又是构成社会的细胞。对于婚姻现象，虽然我们不能简单把它看成是一次简单的消费和经济活动，毕竟婚姻会让参与双方付出超越金钱的情感和时间等高昂的机会成本,但我们可以用边际效用递减规律来帮助理解和分析婚姻问题。对这一问题正确的理解也可以为大学生走向心智成熟,将来步入婚姻殿堂做好必要的思想和精神准备。

如果把婚姻视为一次独立的消费行为,那么在新婚时夫妻双方处于婚姻消费初期,从婚姻中获得的边际效用较高。但随着婚姻持续时间的延长,边际效用递减,幸福感和满足感下降;当边际效用变成零的时候,双方处在婚姻终结的边缘;当婚姻产生的边际效用为负的时候,虽然此时总效用仍然为正,但因为边际效用为负,随着时间推移,婚姻所产生的总效用已经开始递减,理性的消费者双方应该结束婚姻。如果连婚姻产生的总效应也为负,则这样的婚姻必须结束,因其存在对双方都是痛苦的煎熬。

当然,婚姻行为本身是人类社会发展和演进所形成的正式的制度,包含了很多社会道德伦理、法律和制度因素,婚姻给家庭和社会造成了高昂的机会成本,因此我们可以从消费理论的另一个视角看待幸福婚姻持续的意义,如果人的一生可以选择若干次的婚姻,每次婚姻可以看作一次独立的消费,那么第一次婚姻所产生的边际效用无疑是最高的,第二次婚姻带来的边际效用会急剧减少,有的人在一次或者几次婚姻失败后选择孤独终身,就是这种多次婚姻所产生的负效应的典型表现。

婚姻也不是简单的消费,而是学习型消费,只有双方在进行充分了解后,互相磨合适应,并以正确的心态去增进消费的满足感,并努力延长减缓边际效用的衰减,才能实现婚姻消费中的消费者均衡。

4. 解析:

一些青少年整天沉湎于网络游戏,将全部精力投在了虚拟世界中,完全脱离了正常人的生活状态,破坏了他们与社会群体之间的正常关系。网络游戏利用人们在现实生活中无法得到满足的荣誉和成就感,让人欲罢不能,深深被其吸引,处于心智成长期的青少年尤其容易身陷其中。网络中的"虚拟自我"与"现实自我"的巨大反差,使网瘾者在现实生活中对周围的人表现得越来越冷漠,不愿沟通,自我封闭;现实生活中糟糕的人际关系,又使他们进一步陷入焦虑痛苦之中。在网络做“英雄”比通过学业获得尊重来得容易，涉世未深的青少年的人生观、价值观和道德观很容易被扭曲。毒瘾型消费的边际效用的变化特征：这类消费往往包含迅速上升的成瘾期，成瘾后持续高亢期，以及最终的效用跌落期，当然往往还会出现一些反复成瘾的现象。为了帮助青少年戒除网瘾，避免更多人误入歧途，必须从供求两方面着手，首先在青少年接触网络游戏产品的同时就应该让他们知道和了解这种产品的负面危害，了解其成瘾过程，主动建立预防机制。其次，对游戏的设计方来说，其产品设计过程中必须增加对产品防成瘾方面的考虑，通过法律和技术的双重约束，避免悲剧的发生。

第5章

生产论

一、习　题

（一）名词解释

1. 厂商
2. 生产函数
3. 边际报酬递减规律
4. 等产量线
5. 生产扩展线
6. 规模报酬
7. 等成本线
8. 规模经济
9. 固定替代比率生产函数
10. 里昂惕夫生产函数
11. 柯布—道格拉斯生产函数
12. 交易成本
13. 边际技术替代率
14. 边际技术替代率递减规律
15. 公司制企业
16. 生产者剩余

（二）单项选择题

1. 根据可变要素的总产量曲线、平均产量曲线和边际产量曲线之间的关系，可将生产划分为三个阶段，任何理性的生产者都会将生产选择在（　　）。

A. 第Ⅰ阶段　　B. 第Ⅱ阶段

C. 第Ⅲ阶段　　D. 第Ⅱ阶段和第Ⅲ阶段

2. 在维持产量水平不变的条件下，如果企业增加 2 个单位的劳动投入量就可以减少 4 单位的资本投入量，则有（　　）。

A. $MRTS_{LK}=2$，且$\frac{MP_K}{MP_L}=2$　　B. $MRTS_{LK}=\frac{1}{2}$，且$\frac{MP_K}{MP_L}=2$

C. $MRTS_{LK}=2$，且$\frac{MP_K}{MP_L}=\frac{1}{2}$　　D. $MRTS_{LK}=\frac{1}{2}$，且$\frac{MP_K}{MP_L}=\frac{1}{2}$

3. 在以横坐标表示劳动数量，纵坐标表示资本数量的平面坐标中所绘出的等成本线的斜率为（　　）。

A. $\frac{\omega}{\gamma}$　　B. $-\frac{\omega}{\gamma}$　　C. $\frac{\gamma}{\omega}$　　D. $-\frac{\gamma}{\omega}$

4. 对应于边际报酬的递增阶段，总产量曲线（　　）。

A. 以递增的速率上升　　B. 以递减的速率上升

C. 以递增的速率下降　　D. 以递减的速率下降

5. 当边际产量大于平均产量时，（　　）。

A. 平均产量递减

B. 平均产量递增

C. 平均产量不变

D. 总产量递减

6. 如果规模收益不变，单位时间里劳动力使用增加 10%，资本量保持不变，产出将（　　）。

A. 增加 10%　　B. 减少 10%

C. 增加大于 10%　　D. 增加小于 10%

7. 在图5-1所示的产出关系中,厂商的理性决策应在(　　)。

A. $0<L<7$　　B. $4.5<L<7$

C. $3<L<4.5$　　D. $0<L<4.5$

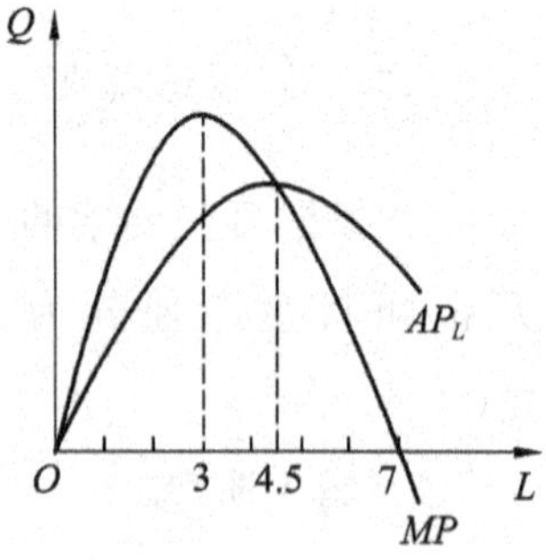

图 5-1

8. 下面情形表示生产仍有潜力可挖的是(　　)。

A. 生产可能性边界上的任意一点

B. 生产可能性边界外的任意一点

C. 生产可能性边界内的任意一点

D. 以上都有可能

9. 已知某企业的生产函数 $Q=10\sqrt{L}\sqrt{K}$(Q 为产量,L 和 K 分别为劳动和资本量),则(　　)。

A. 生产函数是规模报酬不变　　B. 生产函数是规模报酬递增

C. 生产函数是规模报酬递减　　D. 企业处于内部经济阶段

10. 等成本曲线绕着它与纵轴的交点向外转动,表明(　　)。

A. 生产要素 Y 的价格下降了　　B. 生产要素 X 的价格上升了

C. 生产要素 X 的价格下降了　　D. 生产要素 Y 的价格上升了

11. 关于生产理论的原理,下列说法正确的是(　　)。

A. 生产要素的边际技术替代率递减是规模报酬递减造成的

B. 边际收益递减是规模报酬递减造成的

C. 规模报酬递减是边际收益递减规律造成的

D. 生产要素的边际技术替代率递减是边际收益递减规律造成的

12. 如果企业固定投资和雇佣工人增加导致企业生产经营效率提升,这是由于(　　)。

A. 规模的不经济性　　B. 规模的经济性

C. 收益递减率的作用　　D. 上述都正确

13. 规模收益递减成立的条件是(　　)。

A. 任一投入的总产量达到最大值后,随着投入的增加而下降

B. 任一投入的平均产量达到最小值后，随着所有投入成比例的增加而增加

C. 随着投入的增加，此项投入的边际产量最终开始下降

D. 随着所有投入的成比例增加，任一投入的边际产量最终开始下降

14. 一组等产量曲线图表示企业的（　　）。

A. 总成本函数　　B. 最小成本的产出

C. 利润最大化的产出　　D. 生产函数

15. 如果一项投入品的边际产量为正，但随着投入增多，边际产量递减，则（　　）。

A. 平均产量一定下降

B. 总产量不断增加，但增加的速度越来越慢

C. 厂商应当减少产出

D. 总产量已达到最高点，正在不断下降

16. 考虑 X 企业的生产函数，它用 2 个工人和 1 单位资本生产出 10 单位的产出，对工人和资本的增加必须保持上面的比率才能使产出增长，则 X 企业的等产量曲线是（　　）。

A. 直线　　B. L 形

C. 曲线，凸向原点　　D. 曲线，凹向原点

17. 生产函数描述了（　　）。

A. 投入品价格对厂商产出水平的变化

B. 给定一定量的投入所得到的最优产量水平

C. 在每一价格水平上厂商的最优产出水平

D. 价格与需求量之间的关系

18. 等成本线的斜率表示（　　）。

A. 给定产出时花费的总成本

B. 横轴变量的价格与纵轴变量的价格的比率

C. 给定成本时不同的产出水平

D. 纵轴变量的价格与横轴变量的价格的比率

19. 如果一项投入的平均产量高于其边际产量,则(　　)。

A. 随着投入的增多,边际产量增加

B. 边际产量将向平均产量趋近

C. 随着投入的增加,平均产量一定增加

D. 平均产量将随投入的增加而降低

20. 规模经济发生在厂商的(　　)。

A. 边际产量曲线最高点　　B. 总产量缓慢上升区间

C. 边际收益递减区间　　D. 长期内每单位生产效率提升时

21. 如果连续地增加某种要素,在总产量达到最大时,边际产量曲线(　　)。

A. 与纵轴相交　　B. 经过原点

C. 与平均产量曲线相交　　D. 与横轴相交

22. 等产量线是指在这条曲线的各点代表(　　)。

A. 为生产同等产量投入要素的各种组合比例不是不能变化的

B. 为生产同等产量投入要素的价格是不变的

C. 不管各种投入要素量如何,产量总是相等的

D. 投入要素的各种组合所能生产的产量都是相等的

23. 如果规模收益递增,单位时间里增加了20%的劳动和资本使用量,则产出将(　　)。

A. 增加20%　　B. 减少20%

C. 增加大于20%　　D. 增加小于20%

24. 经济学中短期与长期的划分取决于(　　)。

A. 时间的长短　　B. 可否调整产量

C. 可否调整产品价格　　D. 可否调整生产规模

25. 下列说法中错误的是(　　)。

A. 只要总产量减少,边际产量一定是负数

B. 只要边际产量减少,总产量也一定减少

C. 边际产量的变化速率总是大于平均产量的变化速率

D. 边际产量一定在平均产量曲线的最高点与之相交

26. 厂商用来生产产品的劳动、原材料和资本商品叫作( )。

A. 现付要素 B. 生产要素

C. 现付成本 D. 折算要素

27. 在生产过程中,可以增加和减少的生产要素是( )。

A. 固定要素 B. 技术要素

C. 可变要素 D. 制度要素

28. 下面哪项可能是厂商选择的短期调整?( )

A. 扩大已存在的工厂规模 B. 雇佣工人以加长机器运行时间

C. 关闭生产设备 D. 改变庄稼的品种

29. 边际收益递减规律适用的条件是( )。

A. 所有生产要素投入同比例变动

B. 生产条件发生变化

C. 生产技术发生变化

D. 只有一种生产要素的投入量变动

30. 当边际产量为零的时候,( )。

A. 平均产量最大 B. 平均产量最小

C. 总产量最大 D. 边际产量等于平均产量

31. 折线型的等产量曲线上的拐点代表( )。

A. 为生产同等产量投入要素的各种组合比例是不能变化的

B. 为生产同等产量投入要素的价格是不变的

C. 不管投入各种要素如何,产量总是相等的

D. 投入要素的各种组合所能生产的产量都是相等的

32. 如果等成本线在坐标平面上与等产量曲线相交,那么生产等产量曲线表示的产量水平( )。

A. 应增加成本支出 B. 不能增加成本支出

C. 应减少成本支出 D. 不能减少成本支出

33. 等成本曲线平行向外移动表明( )。

A. 产量提高了

B. 生产要素的价格按不同比例提高了

C. 成本增加了

D. 生产要素的价格按相同比例提高了

34. 公司制企业与其他形式企业不同之处在于(　　)。

A. 以有限利润为特征　　B. 没有税收责任

C. 由承担有限责任的人所有　　D. 债务率更低

35. 下面哪个选项是典型的生产中的可变要素?(　　)

A. 土地　　B. 机器设备

C. 厂房　　D. 劳动

36. 市场竞争中的丛林法则决定企业生产经营的目标是(　　)。

A. 产量最大化　　B. 利润最大化

C. 市场最大化　　D. 规模最大化

37. 短期生产函数主要表示(　　)两个变量之间的关系。

A. 可变成本与总成本　　B. 固定投入与产出

C. 可变投入与产出　　D. 总产出与总成本

38. 因劳动上升而导致生产函数变平坦时,可知(　　)。

A. 边际劳动产量在上升　　B. 边际劳动产量在下降

C. 边际劳动产量为零　　D. 边际劳动产量变为无穷大

39. 在短期生产中,劳动回报率递减表现为(　　)。

A. 产出递减　　B. 产出以递减的速度增加

C. 投入递增　　D. 产出以递增的速度增加

(三) 辨析题

1. 只要边际产量减少,总产量也随之减少。

2. 有了劳动、资本和土地就可以生产出产品。

3. 只要边际产量大于平均产量,平均产量就是递增的。

4. 经济学中的短期、长期是指时间的长短。

5. 边际技术替代率等于两要素的边际产量之比。

6. 两种要素的替代程度越高，则等产量曲线越接近于直线。

7. 等成本线的斜率即为两种生产要素的价格之比。

8. 边际技术替代率是正的，并且呈递增趋势。

9. 任何生产函数都以一定时期内的生产技术水平作为前提条件，一旦生产技术水平发生变化，原有的生产函数就会发生变化，从而形成新的生产函数。

10. 无论是短期还是长期，生产要素投入都可以分为不变要素投入和可变要素投入。

11. 劳动的规模报酬递减描述的是当厂商使用更多劳动时产出下降这一情形。

12. 企业的本质是为了节省交易成本而对市场的一种替代。

13. 企业的边界可以无限大，也可以无限小。

14. 土地在所有生产中都作为固定要素而存在。

15. 可变要素是随着企业产出水平变化而变化的投入。

16. 市场需求的增加对生产者剩余没有影响，因为生产者剩余只和供给有关。

17. 生产者剩余就是企业所能获得的利润。

18. 生产者均衡就是要实现在既定产量目标下的最小生产成本。

19. 理性生产者必然会将短期生产的产量目标定在平均产量最高处。

20. 企业生产经营的目标只能是利润最大化。

（四）简答题

1. 简述边际报酬递减规律的内容。

2. 简述规模报酬变动规律的成因。

3. 简述平均产量曲线和边际产量曲线之间的关系。

4. 简述短期生产的总产量曲线、平均产量曲线和边际产量曲线的特征及相互关系。

5. 简述等产量线与无差异曲线的异同。

6. 简述最优要素组合。

7. 如何区分短期生产与长期生产?

8. 简述边际技术替代率递减的原因。

9. 试对一种生产要素的合理投入区间进行分析。

10. 简述规模经济与范围经济的含义与成因。

(五) 计算题

1. 某企业在短期生产中的生产函数为 $Q=-L^3+24L^2+240L$,分别计算企业在第Ⅰ、第Ⅱ和第Ⅲ阶段的取值范围。

2. 已知某企业的生产函数为 $Q=5L+12K-2L^2-K^2$,其中,$P_L=3$,$P_K=6$,总成本 $TC=160$,试求该企业的最优要素组合。

3. 已知某企业的生产函数为 $Q=L^{\frac{2}{3}}K^{\frac{1}{3}}$,劳动的价格 $W=2$,资本的价格 $\gamma=1$。求:

(1) 当成本 $C=3\ 000$ 时,企业实现最大产量时的 L,K 和 Q 的均衡值。

(2) 当产量 $Q=800$ 时,企业实现最小成本时的 L,K 和 C 的均衡值。

4. 某钢铁厂的生产函数为 $Q=5LK$,其中 Q 为该厂的产量,L 为该厂每期使用的劳动数量,K 为该厂每期使用的资本数量。如果每单位资本和劳动力的价格分别为 2 元和 1 元,那么每期生产 20 单位的产品,应该如何组织生产?

5. 已知生产函数 $Q=AL^{\frac{1}{3}}K^{\frac{1}{3}}$。判断:

(1) 在长期生产中,该生产函数的规模报酬属于哪种类型?

(2) 在短期生产中,该生产函数是否受边际报酬递减规律的支配?

6. 已知生产函数 $Q=2KL-0.5L^2-0.5K^2$,假定厂商目前处于短期生产,且 $K=10$。

(1) 求劳动的总产量函数,劳动的平均产量函数和劳动的边际产量函数。

(2) 分别计算当劳动的总产量函数,劳动的平均产量函数和劳动的边际产量函数各自达到极大值时厂商的劳动投入量。

7. 假定企业的生产函数为 $Q=2L^{\frac{1}{2}}K^{\frac{1}{2}}$，如果资本存量固定在 9 个单位上，产品的价格 P 为每单位 6 元，工资率 w 为每单位 2 元，请确定：

(1) 该企业的规模收益状态。

(2) 企业雇佣的最优的（能使利润最大的）劳动数量。

(3) 如果将工资提高到每单位 3 元，最优的劳动数量是多少？

8. 某厂商用资本 K 和劳动 L 生产 X 商品，短期来看资本是固定的，劳动是可变的。短期生产函数是 $X=-L^3+24L^2+240L$，其中 X 是每周产量，L 是雇佣劳动量（人），每人每周工作 40 小时，工资每小时 12 元，如该厂商每周纯利润要达到 2 676 元，需要 16 个工人，试求该厂商固定成本是多少？（此题须综合使用成本和生产要素理论知识）

9. 假设某企业 A 的生产函数为 $Q=10L^{0.5}K^{0.5}$，另一家企业 B 的生产函数为 $Q=10L^{0.6}K^{0.4}$，其中 Q 为产量，K 和 L 分别为资本和劳动的投入量。问：如果两家企业使用同样多的资本和劳动，哪一家企业的产量大？

10. 假设一个厂商的生产函数为 $Q=1.4L^{0.7}K^{0.35}$，问：(1) 求劳动的产出弹性和资本的产出弹性；(2) 如果劳动 L 增加 3%，资本 K 减少 10%，产量 Q 将如何变化？

11. 请计算并分析下列生产函数分别属于规模报酬递增、规模报酬不变还是规模报酬递减？

(1) $f(K,L)=K^2L$。

(2) $f(K,L)=K+2L$。

(3) $f(bK,bL)=\sqrt{b}f(K,L)$。

12. 已知生产函数 $Q=4L^{0.5}K^{0.5}$，求解：(1) 厂商的生产扩展线函数；(2) 当 $P_L=1,P_K=4,Q=10$ 时，使成本最小的投入组合。

(六) 案例分析题

1. 中国有句俗话："一个和尚挑水吃，两个和尚抬水吃，三个和尚没水吃。"这句俗语既讽刺了生活中相互攀比、人浮于事、吃大锅饭的现象，也反映了经济学的规律。下面让我们设想当时庙里的情形。按照假定,只有和尚的数量可以改变。假设庙里只有2个水桶,是固定不变的。开始时只有一个和尚,他每天下山挑水,由于山高路远,十分吃力,所以他一天只能挑1趟水,而且每个水桶只盛半桶水。这样一趟挑回来1桶水,他必须合理地用于吃、喝、洗漱等必要的生活需求。后来,又来了一个和尚,庙里有2个水桶,他们可以轮流挑水,也可以一起下山抬水。假设一人挑1趟(半桶)是两人抬1趟所付出劳动的两倍,因此每人每天挑1趟和两人每天抬2趟是一样的。但他们谁都不想因自己挑水而给对方占便宜的机会,结果只能是一起抬水(只用到一只水桶),每天抬两趟,平均每人可以使用1桶水。后来又来了第三个和尚,于是他们轮流下山抬水(仍然只用到一只水桶),一次去两个人,每个人下山两次,一起可以抬3趟,平均每个人可用1桶水。如果又来了第4个和尚,他们可以分成两组下山抬水,每天每组两趟,正常情况可以抬4桶水,平均每人1桶水。但两组之间会互相牵制,谁都想偷懒,最后很可能平均到每个人的用水量减少了。如果按照这样的方式,又来了第5个、第6个、第7个和尚……这时就会出现和尚太多、水桶太少的情况,大部分和尚都没事可干。可以想象,每天的抬水总量是不可能再增加的,相反由于人多、事多、矛盾多,每个人的用水量又在下降。也许真的有一天,庙里的和尚一大群,而水却一滴也没有了。

请结合边际报酬递减定律,解释造成"三个和尚没水吃"经济现象的原因,并给出解决的办法。

2. 近年来,中国汽车工业高速发展,成为推动中国经济发展的支柱产业之一。汽车工业的基础是汽车零部件产业,在中国汽车行业中有着举足轻重的地位。汽车零部件质量决定整车的生产质量。我国加入WTO以后,随着跨国汽车巨头抢占中国市场的力度不断加大,各种外商合资、独资的零部件生产企业和研发中心也相继进入中国市场,给本来就"散、乱、差"的中国本土汽车零部件行业带来极大的压力。

我国汽车零部件产业发展水平相对低下,一方面是受国内大环境的影响,计划经济体制下各地方财政"分灶吃饭""诸侯经济"意识严重。各地都大力发展汽车零部件产业，但投资少，技术水平低下，重复建设十分严重，形成了依附于主车厂“讨饭吃”的小企业群。另一方面国家主管部门对汽车零部件工业发展重视不足，投入偏少。我国汽车零部件与整车投资比例长期低于 1∶1，而日本和欧美这一比例达到 3∶1。由于投资有限，加上零部件企业普遍规模较小，每年从有限的税后利润中用于技术改造、产品开发、基础研究的经费就更少，有的企业根本就没有研发经费投入。进而造成整个产业的投资不足，技术水平落后，零部件发展落后于整车企业的发展，与跨国零部件企业的差距加大。以消声排气系统生产企业为例，全国大大小小的生产企业近 100 家，但年产销规模达到 5 万套以上的只有 30 多家，达到 15 万套的只有 12 家。生产厂家众多，产量小，成本高，利润自然无从谈起。同时国内零部件企业大多与整车企业形成“依附式”关系，造成在产品价格上几乎没有话语权，没有平等的协商与议价能力。

请结合我国汽车零部件产业的背景材料，分析规模经济对于企业提高经营效率的影响。

3. “大跃进”是 1958 年至 1960 年上半年中国在经济建设中发动的以高指标为主要标志的运动：在生产发展上追求高速度，以实现工农业生产高指标为目标。要求工农业主要产品的产量成倍、几倍、甚至几十倍地增长。例如，提出钢产量 1958 年要比 1957 年翻一番，由 335 万吨达到 1 070 万吨，1959 年要比 1958 年再翻番，由 1 070 万吨达到 3 000 万吨。粮食产量 1958 年要比 1957 年增产 80%，由 3 900 亿斤达到 7 000 亿斤左右，1959 年要比 1958 年增产 50%，由 7 000 亿斤左右达到 10 500 亿斤。由于硬要完成那些不切实际的高指标，必然导致瞎指挥盛行，浮夸风泛滥，广大群众的生活遇到了严重的困难。

“大跃进”时期是一个不讲理性的年代，时髦的口号是“人有多大胆，地有多大产”。于是一些地方把传统的两季稻改为三季稻。江苏省邗江县的试验结果表明，两季稻每亩总产量达到 2 014 斤，而三季稻只有 1 510 斤。而且各地为了比拼单产记录，实施在一亩地里的密集种植，号称亩产突破万斤，甚至 10 万斤。由于各级地方弄虚作假，严重破坏了农业生产的正常进行,甚至出现过为应付检查把一个村庄的庄稼一夜之间全部从地里拔出,全部在几亩地里密集种植的“逆天”现象。由于严重违背了农业生产的规律,在1958年这样风调雨顺的年份,农业产量显著减少,进而引起三年“自然灾害”严重的食物短缺。而四川省在把三季稻改为两季稻后,全省的粮食总产量反而显著增加了,更不用说两季稻还节省了生产成本,并使得土壤肥力能够得到自然恢复,避免了过度使用。群众总结的经验是“三三见九,不如二五一十”,就是对边际产量递减规律的形象说明。

试用边际产量递减原理解释这种现象。

4. 2011年8月16日,小米手机正式推出。2013年3月,小米推出了互联网电视机顶盒小米盒子,引发中国机顶盒市场热潮。2013年9月,小米公司董事长雷军再度用互联网思维改造电视,颠覆式创新的小米电视正式问世。2013年11月,小米路由器问世。2012年全年小米手机销量达到719万台,含税收入126.5亿元。2013年全年销量预计约1 900万台,含税营收将超过300亿元人民币——这一切只用了两年多时间!

小米科技创始人、小米公司董事长兼CEO、金山软件公司董事长雷军获选2013年央视经济年度人物。雷军作为天使投资人,投资了凡客诚品、多玩、拉卡拉、UCweb等多家创新型企业,其中多玩已在美国上市。小米的成功让不少传统企业也开始学习、复制。雷军认为,要学就先学小米所代表的态度和互联网思想,而不是软件、硬件。“我们做产品就是极其专注,就是极致。”“市场批评我们没关系,我愿意承认我能力不行,但不承认我态度不行。”他表示,小米对口碑的重视,被“庸俗化”为口碑营销或社交营销,实际上“我们认为最好的产品就是营销,你不用做营销,产品做好了,每个人就能传递出去”。他认为,小米代表的互联网思想,就是改造传统企业。

小米是最注重用户体验的,他们通过互联网广泛收集用户意见,让消费者参与设计,把消费者的参与感做到极致。小米不仅仅是一家做手机的公司,它还是一家经营粉丝、经营用户的公司。比如说,要按照典型“米粉”的需求,手机只要设计一个颜色就行了,但为了博取家里“领导”——女朋友和太太们的青睐,小米手机也设计了彩色款。另外,备受关注的小米电视,也只设计了一款，尺寸为 47 英寸。这同样是出于对“米粉”们需求的考虑。“他们的采购能力是多少？家里多大？客厅多大？47 英寸可能是他们能买的非常大的电视了。”雷军说，“我也不想所有人都用我的产品，我就把‘米粉’人群的需要做到极致就行了。”

请结合有关企业本质的经济学知识，分析“小米奇迹”现象及其所包含的经济学意义。

二、参考答案

（一）名词解释

1. 解析：

厂商是指能做出统一生产决定的单个经济活动单位，也称生产者或企业。

2. 解析：

生产函数是指在一定时期内，在技术水平不变的情况下，生产中所使用的各种生产要素的数量与所能生产的最大产量之间的关系。

3. 解析：

边际报酬递减规律也称边际收益递减规律，是指在其他条件不变的情况下，如果一种投入要素连续地等量增加，增加到一定产值后，所提供的产品的增量就会下降，即可变要素的边际产量会递减。

4. 解析：

等产量线是指在技术水平不变的条件下生产一种商品时，在一定产量下的两种生产要素投入量的各种不同组合的轨迹，在这条曲线上的各点代表投入要素的各种组合比例，其中的每一种组合比例所能生产的产量都是相等的。

5. 解析：

不同的等产量线将与不同的等成本线相切，形成一系列不同的生产均衡点，连接这些生产均衡点的轨迹就是生产扩展线。

6. 解析：

规模报酬是指在其他条件不变的情况下，企业内部各种生产要素按相同比例变化时所带来的产量变化。

7. 解析：

等成本线是在既定的成本和生产要素价格条件下，生产者可以购买到的两种生产要素的各种不同数量组合的轨迹。

8. 解析：

规模经济(Economies of Scale)是指由于产出水平的提高，或者生产规模的扩大而引起的产品平均成本的降低。

9. 解析：

固定替代比率生产函数是指在每一产量水平上任何两种要素之间的替代比例都是固定的。其通常形式是 $Q=aL+bK$，其中 Q 是产量，L，K 分别表示劳动和资本的投入量，常数 $a,b>0$。

10. 解析：

里昂惕夫生产函数又称固定投入比例生产函数，是指在每一个产量水平上任何一对要素投入量之间的比例都是固定的生产函数。$Q=\min(L/U,K/V)$，其中，Q 表示产品的产量，L 和 K 分别表示劳动和资本的投入量，U 和 V 分别表示固定的劳动资本的生产技术系数，它们分别表示生产一单位产品所需要的固定的劳动投入量和资本投入量。该生产函数表示产量 Q 取决于两个比值 L/U 和 K/V 中较小的那一个，即使其中的一个比例数值较大，也不会提高产量。

11. 解析：

柯布—道格拉斯生产函数是由数学家柯布和经济学家道格拉斯于 20 世纪 30 年代提出来的。函数的通常形式是 $Q=AL^{\alpha}K^{\beta}$，其中 A,α,β 为参数，且 $0<\alpha,\beta<1$。α 为劳动所得在总产量中所占的份额，β 为资本在总产量中所占的份额，A 为制度、技术等其他影响因子。

12. 解析：

交易成本(Transaction Costs)又称交易费用，由于交易成本泛指所有为促成交易发生而形成的成本,不同的交易往往涉及不同种类的交易成本。科斯于 1937 年提出交易成本理论对企业的本质加以解释。

13. 解析:

边际技术替代率(Marginal Rate of Technical Substitution, MRTS)是指在产量保持不变的前提条件下,增加一单位某种生产要素可以代替的另外一种要素的数量。通常,由于生产过程中投入的生产要素是不完全替代的,随着一种生产要素数量的增加,该要素对另外一种要素的边际技术替代率是递减的。

14. 解析:

边际技术替代率递减规律是指在产量保持不变的条件下,随着一种要素的增加,另一种要素会减少,由于边际产量是递减的,当某种要素增加一单位时,所引起的产量增加量是逐渐减少的。在维持产量不变的条件下,该要素所替代的其他要素数量就会减少。因此边际产量递减规律发挥作用的结果是边际技术替代率是递减的。

15. 解析:

公司制企业又叫股份制企业,是指由一个以上投资人(自然人或法人)依法出资组建,有独立法人财产,自主经营、自负盈亏的法人企业。

16. 解析:

生产者剩余(Producer Surplus)等于厂商生产一种产品的总利润加上补偿给要素所有者超出他们所要求的最小收益的数量。从图形分析的角度看,它等于供给曲线之上和市场价格之下的那块三角形的面积。

(二) 单项选择题

略

(三) 辨析题

1. 解析:

错误。即使边际产量减少,但是只要边际产量仍然大于零,那么要素投入所引起的总产量仍然会增加,只不过总产量增加的幅度越来越小。当边际产量减少为零时,总产量达到最大。只有当边际产量小于零时,总产量才会递减。

2. 解析:

错误。劳动、资本和土地是生产产品必不可少的要素,但是仅仅只具备了要素并不能自动生产产品,必须把要素按照一定的技术系数配合和组织起来,通过有效的生产经营管理才能获得产品。

3. 解析:

正确。当边际产量大于平均产量时,也就是边际产量曲线的位置高于平均产量曲线时,每单位要素投入所引起总产量的增量不断增加,因此平均产量呈现不断增大的趋势。

4. 解析:

错误。经济学中的短期、长期并不完全指时间的长短,而是根据生产中所投入的各要素的数量和比例关系是否能灵活改变,如果全部要素的数量比例都可以改变,则为长期生产,反之,如果仅仅只有部分要素的数量比例可变,则为短期生产。

5. 解析:

正确。边际技术替代率是指在产量保持不变的前提条件下,增加一单位某种生产要素可以代替的另外一种要素的数量,同时边际替代率是无差异曲线上某一点切线的斜率,在同一条无差异曲线上,用 L 要素的增量乘以 MP_L 加上 K 要素的增量乘以 MP_K,其和恒等于零,公式进行变化可以得到边际技术替代率等于两种要素的边际产量之比。

6. 解析:

正确。当两种要素可完全相互替代时,等产量曲线的形状为一条直线,因此可以得出以下结论:两种要素的替代程度越高,则等产量曲线越接近于直线。

7. 解析:

正确。等成本线是在既定的成本和既定的要素价格条件下,生产者可以购买的两种要素的各种不同的最大数量组合的轨迹。等成本线的斜率即为两种生产要素的价格之比。

8. 解析：

错误。边际技术替代率是指在产量保持不变的前提条件下，增加一单位某种生产要素可以代替的另外一种要素的数量，边际技术替代率等于两种商品的边际产量之比，因为不断用要素 L 替代要素 K，导致 MP_L 递减而 MP_K 递增，所以边际替代率为正，但其值不断递减。

9. 解析：

正确。生产函数(Production Function)是指在一定时期内，在技术水平不变的情况下，生产中所使用的各种生产要素的数量与所能生产的最大产量之间的关系。因此当技术、制度等因素发生变化的时候，生产函数必然发生改变。

10. 解析：

错误。微观经济学的生产分为短期生产和长期生产。我们把部分要素可变、部分要素不可变的情形称为短期生产，而把所有因素都可以发生改变的情形称为长期生产，因此短期中要素可以分为不可变要素和可变要素，长期中所有要素都为可变要素。

11. 解析：

错误。规模报酬递减是指使用较多的投入仅能换回较小的产出，因此劳动规模报酬递减描述的是当厂商使用更多劳动换回较少的产出，但总产出水平并没有下降。

12. 解析：

正确。根据企业本质的定义，企业之所以能够产生并成为独立的组织，正是因为企业内部执行一项交易的成本低于市场自发的交易成本，因此企业的本质是为了节省交易成本而对市场的一种替代。

13. 解析：

正确。当企业内部执行一项交易的成本与市场执行相同交易的成本相等时，企业达到其边界。因此不同类型的企业边界的大小取决于内部与外部边际成本的变化和比较，所以其规模或边界可以很大，也可以很小。

14. 解析：

错误。因为土地在生产过程中同机器设备等固定要素相似，因此在短期生产中土地作为固定要素而存在，但是在长期生产中，包括土地在内的所有要素都是可变要素。

15. 解析：

正确。可变要素和不可变要素是对于短期生产来说的，可变要素的调整完全取决于企业生产的产量规模和目标，产量越大，所需可变要素也就越多。在长期生产中，由于时间周期足够长，所有要素都可调整，因此就没有了可变要素和不可变要素的区别。

16. 解析：

错误。决定生产者剩余大小的关键在于生产的均衡价格，而均衡价格必须由供求曲线的交点决定，当均衡价格越高时，生产者剩余越大，反之亦然。因此生产者剩余跟需求和供给都有关系。

17. 解析：

错误。生产者剩余等于厂商生产一种产品的总利润加上补偿给要素所有者超出的成本部分，因此生产者剩余并不等于利润。

18. 解析：

正确。所谓生产者均衡是指在既定成本下，如何实现产量最大化。所谓产量最大化是在既定成本下实现产量最大化，因此生产者均衡就是要实现在既定产量目标下的最小生产成本。

19. 解析：

错误。根据生产的特点，使用一种可变要素投入的生产过程可以分为不同阶段，其中在平均产量最高和总产量最大之间的区域被称为合理生产区域，因此理性生产者只要能保证将产量控制在这个范围内即可。

20. 解析：

错误。企业生产经营的目标是为了追逐利润最大化，但是企业生产经营的目标是多元化的，有些企业可能更加关注市场占有率的提升，甚至追求社会福利最大化。

（四）简答题

1. 解析：

在技术水平不变的条件下，在连续等量地把某一种可变生产要素增加到其他一种或几种数量不变的生产要素上去的过程中，当这种可变生产要素的投入量小于某一特征值时，增加一单位该要素的投入量所带来的产量是递增的；当这种可变要素的投入量连续增加并超过这个特定值时，增加一单位该要素的投入量所带来的边际产量是递减的。这就是边际报酬递减规律。

2. 解析：

规模报酬变动规律是指在技术水平不变的条件下，当两种生产要素按同一比例同时增加时，最初这种生产规模的扩大会使得产量增加超过生产规模的扩大，但当规模扩大超过一定限度时，产量的增加会小于生产规模的扩大，甚至会出现产量的绝对减少。

在技术水平不变的条件下，生产要素同比例增加所引起的生产规模扩大使得产量的增加可以分成三个阶段：规模报酬递增阶段，即产量增加的比率超过投入增加的比率；规模报酬不变阶段，即产量增加的比率等于投入增加的比率；规模报酬递减阶段，即产量增加的比率小于投入增加的比率。之所以出现这三个阶段，一方面是由于厂商规模的扩大使得厂商的生产由内在经济逐渐转向内在不经济。在规模扩大的初期，厂商可以购置大型的先进机器设备，这是小规模生产做不到的。随着规模的扩大，厂商可以在内部进一步实行专业分工，提高生产效率。同时，企业的管理人员也可以发挥管理才能，提高管理效率，并且大规模的生产有利于副产品的综合利用。另一方面，大厂商在购买生产要素方面往往具有某些谈判优势，从而可以减少成本支出。因此，随着厂商规模的扩大，收益的增加量会超过投入的增加量，从而出现规模报酬递减。

但是，厂商的规模并不是越大越好。当厂商的规模扩大到一定程度以后,可能会由于管理机构越来越大,信息不畅,从而出现管理效率下降的现象。此外,一方面厂商规模的扩大使得信息处理费用和销售费用增加,可能抵消规模经济带来的利益;另一方面,当厂商的规模扩大到只有提高价格才能购买到足够的生产要素时,厂商的成本势必增加。这些因素最终会导致生产出现规模报酬递减。当然,在规模报酬递增和递减阶段之间会出现规模报酬不变阶段,这一阶段的长短在不同生产过程中表现不同。

3. 解析:

平均产量曲线的最高点,一定是平均产量曲线与边际产量曲线的交点;平均产量曲线的上升部分,边际产量曲线一定高于平均产量曲线,如图 5-2 所示。

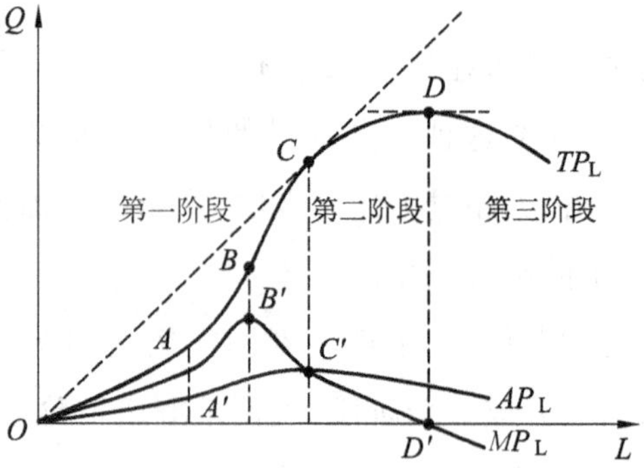

图 5-2

(1) 过 TP_L 曲线上任何一点的切线的斜率就是相应的 MP_L 的值。

(2) 连接 TP_L 曲线上任何一点和坐标原点的线段的斜率,就是相应的 AP_L 的值。

(3) 当 $MP_L>AP_L$ 时,AP_L 曲线是上升的。

当 $MP_L<AP_L$ 时,AP_L 曲线是下降的。

当 $MP_L=AP_L$ 时,AP_L 曲线达到极大值。

4. 解析:

(1) 总产量曲线和平均产量曲线的关系

连接 TP_L 曲线上任一点和坐标原点的线段的斜率,可以表示为该点上

的 AP_L 值。在图 5-2 中，当 AP_L 曲线在 C' 点达最大值时，TP_L 曲线必然有一条从坐标原点出发的最陡的切线，相切 TP_L 曲线于相应的 C 点。

（2）总产量曲线和边际产量曲线的关系

过 TP_L 曲线上任一点的切线的斜率，可以表示为该点上的 MP_L 值。当 MP_L 曲线先以递增的速率增加时，TP_L 曲线上升，当 MP_L 曲线的斜率在拐点达最大值时，TP_L 曲线也达最大值；当 TP_L 曲线在以递减的速率继续增加时，MP_L 曲线在拐点后下降。直至 TP_L 曲线的斜率在 D 点降为 0 时，MP_L 曲线与坐标横轴相交。

（3）平均产量曲线和边际产量曲线的关系

平均产量曲线和边际产量曲线相交于平均产量曲线的最大值点。MP_L 曲线的变动快于 AP_L 曲线的变动。因此在边际量与平均量之间存在着如下关系：对于任何两个相应的边际量和平均量而言，只要边际量小于平均量，边际量就把平均量拉低；只要边际量大于平均量，边际量就把平均量拉高。当边际量等于平均量时，平均量必然达到其自身的极值点。

5. 解析：

相同点：

（1）等产量线向右下方倾斜，斜率为负。

（2）任何两条等产量线不能相交。

（3）等产量线凸向原点，斜率递减。

不同点：

（1）等产量线为因某一要素过度投入或使用而产生负效应区，并可以通过追加另一要素的使用弥补其负效应。无差异曲线没有这样的区域。

（2）等产量线形成的机理是边际报酬递减规律，而无差异曲线则受到边际效用递减定律的影响。

6. 解析：

在生产技术和要素价格不变的条件下，生产者在成本既定时实现产量最大或在产量既定时实现成本最小目标时所使用的各种生产要素的数量组合。在等产量曲线与等成本方程的图形中，生产要素最优组合表现为这两

条曲线的切点,其满足的条件是:

$P_L L + P_K K = C$,

$\frac{MP_L}{P_L} = \frac{MP_K}{P_K}$。

或 $WL + rK = C$,

$\frac{MP_L}{W} = \frac{MP_K}{r}$。

上述条件表明,使用任意两种生产要素的边际技术替代率等于相应的价格比,或者说,每一单位成本用于任何要素的购买所得到的边际产量都相等。厂商的生产要素最优组合与利润最大化是一致的。所谓要素的最优组合是指以最小的成本生产最大产量的要素组合。

7. 解析:

短期和长期的划分是以生产者能否变动全部要素投入数量为标准。短期指生产者来不及调整全部生产要素投入数量,至少有一种生产要素投入数量是固定不变的时间周期。在短期内,生产要素投入分为不变要素投入(如厂房、机器设备等)和可变要素投入(如劳动、原材料等)。

长期指生产者可以调整全部生产要素投入数量的时间周期。在长期内,所有生产要素投入都是可变要素投入。短期和长期的划分并非按照具体的时间长短。对于不同的产品生产,短期和长期的具体时间的划分是不同的。例如,变动一个大型炼油厂的规模可能需要五年,则其短期和长期的划分以五年为界,而变动一个小吃店的规模可能只需要一个月,则其短期和长期的划分仅为一个月。

8. 解析:

边际技术替代率递减规律主要是因为边际报酬递减规律在起作用。任何一种产品的生产技术都要求各要素投入之间有适当的比例,这表明要素之间的替代是有限制的。以劳动和资本两种要素投入为例,在劳动投入量很少和资本投入量很多的情况下,减少一些资本投入量可以很容易地通过增加劳动投入量来弥补,以维持原有的产量水平,即劳动对资本的替代是很容易的，但是，在劳动投入增加到相当多的数量和资本投入量减少到相当少的数量情况下，再用劳动去替代资本就将是很困难的了。

在同一条等产量线上，随着劳动对资本的不断替代，劳动的边际产量会逐渐递减，而资本的边际产量则会逐渐上升。这表示：在产量不变的条件下，在劳动投入量不断增加和资本投入量不断减少的替代过程中，边际技术替代率也是递减的。

9. 解析：

首先，随着劳动量的增加，最初总产量、平均产量和边际产量都是递增的，但各自增加到一定程度之后分别递减，从图 5-2 上看，TP_L，AP_L，MP_L 都经历了一个先递增而后递减的过程。

其次，MP_L 曲线和 AP_L 曲线一定相交于 AP_L 曲线的最高点，在相交前 AP_L 递增，相交后 AP_L 递减。

再次，当 $MP_L=0$ 时，总产量达到最大。据此，我们把劳动投入分为三个不同的阶段：

第一阶段（Ⅰ），是劳动量从零增加到 A 这一阶段。在这一阶段，平均产量一直上升，边际产量大于平均产量。这说明增加劳动量是有利可图的（这是因为相对于固定的资本来说，劳动量缺乏，所以劳动量的增加可以使资本的作用得到充分发挥）。

第二阶段（Ⅱ），此时，平均产量开始下降，但边际产量仍然大于零，因此总产量仍一直增加，如果为了获得最大的产量，劳动量则可以增至 B 点为止。

第三阶段（Ⅲ），是劳动量增加到 B 点之后这一阶段，边际产量为负数，总产量开始绝对减少，此时劳动投入过度，固定投入严重不足。一般而言，劳动投入（可变要素的投入）到第Ⅱ阶段最合适，但劳动量的投入究竟在这一区域的哪一点上，还需要结合成本来考虑。

10. 解析：

规模经济是指随着企业生产规模的扩张，企业的平均成本不断下降，经济效益不断提高。规模经济往往指企业生产一种产品时的规模效益。范围经济是指当一个企业同时生产多种产品的成本小于多个企业分别生产的总成本时,一个企业在生产原来产品的基础上,把产品生产领域拓展到其他关联产品从而带来整体成本下降和整体效益提高。一个企业同时生产多种产品的成本小于多个企业分别生产的总成本的关键在于生产相关性。二者的区别在于,规模经济只讨论了要素变动对于一种产出的影响情况,而范围经济则讨论在同样要素投入下,多生产几种产品与少生产几种产品的效益区别。

(五) 计算题

1. 解析:

$AP_{\mathrm{L}}=-L^2+24L+240$,令 $AP_{\mathrm{L}}{}'=0$,AP_{L} 最大,即 $-2L+24=0$,$L=12$。$MP_{\mathrm{L}}=-3L^2+48L+240=0$ 时,$L_1=20$,$L_2=-4$(舍)。

所以在第Ⅰ阶段,$L<12$;在第Ⅱ阶段,$12\leqslant L\leqslant 20$;在第Ⅲ阶段,$L>20$。

2. 解析:

已知总成本 $TC=160$,即:

$3L+6K=160$。

而$\dfrac{MP_{\mathrm{L}}}{MP_{\mathrm{K}}}=\dfrac{P_{\mathrm{L}}}{P_{\mathrm{K}}}=\dfrac{3}{6}=\dfrac{1}{2}$,又 $MP_{\mathrm{L}}=5-4L$,$MP_{\mathrm{K}}=12-2K$,解方程组得:

$L=\dfrac{154}{27}$,$K=\dfrac{643}{27}$。

3. 解析:

$$\frac{MP_{\mathrm{L}}}{MP_{\mathrm{K}}}=\frac{\frac{2}{3}L^{-\frac{1}{3}}K^{\frac{1}{3}}}{\frac{1}{3}L^{\frac{2}{3}}K^{-\frac{2}{3}}}=\frac{2K}{L}=\frac{W}{r}=\frac{2}{1},$$

所以 $K=L$。

(1) $C=WL+rK=3L=3\ 000$,所以 $L=K=1\ 000$,$Q=1\ 000$。

(2) $Q=L^{\frac{2}{3}}K^{\frac{1}{3}}=800$,$L=K=800$,$C=WL+rK=2\ 400$。

4. 解析:

由生产函数 $Q=5LK$ 得，$MP_{L}=5K$，$MP_{K}=5L$。

根据生产者均衡条件 $\frac{MP_{L}}{MP_{K}}=\frac{P_{L}}{P_{K}}$ 得：

$\frac{5K}{5L}=\frac{1}{2}$，即 $L=2K$。

代入生产函数，解得：$K=\sqrt{\frac{Q}{10}}$，$L=2\sqrt{\frac{Q}{10}}$。

当 $Q=20$ 时，企业应投入 $K=\sqrt{2}$，$L=2\sqrt{2}$。

5. 解析：

(1) 对生产函数 $Q=AL^{\frac{1}{3}}K^{\frac{1}{3}}$，$\lambda$ 为大于 1 的常数。

$f(\lambda L,\lambda K)=A(\lambda L)^{\frac{1}{3}}(\lambda K)^{\frac{1}{3}}=\lambda^{\frac{2}{3}}AL^{\frac{1}{3}}K^{\frac{1}{3}}<\lambda f(L,K)$。

所以，此生产函数属于规模报酬递减的生产函数。

(2) 假定在短期生产中，资本投入量不变，以 K 表示；而劳动投入量可变，以 L 表示。

对于生产函数 $Q=AL^{\frac{1}{3}}K^{\frac{1}{3}}$，有：

$MP_{L}=\frac{1}{3}AL^{-\frac{2}{3}}K^{-\frac{1}{3}}$，且 $\frac{dMP_{L}}{dL}=-\frac{2}{9}AL^{-\frac{5}{3}}K^{-\frac{2}{3}}<0$。

这表明：在短期资本投入量不变的前提下，随着一种可变要素劳动投入量的增加，劳动的边际产量是递减的。短期中，该生产函数受边际报酬递减规律支配。

6. 解析：

(1) 当 $K=10$ 时，劳动的总产量 $TP_{L}=20L-0.5L^{2}-50$，

劳动的平均产量 $AP_{L}=\frac{TP_{L}}{L}=20-0.5L-\frac{50}{L}$，

劳动的边际产量 $MP_{L}=\frac{dTP_{L}}{dL}=20-L$。

(2) 当 $MP_{L}=0$ 时，TP_{L} 达到最大，$L=20$。

当 $MP_{L}=AP_{L}$ 时，AP_{L} 达到最大，$L=10$。

当 $L=0$ 时，MP_{L} 达到最大。

7. 解析:

(1) 已知 $Q=2L^{\frac{1}{2}}K^{\frac{1}{2}}$,根据柯布—道格拉斯函数性质可知,劳动产出弹性与资本产出弹性之和为 $1/2+1/2=1$,因此该企业处于规模报酬不变阶段。

(2) 设资本和劳动的价格分别为 r,w,资本和劳动数量分别为 K,L,则企业的利润函数为 $\pi=PQ-(wL+rK)$。将 $P=6,Q=2L^{\frac{1}{2}}K^{\frac{1}{2}}$ 及 $K=9$,$w=2$代入到利润函数中,整理得到 $\pi=36L^{0.5}-2L-9r$。

为使利润最大化,对利润函数求 L 的一阶导数并令其为零,得 $\pi'=18L^{-0.5}-2=0$,得 $L=81$,即企业雇佣 81 人可使其利润最大化。

(3) 若 $w=3$,则 $\pi'=18L^{-0.5}-3=0$,得 $L=36$,企业雇佣 36 人可使其利润最大化。

8. 解析:

设产品的价格为 P,根据厂商使用生产要素原则 $w=VMP=MP\times P$,得到 $P=w/MP$,再根据短期生产函数得到劳动的边际产量函数为 $MP_L=-3L^2+48L+240$,如果雇佣 16 个工人,则每周边际产量为 $MP_L=240$,又已知工人的周工资为 $12\times40=480$ 元,于是有:

$$P=\frac{w}{MP}=\frac{480}{240}=2。$$

从生产函数 $X=-L^3+24L^2+240L$ 可知,当 $L=16$ 时,产量 $X=5\ 888$。

此时总收益 $TR=P\times X=11\ 776$ 元,而总变动成本 $TVC=480\times16=7\ 680$元。

根据利润=总收益-固定成本-可变成本,可以得到总固定成本:$TFC=11\ 776-7\ 680-2\ 676=1\ 420$ 元。

9. 解析:

如果两家企业使用同样多的资本和劳动,则两家企业的产量之比为:

$$\frac{Q_A}{Q_B}=\frac{10L^{0.5}K^{0.5}}{10L^{0.6}K^{0.4}}=\frac{K^{0.1}}{L^{0.1}}=\left(\frac{K}{L}\right)^{0.1}。$$

由此可见，当 $K=L$ 时，两家企业产量相同；

当 $K>L$ 时，A 企业产量高于 B 企业产量；

当 $K<L$ 时，A 企业产量低于 B 企业产量。

10. 解析：

(1) 根据弹性的定义，劳动产出弹性的公式为：

$$E_L=\frac{\frac{\Delta Q}{Q}}{\frac{\Delta L}{L}}=\frac{\Delta Q}{\Delta L}\times\frac{L}{Q}=\frac{\partial Q}{\partial L}\times\frac{L}{Q}。$$

由生产函数 $Q=1.4L^{0.7}K^{0.35}$ 得：

$$\frac{\partial Q}{\partial L}=1.4\times0.7\times L^{-0.3}K^{0.35}。$$

劳动的产出弹性为：

$$E_L=1.4\times0.7\times L^{-0.3}K^{0.35}\times\frac{L}{Q}=1.4\times0.7\times L^{-0.3}K^{0.35}\times\frac{L}{1.4\times L^{0.7}K^{0.35}}=0.7。$$

同理，资本的产出弹性为：

$$E_K=\frac{\frac{\Delta Q}{Q}}{\frac{\Delta K}{K}}=\frac{\Delta Q}{\Delta K}\times\frac{K}{Q}=\frac{\partial Q}{\partial K}\times\frac{K}{Q}=1.4\times0.35\times L^{0.7}K^{-0.65}\times\frac{K}{1.4\times L^{0.7}K^{0.35}}=0.35。$$

(2) 如果劳动 L 增加 3%，资本 K 减少 10%，则现在的劳动 $L_1=1.03L$，$K_1=0.9K$。

于是现在的产量 $Q_1=1.4L1^{0.7}K1^{0.35}=1.4(1.03L)^{0.7}(0.9K)^{0.35}\approx0.98Q$，因此产量会减少。

11. 解析：

对于生产函数 $Q=f(K,L)$ 及任意常数 $\lambda>1$，

若 $Q=f(\lambda K,\lambda L)=\lambda f(K,L)$，则规模报酬不变。

若 $Q=f(\lambda K,\lambda L)>\lambda f(K,L)$,则规模报酬递增。

若 $Q=f(\lambda K,\lambda L)<\lambda f(K,L)$,则规模报酬递减。

对于生产函数(1) $f(K,L)=K^2L$,有 $f(\lambda K,\lambda L)=\lambda^3K^2L=\lambda^3f(K,L)$,因此规模报酬递增。

对于生产函数(2) $f(K,L)=K+2L$,有 $f(\lambda K,\lambda L)=\lambda(K+2L)=\lambda f(K,L)$,因此规模报酬不变。

对于生产函数(3) $f(bK,bL)=\sqrt{b}f(K,L)$,有 $f(\lambda K,\lambda L)=\lambda^{0.5}f(K,L)$,因此规模报酬递减。

12. 解析:

$Q=4L^{0.5}K^{0.5}$,$MP_L=\frac{\partial Q}{\partial L}=2L^{-0.5}K^{0.5}$,$MP_K=\frac{\partial Q}{\partial k}=2L^{0.5}K^{-0.5}$。

设劳动价格 w,劳动数量 L,资本价格 r,资本数量 K,成本预算 C。

$wL+rK=C$,$\frac{MP_L}{MP_K}=\frac{w}{r}=\frac{2L^{-0.5}K^{0.5}}{2L^{0.5}K^{-0.5}}=\frac{K}{L}$。

$wL=rK=C/2$,C 为常数。

因此扩展线方程 $L=C/(2w)$,$K=C/(2r)$。

(2) 已知 $P_L=W=1$,$P_K=r=4$,$Q=10$ 时,

$\frac{MP_L}{MP_K}=\frac{W}{r}=\frac{2L^{-0.5}K^{0.5}}{2L^{0.5}K^{-0.5}}=\frac{K}{L}=\frac{1}{4}$。

将 $L=4K$ 代入得:$Q=4L^{0.5}K^{0.5}=4L^{0.5}(4L)^{0.5}=8L=10$,

$L=1.25$,$K=5$。

$C=WL+rK=1\times1.25+5\times4=21.25$。

(六) 案例分析题

1. 解析:

本案例基本符合短期生产中对边际报酬递减现象的描述。从理论上讲,对于任何产品的短期生产来说,可变要素投入和固定要素投入都存在一个最佳的数量组合比例。在本案例中产生问题的关键是水桶的数量固定为

两只，即挑水的固定要素数量短期内无法增加。而和尚的数量从 1 个增加到 2 个、3 个乃至更多，即可变的劳动力要素是不断增加的。在开始时，由于固定要素水桶的投入量固定，而可变要素和尚的投入量不足，因此边际产量较低，只有两个半桶水。当两个和尚分工抬水时，可变要素和尚和固定要素水桶的比例接近最佳技术系数，因此边际产量提高了，平均每个和尚还是抬一次水，但边际产量却提高到每人每天两桶。但是当和尚的数量越来越多时，由于水桶数量是固定的，导致可变要素和尚和固定要素水桶的配合比例不合理，可变要素投入过量，固定要素配套不足，产生了严重的边际报酬递减，并引发了和尚之间管理和分工的矛盾，而最终导致出现三个或多个和尚没水喝的尴尬境地。

为了解决这一困境，可以从生产函数的角度提出解决方案。尽最大可能增加水桶的数量，并使水桶的数量和和尚数量的增加相匹配，在本案例中每两个和尚配两只水桶可以实现最佳技术系数，这样可以变短期生产为长期生产，通过提高边际产量来解决和尚吃水问题。而如果水桶的数量短期内难以增加，则可以通过改变技术和制度等因素，提高水桶的使用效率，或采用激励措施刺激和尚的工作积极性。

2. 解析：

规模经济是指企业通过逐步扩大规模(通常是增加设备厂房等固定资产)，以及增加雇佣工人的数量，以降低生产的成本，从而提升生产经营的效率和效益。规模经济分为内部规模经济和外部规模经济两种。前者指企业通过自身的滚动发展，从小企业发展为大企业，形成自己的供应链、价值链，完善市场渠道、品牌等。后者指大量从事相关或相似生产的小企业通过空间集聚或者联合重组的方式形成产业集群和技术市场联盟等方式，共同扩大生产，拓展市场。同时，企业的管理人员也可以发挥管理才能，提高管理效率，并且大规模的生产有利于副产品的综合利用。另外，大厂商在购买生产要素方面往往具有某些优惠条件，从而减少成本支出。

通过案例材料可以发现，我国汽车零部件产业的企业数量众多，规模经济水平较低。导致企业在市场占有率偏低，技术研发能力低下及品牌建设不足,这些构成我国汽车零部件产业发展的瓶颈。我国汽车零部件产业可以通过提高其内在规模经济水平和外在规模经济水平,实现整体产业的提升;并逐步摆脱其依附于大型整车制造商的不利局面。同时政府应该有意识增强产业的引导,鼓励汽车零部件产业的发展,使其能够与整车生产形成良好的产业配套。同时随着规模的扩大,汽车零部件厂商可以在内部进一步实行专业分工,提高生产率,提升单个企业自身的规模经济水平。

3. 解析:

西方经济学家认为在生产中普遍存在这样一种现象:在技术水平不变的条件下,在连续等量地把某一种可变生产要素增加到其他一种或几种数量不变的生产要素上去的过程中,当这种可变要素的投入量小于某一特定值时,增加该要素投入所带来的总产量的增加量即边际量是递增的;当这种可变要素的投入量持续增加并超过这个特定值时,增加该要素投入所带来的总产量的增加量是递减的。这就是边际报酬递减定律,是短期生产的一条基本规律。这一规律在各个生产部门都存在,在农业生产中则最为突出。三季稻产量不如两季稻正说明了这一点。在农业使用传统生产技术的情况下,土地、设备、水利资源、肥料等都是固定生产要素。两季稻改为三季稻并没有改变或者增加这些固定生产要素,只是增加了可变生产要素劳动与种子。而且我们知道土地的养分和肥力都有一定的生产极限,密集种植则势必引起单个种子所获得的生产空间和养分不足,进而引发种得越多产量越少,投入越多产出越少的恶性后果。“人有多大胆,地有多大产”的荒谬观点否定了农业生产中的边际报酬递减定律,但否定规律不等于规律不存在,违背规律则要受到规律的惩罚。因此生产中必须掌握和尊重规律,理性科学地实施生产。

4. 解析:

小米手机通过基于互联网的电子商务,通过与消费者沟通,与生产者签订长期供货合同的方式,从一个创意理念迅速成长为一个销售过百亿的电子消费企业,小米奇迹的背后让我们更加深刻地思考这样一个传统的问题:企业的本质到底是什么。

根据科斯的观点，企业是一个市场组织，其功能在于能通过有效地降低和控制交易成本，并完成对市场交易功能的替代。小米的成功正是基于其把握住互联网时代，迅速降低市场交易成本，企业的传统经营模式的边界被迅速地重新洗牌和界定，这种变化是技术和制度双重作用下的结果。小米只是一个品牌，它没有工厂，没有技术，甚至在创业之初没有客户服务，没有公司总部，几乎是一个“三无”公司，但是它紧紧抓住客户需求和体验，通过把消费者的意见和建议集中起来进行从客户到产品的方向设计，通过与硬件厂商、零部件供应商签订大规模的供货合同来控制成本，并逐步通过产量和市场来实现规模经济，强化品牌识别。因此，小米这样一家基于互联网的企业，基于交易成本控制的考虑，将大量能够通过市场交易完成的企业经营功能分离外包，而把需要强化的产品设计和客户需求以及营销渠道作为核心业务进行强化并努力控制其成本。市场和企业的替代随着技术和市场的变化而变化，企业没有一成不变的边界，如何根据交易成本的变化，灵活地变化企业的边界，找到企业盈利和实现的动态模式，是小米告诉我们关于企业本质的深刻理解。

第6章

成本理论

一、习　题

（一）名词解释

1. 机会成本
2. 隐性成本
3. 显性成本
4. 经济利润
5. 正常利润
6. 规模经济
7. 规模不经济
8. 规模收益递增
9. 固定成本
10. 变动成本
11. 短期总成本
12. 短期边际成本
13. 平均变动成本
14. 长期平均成本
15. 长期边际成本

（二）单项选择题

1. 在 *LAC* 曲线与某一条 *SAC* 曲线相切之点的产量上，必有（　　）。

A. 相应的 LMC 与 SMC 曲线相交之点

B. SAC 曲线达到最低之点

C. 相应的 LMC 与 LAC 曲线相交之点

D. LMC 曲线达到最低点

2. 某厂商每年从企业的总收入中取出一部分作为自己管理企业的报酬，这部分报酬属于（　　）。

A. 显性成本　　B. 隐性成本　　C. 经济利润　　D. 正常利润

3. 企业购买生产要素所引起的成本为（　　）。

A. 显性成本　　B. 隐性成本　　C. 固定成本　　D. 机会成本

4. MC 曲线达到最低时（　　）。

A. MP 最大　　B. AVC 最小　　C. TC 最大　　D. AC 最小

5. 从原点出发的射线与 TC 曲线相切的产量上，此时必有（　　）。

A. AVC 最小　　B. TC 最小　　C. $MC=AC$　　D. MC 最小

6. 以下说法正确的是（　　）。

A. $MC>AC$ 时，AC 下降

B. $MC<AC$ 时，AC 下降

C. $MC=AC$ 时，MC 达到最低点

D. $MC=AC$ 时，AC 达到最高点

7. 从原点出发的射线与 TVC 相切的产量上有（　　）。

A. AC 最小　　B. $MC=AVC$

C. MC 最小　　D. MC 处于下降阶段

8. 以下说法中正确的有（　　）。

A. $MP>AP$ 时，AP 上升　　B. $MP<AP$ 时，AP 达极大值

C. $MC<AC$ 时，AC 上升　　D. $MC=AC$ 时，MC 达极大值

9. 在短期内，随着产量的增加，AFC 会越变越小，于是 ATC 与 AVC 曲线（　　）。

A. 最终相交　　B. 仅可无限接近

C. 永远不会相交　　D. 重合

10. 短期内在每一产量上的 MC 值应该(　　)。

A. 是该产量上的 TVC 曲线的斜率,但不是该产量上的 TC 曲线的斜率

B. 是该产量上的 TC 曲线的斜率,但不是该产量上的 TVC 曲线的斜率

C. 既是该产量上的 TC 曲线的斜率,又是该产量上的 TVC 曲线的斜率

D. 以上都不对

11. 平均固定成本(　　)。

A. 无论产出水平发生什么变化,它都不变

B. 随产量增加而增加

C. 曲线是 U 形的

D. 以上都不对

12. SAC 曲线呈现 U 形特征的原因在于(　　)。

A. MU 递减规律　　B. 规模经济与不经济

C. 边际报酬递减规律　　D. 无法确定

13. 厂商为使用自有生产要素所支付的价格属于(　　)。

A. 显性成本　　B. 隐性成本　　C. 经济利润　　D. 正常利润

14. 成本函数 $C=f(Q)$ 表示的是(　　)。

A. 支出一定成本与在一定价格下不同要素最大购买量之间的关系

B. 支出一定成本与在一定价格下不同要素的最小使用量之间的关系

C. 获得一定产量与一定价格下不同要素的最小成本之间的关系

D. 获得一定产量与一定价格下不同要素的最小使用量之间的关系

15. 对应于边际报酬递减阶段,STC 曲线(　　)。

A. 以递增的速率上升　　B. 以递增的速率下降

C. 以递减的速率上升　　D. 以递减的速率下降

16. 在 LAC 最低点上,下列说法不正确的是(　　)。

A. LAC 与 LMC 相交

B. 代表最优规模的 SAC 曲线过 LAC 曲线与 LMC 曲线的交点

C. 代表最优规模的 SMC 曲线过 LAC 曲线与 LMC 曲线的交点

D. 代表最优规模的 SMC 曲线通过代表最优规模的 LMC 曲线的最低点

17. 如果生产 10 单位产品的总成本是 100 美元，第 11 单位的边际成本是 21 美元，那么(　　)。

A. 第 11 单位产品的总变动成本是 21 美元

B. 第 10 单位产品的边际成本大于 21 美元

C. 第 11 单位产品的平均成本是 11 美元

D. 第 10 单位产品的边际成本小于 21 美元

18. 老陈在自家地里种了一亩白菜，肥料、种子等费用共花去 300 元，对老陈来说，他也可以选择种烤烟，预期总收益 3 000 元，则老陈种白菜的机会成本为(　　)。

A. 300 元　　B. 2 700 元　　C. 1 100 元　　D. 3 000 元

19. 假定两个人一天能生产 10 个零件，三个人一天能生产 12 个零件，则(　　)。

A. 劳动的边际产量上升　　B. 边际成本下降

C. 平均变动成本上升　　D. A 和 B 正确

20. 假如厂商生产的产量从 1 000 单位增加到 1 002 单位，总成本从 2 000美元上升到 2 020 美元，那么它的边际成本等于(　　)。

A. 10 美元　　B. 20 美元　　C. 2 020 美元　　D. 2 美元

21. 经济学是根据(　　)划分短期与长期的。

A. 时间长短　　B. 可否调整产量

C. 可否调整产品价格　　D. 可否调整生产规模

22. 不随产量变化的成本称为(　　)。

A. 平均成本　　B. 固定成本　　C. 长期成本　　D. 总成本

23. 在长期中，下列成本不存在的是(　　)。

A. 固定成本　　B. 平均成本　　C. 机会成本　　D. 隐性成本

24. 由企业购买或使用任何生产要素所发生的成本称为(　　)成本。

A. 显性　　B. 隐性　　C. 变动　　D. 固定

25. 下列说法正确的是(　　)。

A. 在产量的某一变化范围内,只要边际成本曲线位于平均成本曲线的上方,平均成本曲线一定向下倾斜

B. 边际成本曲线呈U形的原因,是由边际收益递减规律所造成的

C. 长期平均成本曲线呈U形的原因,是由边际收益递减规律所造成的

D. 边际成本曲线与平均变动成本曲线交点以上的部分构成商品的供给曲线

26. 假如增加1单位产量所增加的成本小于增加前的平均成本,那么在产量增加后平均成本将(　　)。

A. 下降　　B. 上升　　C. 不变　　D. 都有可能

27. 假定某机器原来生产产品A,利润为200元,现在改生产产品B,所花的人工、材料费为1 000元,则生产产品B的机会成本是(　　)。

A. 200元　　B. 1 200元　　C. 1 000元　　D. 无法确定

28. 已知产量为500单位时,平均成本是2元,产量增加到550单位时,平均成本等于2.50元,在这个产量变化范围内,(　　)。

A. MC上升,并且$MC>AC$　　B. MC上升,并且$MC<AC$

C. MC下降,并且$MC<AC$　　D. MC下降,并且$MC>AC$

29. 随着产量的增加,AFC(　　)。

A. 一直趋于上升

B. 一直趋于下降

C. 在开始时下降,然后趋于上升

D. 在开始时上升,然后趋于下降

30. 在$MC<AC$时,(　　)。

A. AC上升　　B. AVC可能上升也可能下降

C. TC下降　　D. AVC上升

31. LAC 曲线呈 U 形的原因由(   )造成的。

A. 规模经济和规模不经济　　B. 外部经济与不经济

C. 边际报酬递减规率　　D. 边际技术替代率递减规律

32. LTC 曲线是各种产量的(   )。

A. 最低成本点的轨迹　　B. 最低平均成本点的轨迹

C. 最低边际成本的轨迹　　D. 平均成本变动的轨迹

33. 当产量增加时,LAC 曲线下降是由于(   )。

A. 规模的不经济性　　B. 规模的经济性

C. 收益递减率的作用　　D. 上述都正确

34. 如果规模报酬不变,则 LAC 曲线是(   )。

A. 上升的　　B. 下降的　　C. 垂直的　　D. 水平的

35. 收益递减规律发生作用时 TVC 曲线(   )。

A. 以一递减的速率上升　　B. 以一递增的速率下降

C. 以一递减的速率下降　　D. 以一递增的速率上升

36. 在从原点出发的直线(折线)与 TC 曲线的切点上,(   )。

A. AC 最小　　B. AC 等于 $AVC+AFC$

C. AC 等于 MC　　D. 上述都正确

37. 若 $LAC=SAC$,且 $LAC>LMC$,则(   )。

A. 规模报酬处于递减阶段　　B. $SMC=LMC$

C. LAC 正在下降　　D. B,C 都正确

38. LAC 曲线(   )。

A. 当 $LMC<LAC$ 时下降,而当 $LMC>LAC$ 时上升

B. 通过 LMC 曲线的最低点

C. 随 LMC 曲线的下降而下降

D. 随 LMC 曲线的上升而上升

39. 已知 $MC=3Q^2-8Q+100$,$TFC=80$,$TC=Q^3-4Q^2+100Q-70$,则当 $Q=2$ 时(   )。

A. 总产量最大　　B. 边际产量最大

C. 平均产量最大　　　　　D. 边际成本最小

40. 假如增加1单位产量所带来的边际成本大于产量增加前的平均变动成本,那么在产量增加后平均成本(　　)。

A. 减少　　　　　B. 增加

C. 不变　　　　　D. 有可能减少也有可能增加

41. 对应于边际报酬递增阶段,*STC* 曲线(　　)。

A. 以递增的速率上升　　　　　B. 以递增的速率下降

C. 以递减的速率上升　　　　　D. 以递减的速率下降

42. 在 *LAC* 曲线与一条代表最优生产规模的 *SAC* 曲线相切的产量上必定(　　)。

A. 相应的 *LMC* 曲线与代表最优生产规模的 *SMC* 曲线相交,以及相应的 *LTC* 曲线与代表最优生产规模的 *STC* 曲线的一个切点

B. 代表最优生产规模的 *SAC* 曲线达到最低点

C. *LAC* 达到最低点

D. *LMC* 达到最低点

(三) 辨析题

1. 正常利润是显性成本的一部分。

2. 成本函数的形式为 $C=\omega L+rK$。

3. *LAC* 可划分成固定成本和变动成本。

4. 在 *LAC* 曲线下降的阶段,*LAC* 是 *SAC* 最低点的连线。

5. *LAC* 呈U形的原因是边际报酬递减规律的作用。

6. 在规模内在经济作用下 *LAC* 曲线呈下降趋势。

7. *MP* 处于最高点时,*AVC* 处于最低点。

8. 规模报酬递减意味着长期平均成本下降。

9. 短期内,随着产量的增加,*AFC* 会变得越来越小,于是,*AC* 曲线和 *AVC* 曲线之间的垂直距离越来越小,但决不会相交。

10. *SAC* 曲线呈U形的原因是边际报酬递减规律的作用。

11. LAC 呈 U 形的原因是规模内在经济与不经济的作用。

12. MC 曲线、AC 曲线相交于 AC 曲线的最低点。

13. 在 AC 曲线最低点的左侧，$MC>AC$；在最低点的右侧，$MC<AC$。

14. 已知产量为 8 个单位时，平均成本为 10 元，当产量增加到 9 个单位时，平均成本为 11 元，此时边际成本为 1 元。

15. 边际成本与平均成本同时递增，同时递减。

16. 长期平均成本曲线可以由短期平均成本曲线推导得到。

17. 固定成本与产量的变动无关。

（四）简答题

1. 试用图形说明短期成本曲线相互之间的关系。

2. 试用图形从短期总成本曲线推导长期总成本曲线，并说明长期总成本曲线的经济含义。

3. 试用图形从短期平均成本曲线推导长期平均成本曲线，并说明长期平均成本曲线的经济含义。

4. 试用图形从短期边际成本曲线推导长期边际成本曲线，并说明长期边际成本曲线的经济含义。

5. 简要说明短期和长期平均成本曲线呈 U 形的原因。

6. 已知生产函数，如何求出相应的成本函数。

7. “一个厂商如果现在的产量水平处于这个产量水平的评价成本最低点上，而这时长期平均成本处于上升阶段，于是可得出结论：这时短期边际成本大于短期平均成本。”你认为这句话对吗？

8. 假定某企业的短期成本曲线如图 6-1 所示。

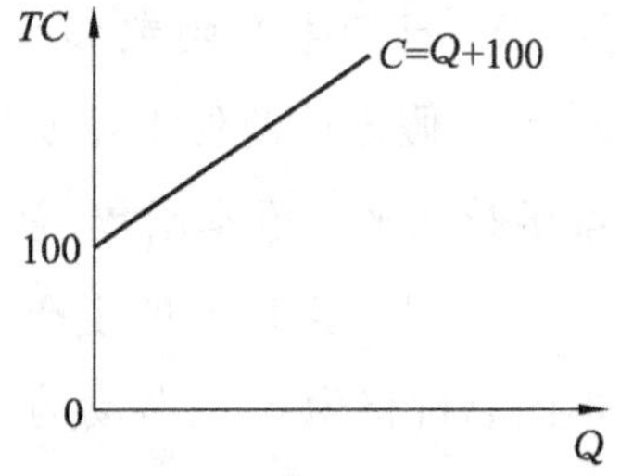

图 6-1

（1）这一成本曲线的假定前提是什么？

（2）短期边际成本函数是什么？它说明了什么？

（3）假定该产业中所有企业的成本函数

都是 $C=Q+100$，而且产品的市场需求量为 1 000，这时在一个占有 40%市场的企业与一个占有 20%市场的企业之间，哪一个企业在成本上占有优势？为多少？

9. 假设在短期内劳动是唯一可变投入，并且劳动价格是常数，你能根据 AP_L 和 MP_L 曲线的形状解释 AVC 曲线和 MC 曲线为什么呈 U 形吗？

(五) 计算题

1. 假定某企业的短期成本函数是 $TC(Q)=Q^3-10Q^2+17Q+66$。

(1) 指出该短期成本函数中的变动成本部分和固定成本部分。

(2) 写出下列相应的函数：$TVC(Q)$，$AC(Q)$，$AVC(Q)$，$AFC(Q)$ 和 $MC(Q)$。

2. 已知某企业的短期总成本函数是 $STC(Q)=0.04Q^3-0.8Q^2+10Q+5$，求最小的平均变动成本值。

3. 假定某厂商的边际成本函数 $MC=3Q^2-30Q+100$，且生产 10 单位产量时的总成本为 1 000。求：

(1) 固定成本的值。

(2) 总成本函数、总变动成本函数，以及平均成本函数、平均变动成本函数。

4. 某公司用两个工厂生产一种产品，其总成本函数为 $C=2Q_1^2+Q_2^2-Q_1Q_2$，其中 Q_1 表示第一个工厂生产的产量，Q_2 表示第二个工厂生产的产量。求：当公司生产的总产量为 40 时能够使得公司生产成本最小的两个工厂的产量组合。

5. 已知生产函数 $Q=A^{\frac{1}{4}}L^{\frac{1}{4}}K^{\frac{1}{2}}$，各要素价格分别为 $P_A=1$，$P_L=1$，$P_K=2$；假定厂商处于短期生产，且 $\overline{K}=16$。推导：该厂商短期生产的总成本函数和平均成本函数、总变动成本函数和平均可变函数、边际成本函数。

6. 已知某厂商的生产函数为 $Q=0.5L^{\frac{1}{3}}K^{\frac{2}{3}}$；当资本投入量 $K=50$ 时资本的总价格为 500；劳动的价格 $P_L=5$，求：

(1) 劳动的投入函数 $L=L(Q)$。

(2) 总成本函数,平均成本函数和边际成本函数。

(3) 当产品的价格 $P=100$ 时,厂商获得最大利润的产量和利润各是多少?

7. 假定某厂商只有一种可变要素劳动 L,产出一种产品 Q,固定成本为既定,短期生产函数 $Q=-0.1L^3+6L^2+12L$,求:

(1) 劳动的平均产量 AP_L 为极大时雇佣的劳动人数。

(2) 劳动的边际产量 MP_L 为极大时雇佣的劳动人数。

(3) 平均变动成本极小(AP_L)极大时的产量。

(4) 假如每人工资 $W=360$ 元,产品价格 $P=30$ 元,求利润极大时雇佣的劳动人数。

8. 已知某企业短期总成本函数是 $STC(Q)=0.04Q^3-0.8Q^2+10Q+5$,求最小的平均变动成本值。

9. 假定某企业的短期成本函数 $TC=Q^3-10Q^2+17Q+66$。

(1) 写出 TVC,FC。

(2) 写出 AC,AVC,AFC,MC。

10. 填制表格:

若 $TC=TFC+TVC$,$AVC=\frac{TVC}{Q}$,$AFC=\frac{TFC}{Q}$,请填制表 6-1。

表 6-1

产量 Q	TFC	TVC	TC	MC	AFC	AVC	ATC
1	100	50					
2				30			
3						40	
4			270				
5							70

(六) 案例分析题

1. 门面房是出租还是自己经营

假如,你家有一间门面房,你用它开了一家杂货店。一年下来你算账的结果是挣了5万元人民币,你觉得很高兴。但是用经济成本分析一下,你恐怕就高兴不起来了,因为你没有把隐性成本算进去。假定,门面房出租按市场价一年是2万元,又假定你原来的工作年收入也是2万元,这4万元就是你自己经营的隐性成本。从经济学分析来看,4万元应该是成本,是你提供了自有生产要素房子和劳务所理应得到的正常报酬,而在会计账目上没有作为成本项目记入账上。这样算的结果你一年没有挣5万元,只是1万元。如果再加上自己经营需要1万元的资金进货,这1万元的银行存款利息也是隐性成本。这样一算你自己经营就非常不合适了,应该出租。但是如果你下岗,也找不到高于3万元的工作,还是自己经营为上策。

请用机会成本理论分析这一问题。

2. 上大学值吗

最近有报道称,天津市投资教育的支出是全国第一,北京市私家车消费支出全国第一,上海市投资保险支出全国第一,广州市旅游支出全国第一。不论这一报道正确与否,至少说明教育已经成为受人关注的投资之一。

用经济学的观点分析一下,上大学的成本是多少?为什么家长舍得把大把的钱花在子女教育上?

3. 福特公司产量的安排

对于短期生产中的企业来说,根据生产要素调整的时间周期的长短,总成本可分为固定成本和变动成本。以福特汽车公司为例来说明。在只有几个月的时期内,福特公司不能调整其汽车工厂的数量与规模。它可以生产额外一辆汽车的唯一方法是,在已有的工厂中多雇佣工人。因此,这些工厂的成本在短期中是固定成本。与此相比,在几年的时期中,福特公司可以扩大其工厂规模,建立新工厂和关闭旧工厂。因此,其工厂的成本在长期中是变动成本。

当福特公司想把每天的产量从 1 000 辆汽车增加到 1 200 辆时，在短期中除了在现有的中等规模工厂中多雇工人之外别无选择。由于边际产量递减，每辆汽车的平均总成本从 1 万美元增加到 1.2 万美元。但是，在长期中，福特公司可以扩大工厂和车间的规模，而平均总成本仍保持在 1 万美元的水平上。

用成本理论解释福特公司的产量安排。

4. 刚过去的那一小时的运输成本是多少

某铁路区段过去一年内运货 10 万吨，每年折旧和贷款利息在内的全部成本 100 万元。于是人们得出每运出一吨货的成本是 10 元，这就是平均成本的概念。这种方法被广泛运用在计划经济中。但这种方法的重要依据是过去的事实，并不反映当前的情况。一吨货的成本是 10 元，刚过去的那一小时的运输成本是多少？这就是边际成本，即每增加一单位的产量所增加的成本。

如何运用边际成本分析运输成本？

二、参考答案

（一）名词解释

1. 解析：

机会成本是指生产者所放弃的使用相同的生产要素在其他生产用途中所能得到的最高收入。

2. 解析：

隐性成本是指厂商自己拥有的并且被用于该厂商生产过程的那些生产要素的总价格。

3. 解析：

显性成本是指厂商生产一定数量的商品而用于生产要素购买的实际支出。

4. 解析:

企业的经济利润指企业的总收益和经济成本之间的差额,其中经济成本包括显性成本和隐性成本,简称企业的利润。

5. 解析:

正常利润是指厂商对自己所提供的企业家才能的报酬的支付。

6. 解析:

若厂商的产量扩大1倍,而厂商的生产成本的增加低于1倍,则称厂商的生产存在着规模经济。

7. 解析:

若厂商的产量扩大1倍,而厂商的生产成本的增加大于1倍,则称厂商的生产存在着规模不经济。

8. 解析:

若产量增加的倍数大于生产要素同比例增加的倍数则称生产是规模收益递增的。

9. 解析:

固定成本是指不随产量变化而变化的成本,一般用 *FC*(Fixed Cost)表示。

10. 解析:

变动成本是随产量的变化而变化的成本,一般用 *VC*(Variable Cost)表示。

11. 解析:

短期总成本是指在短期内,厂商为了生产一定量的产品所必需的最低费用总额,一般用 *STC*(Short-run Total Cost)表示,在数值上等于短期固定成本加上短期变动成本。

12. 解析:

短期边际成本是指短期内增加一单位产量所增加的成本量,一般用 *SMC*(Short-run Marginal Cost)表示。

13. 解析:

平均变动成本是指每单位产量所花费的变动成本，一般用 AVC (Average Variable Cost)表示。

14. 解析：

长期平均成本是指从长期来看，厂商平均每单位产量所花费的总成本，一般用 LAC(Long-run Average Cost)表示。

15. 解析：

长期边际成本是指从长期来看厂商每增加一单位产量所增加的总成本，一般用 LMC(Long-run Marginal Cost)表示。

（二）单项选择题

略

（三）辨析题

1. 解析：

错误。正常利润是隐性成本的一部分，不在会计账目上反映，而不是显性成本的一部分，因此该句的表述不正确。

2. 解析：

正确。成本一般由花费在劳动上的成本和花费在资本上的成本两部分组成，因而可以写成 $C=\omega L+rK$ 的形式。

3. 解析：

错误。在短期，有固定成本和可变成本的区分。在长期，所有成本都是可变的，因而没有固定成本和可变成本的区分。因而该句表述不正确。

4. 解析：

错误。无论在上升阶段，还是在下降阶段，LAC 曲线都是 SAC 的包络线，不是 SAC 最低点的连线，因而该句的表述不正确。

5. 解析：

错误：LAC 曲线呈 U 形的原因不是由于规模报酬递减规律的作用，而是由规模经济和规模不经济造成的。

6. 解析：

正确：由于规模经济的作用，随着产量的增加，长期平均成本曲线趋于下降。因而该句表述正确。

7. 解析：

错误：MP 处于最高点时，对应的 MC 处于最低点，而不是 AVC 曲线处于最低点，因而该句表述不正确。

8. 解析：

错误。规模报酬递增，意味着长期平均成本下降；规模报酬递减，意味着长期平均成本上升，因而该句表述不正确。

9. 解析：

正确。AC 曲线和 AVC 曲线之间的垂直距离为 AFC，由于 AFC 不断下降，则 AC 和 AVC 之间的距离不断缩小。

10. 解析：

正确。SAC 曲线呈 U 形的原因是边际报酬递减导致成本递增。因而该句表述正确。注意和 LAC 呈 U 形曲线的区别。

11. 解析：

正确。LAC 曲线在下降阶段是规模经济作用，在上升阶段是规模不经济作用。注意和 SAC 曲线呈 U 形曲线的区别。

12. 解析：

正确：MC 曲线在 AC 曲线左侧，AC 曲线下降；MC 在 AC 曲线右侧，AC 曲线上升，因此 MC 曲线相交于 AC 曲线的最低点。

13. 解析：

错误：在 AC 曲线最低点的左侧，$MC<AC$，在其右侧，$MC>AC$。因此该句判断正好相反，是错误的。

14. 解析：

错误。边际成本应为 19 元。已知产量为 8 个单位时，平均成本为 10 元，则总成本为 80 元。当产量增加到 9 个单位时，平均成本为 11 元，则总成本为 99 元。增加 1 单位产品，成本增加 $99-80=19$ 元，因此边际成本应为 19 元。

15. 解析：

错误。边际成本在上升阶段，平均成本有可能下降，也有可能上升，因此该句表述不正确。

16. 解析：

正确。长期平均成本曲线可以由短期平均成本曲线推导得到，它是短期平均成本曲线的包络线，因此该句表述正确。

17. 解析：

正确。固定成本是厂商在固定要素上的成本投入，不管有没有产量，产量是多少，固定成本保持不变，因此该句表述正确。

（四）简答题

1. 解析：

如图 6-2 所示，TC 曲线是一条由水平的 TFC 曲线与纵轴的交点出发的向右上方倾斜的曲线。在每一个产量上，TC 曲线和 TVC 曲线之间的垂直距离都等于固定的固定成本 TFC。TC 曲线和 TVC 曲线在同一个产量水平上各自存在一个拐点 A 和 B。在拐点以前，TC 曲线和 TVC 曲线的斜率是递减的；在拐点以后，TC 曲线和 TVC 曲线的斜率是递增的。AFC 曲线随产量的增加呈一直下降趋势。

如图 6-3 所示，AVC 曲线、AC 曲线和 MC 曲线均呈 U 形特征。MC 先于 AC 和 AVC 曲线转为递增，MC 曲线和 AVC 曲线相交于 AVC 曲线的最低点 F，MC 曲线与 AC 曲线相交于 AC 曲线的最低点 D。AC 曲线高于 AVC 曲线，它们之间的距离相当于 AFC。且随着产量的增加而逐渐接近，但永远不能相交。

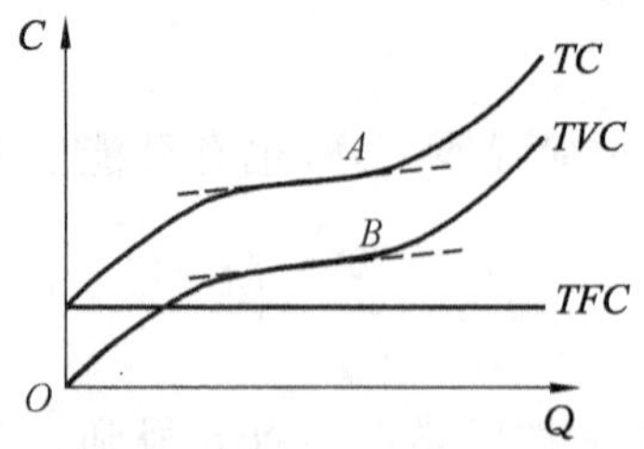

图 6-2　总成本、总固定成本和总变动成本曲线

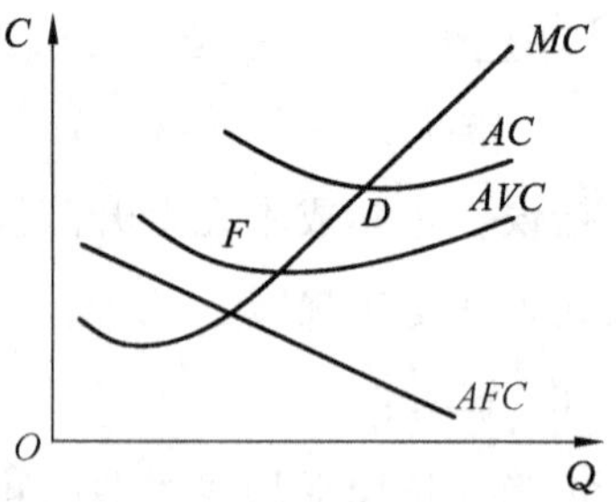

图 6-3　短期平均成本曲线和边际成本曲线

2. 解析:

如图 6-4 所示,假设长期中只有三种可供选择的生产规模,分别由图中的三条 STC 曲线表示。生产规模由小到大依次为 STC_1,STC_2,STC_3。现在假定生产 Q_2 的产量。长期中所有的要素都可以调整,因此厂商可以通过对要素的调整选择最优生产规模,以最低的总成本生产每一产量水平。在 d,b,e 三点中 b 点代表的成本水平最低,所以长期中厂商在 STC_2 曲线所代表的生产规模生产 Q_2 产量,所以 b 点在 LTC 曲线上。这里 b 点是 LTC 曲线与 STC 曲线的切点,代表着生产 Q_2 产量的最优规模和最低成本。

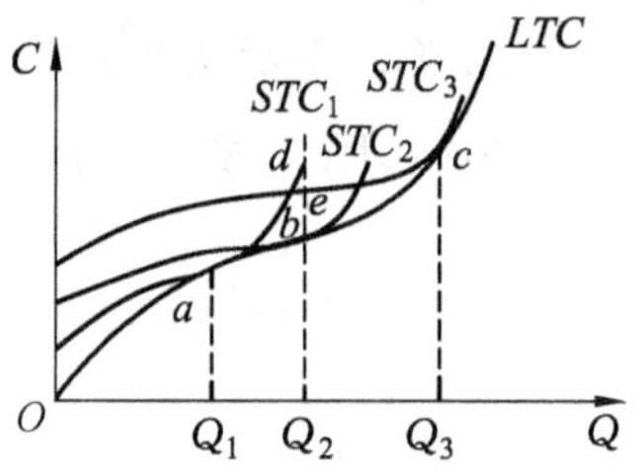

图 6-4　最优生产规模的选择和长期总成本曲线

通过对每一产量水平进行上述分析,可以找出长期中厂商在每一产量水平上的最优生产规模和最低长期总成本,也就是可以找出无数个类似的 b(如 a,c)点,连接这些点即可得到长期总成本曲线。长期总成本曲线是无数条短期总成本曲线的包络线。

长期总成本曲线的经济含义:它表示长期内厂商在每一产量水平上由最优生产规模所带来的最小的生产总成本。

3. 解析:

如图 6-5 所示,假设可供厂商选择的生产规模只有三种:SAC_1,SAC_2,SAC_3,规模由大到小依次为 SAC_3,SAC_2,SAC_1。假定厂商生产 Q_1 的产量水平,厂商选择 SAC_1 进行生产。因此此时的成本 OC_1 是生产 Q_1 产量的最低成本。如果生产 Q_2 产量，可供厂商选择的生产规模是 SAC_1 和 SAC_2，因为 SAC_2 的成本较低，所以厂商会选择 SAC_2 曲线进行生产，其成本为 OC_2。如果生产 Q_3，则厂商会选择 SAC_3 曲线所代表的生产规模进行生产。

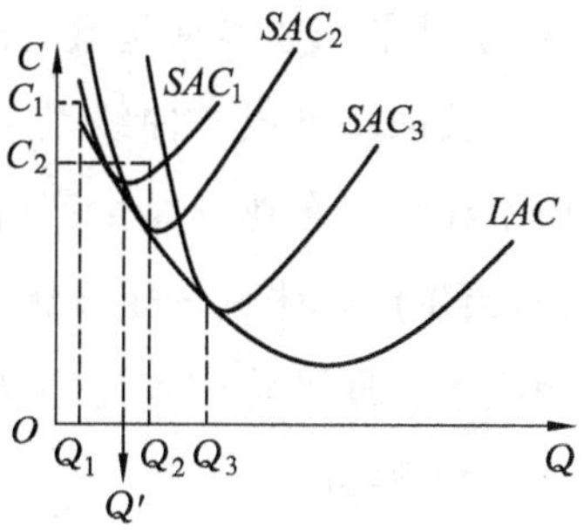

图 6-5　长期平均成本曲线

在理论分析中，常假定存在无数个可供厂商选择的生产规模，从而有无数条 SAC 曲线，于是便得到如图 6-5 所示的长期平均成本曲线，LAC 曲线是无数条 SAC 曲线的包络线。

LAC 曲线的经济含义为：它表示厂商在长期内在每一产量水平上，通过选择最优生产规模所实现的最小的平均成本。

4. 解析：

如图 6-6 所示，在 Q_1 产量上，生产该产量的最优生产规模由 SAC_1 曲线和 SMC_1 曲线所代表，而 PQ_1 既是最优的短期边际成本，又是最优的长期边际成本，$LMC = SMC_1 = DQ_1$。同理，在 Q_2 产量上，有 $LMC = SMC_2 = RQ_2$。在 Q_3 产量上，有 $LMC = SMC_3 = SQ_3$。在生产规模可以无限细分的条件下，可以得到无数个类似于 P，R，S 的点，将这些连接起来就得到一条光滑的 LMC 曲线。

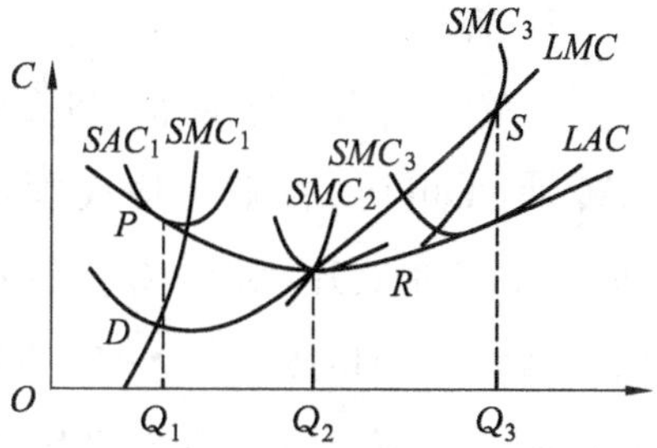

图 6-6　长期边际成本曲线与短期成本曲线

LMC 曲线的经济含义为：它表示厂商在长期内在每一产量水平上，通过选择最优生产规模所实现的最小的边际成本。

5. 解析：

短期平均成本曲线呈 U 形的原因是短期生产函数的边际报酬递减规律的作用。随着投入生产要素的增加，要素的边际产量先递增，到最后递减,于是平均成本便呈现先递减后递增的U形。

长期平均成本曲线呈U形的原因主要是长期生产中的规模经济和规模不经济。企业开始生产阶段,由于生产规模的扩大而使经济效益得到提高,当生产扩张到一定规模以后再继续扩大生产规模就会使经济效益下降,相应地长期平均成本先递减后递增形成U形。

6. 解析:

生产函数 $Q=F(L,K)$ 反映的是一定时期内各种生产要素投入量与产出量之间的物质技术关系。实际上,在短期中,每一种生产规模都是最低成本的规模。由此我们可以将成本函数的确定转化为在给定产量下最小成本的问题,即通过构造拉格朗日函数:

$$Z=\Phi(L,K,\lambda)=\omega L+rK+\lambda[Q-F(L,K)]。$$

对 L,K,λ 分别求偏导,得出 L 与 K 的关系,然后代入生产函数,求出 Q 与 TC 的关系即为成本函数。

7. 解析:

正确。因为在这一水平上,SAC 曲线与 LAC 曲线相切(否则平均成本不是最低)。如果 LAC 在上升,则 LAC 曲线各点与 SAC 曲线相切之点必然位于 SAC 曲线最低点的右边和上面,而 SMC 曲线和 SAC 曲线相交时,SAC 最低。在此交点右边,SMC 必然大于 SAC。如图 6-7 所示,产量为 Q_1 时,最低成本为 aQ_1,而这时 MC 为 bQ_1,显然 $bQ_1>aQ_1$(C 点为 SAC 的最低点)。

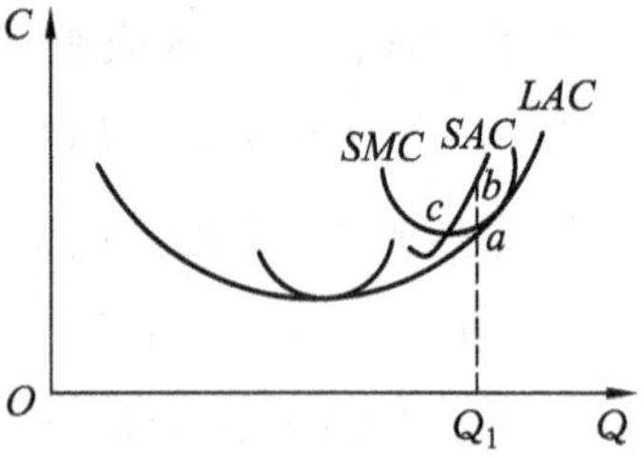

图 6-7

8. 解析:

(1) 各生产要素具有恒定边际产量,这时,生产函数为一条直线。例如,当生产函数为 $Q=100L$,则 $MP_L=dQ/dL=100$,若 $P_L=100$,且有固定成本 100,则:

$C=100+LP_L=100+Q$。

(2) 由成本函数 $C=100+Q$,边际成本 $MC=dC/dQ=1$,它表明增加产量所需要的追加总成本恒为 1。

(3) 占有 40%市场的企业在成本上占有优势。因为占有 40%市场的企业的生产量为 400，总成本为 500 元，平均成本为 1.25 元；而占有 20%市场的企业的生产量为 200，总成本为 300 元，平均成本为 1.50 元。由此可见，占有 40%市场的企业的单位成本比占有 20%市场的企业的单位成本低 0.25 元。

9. 解析：

由于在短期中劳动是唯一可变投入，则 $AVC=\dfrac{TVC}{Q}=\dfrac{LP_{\mathrm{L}}}{Q}=\dfrac{P_{\mathrm{L}}}{Q/L}=\dfrac{P_{\mathrm{L}}}{AP_{\mathrm{L}}}$，因为劳动价格 P_{L} 是常数，我们可知随着 AP_{L} 上升并达到最大然后下降，AVC 曲线将首先下降达到最小再上升，即在某种意义上 AVC 曲线为 AP_{L} 曲线货币化的镜像或其倒数。

当劳动是短期中唯一的可变投入时，$AVC=\dfrac{\Delta TVC}{\Delta Q}=\dfrac{\Delta(LP_{\mathrm{L}})}{\Delta Q}=P_{\mathrm{L}}\dfrac{\Delta L}{\Delta Q}=\dfrac{P_{\mathrm{L}}}{MP_{\mathrm{L}}}$。根据 P_{L} 是常数的假设，我们可知 MP_{L} 先上升达到最大，然后下降，由此 MC 曲线则先下降达到最小然后上升，即在某种意义上 MC 曲线也是 MP_{L} 曲线的货币化的镜像或为其倒数。

(五) 计算题

1. 解析：

(1) 可变成本部分为 Q^3-10Q^2+17Q。

不可变成本部分为 66。

(2) $TVC(Q)=Q^3-10Q^2+17Q$，

$AC(Q)=Q^2-10Q+17+66/Q$，

$AVC(Q)=Q^2-10Q+17$，

$AFC(Q)=66/Q$，

$MC(Q)=3Q^2-20Q+17$。

2. 解析:

$TVC(Q)=0.04Q^3-0.8Q^2+10Q$,

$AVC(Q)=0.04Q^2-0.8Q+10$,

令 $AVC'=0.08Q-0.8=0$,得 $Q=10$。

又因为 $AVC''=0.08>0$,所以当 $Q=10$ 时,$AVC_{min}=6$。

3. 解析:

由于 $MC=3Q^2-30Q+100$,所以 $TC(Q)=Q^3-15Q^2+100Q+M$。

当 $Q=10$ 时,$TC=1\ 000\Rightarrow M=500$。

(1) 固定成本值:500。

(2) $TC(Q)=Q^3-15Q^2+100Q+500$,

$TVC(Q)=Q^3-15Q^2+100Q$,

$AC(Q)=Q^2-15Q+100+500/Q$,

$AVC(Q)=Q^2-15Q+100$。

4. 解析:

构造 $F(Q)=2Q_1^{\ 2}+Q_2^{\ 2}-Q_1Q_2+\lambda(Q_1+Q_2-40)$,分别求偏导,有:

$$\left.\begin{aligned}\frac{\partial F}{\partial Q_1}&=4Q_1-Q_2+\lambda=0\\ \frac{\partial F}{\partial Q_2}&=2Q_2-Q_1+\lambda=0\\ \frac{\partial F}{\partial \lambda}&=Q_1+Q_2-40=0\end{aligned}\right\}\Rightarrow\begin{cases}Q_1=15\\ Q_2=25\\ \lambda=-35\end{cases}$$

所以使成本最小的产量组合为 $Q_1=15$,$Q_2=25$。

5. 解析:

因为 $\overline{K}=16$,所以有:

$Q=4A^{1/4}L^{1/4}$。 ①

$$MP_A=\frac{\partial Q}{\partial A}=A^{-3/4}L^{1/4},$$

$$MP_L=\frac{\partial Q}{\partial L}=A^{1/4}L^{-3/4}。$$

$$\frac{MP_A}{MP_L}=\frac{\frac{\partial Q}{\partial A}}{\frac{\partial Q}{\partial L}}=\frac{A^{-3/4}L^{1/4}}{A^{1/4}L^{-3/4}}=\frac{P_A}{P_L}=\frac{1}{1}=1。$$

所以：

$L=A$ 。　②

由①②可知 $L=A=Q^2/16$。

又 $TC(Q)=P_A\times A(Q)+P_L\times L(Q)+P_K\times 16=Q^2/16+Q^2/16+32=Q^2/8+32$，

$AC(Q)=Q/8+32/Q$，

$TVC(Q)=Q^2/8$，

$AVC(Q)=Q/8$，

$MC(Q)=Q/4$。

6. 解析：

(1) 当 $K=50$ 时，$P_K\cdot K=P_K\cdot 50=500$，

所以 $P_K=10$。

$MP_L=\frac{1}{6}L^{-\frac{2}{3}}K^{\frac{2}{3}}$，

$MP_K=\frac{1}{3}L^{\frac{1}{3}}K^{-\frac{1}{3}}$，

则$\frac{MP_L}{MP_K}=\frac{\frac{1}{6}L^{-2/3}K^{2/3}}{\frac{1}{3}L^{1/3}K^{-1/3}}=\frac{P_L}{P_K}=\frac{5}{10}=\frac{1}{2}$。

整理得 $K/L=1/1$，即 $K=L$。

将其代入 $Q=0.5L^{\frac{1}{3}}K^{\frac{2}{3}}$，可得：$L(Q)=2Q$。

(2) $STC=W\times L(Q)+50\times r=10Q+500$，

$SAC=10+\frac{500}{Q}$，

$SMC=10$。

(3) 由(1)可知 $K=L$，且已知 $K=50$，所以有 $L=50$。

代入 $Q=0.5L^{\frac{1}{3}}K^{\frac{2}{3}}$，有 $Q=25$。

又 $\pi=TR-STC=100Q-10Q-500=1\ 750$。

所以，利润最大化时的产量 $Q=25$，利润 $\pi=1\ 750$。

7. 解析：

(1) $AP_L=-0.1L^2+6L+12$，当 $L=30$ 时，AP_L 最大。

(2) $MP_L=-0.3L^2+12L+12$，当 $L=20$ 时，MP_L 最大。

(3) 平均变动成本极小时 AP_L 最大，所以当 $L=30$ 时，$Q=3\ 060$。

(4) 利润 $\pi=PQ-WL-TFC$

$$=30(-0.1L^3+6L^2+12L)-360L-TFC$$

$$=-3L^3+180L^2-TFC。$$

TFC 为既定的常数，所以当 $\frac{d\pi}{dL}=0$ 时，利润最大，即 $-9L^2+360L=0$。

解得 $L_1=40$，$L_2=0$(舍去)。

8. 解析：

当 $STC(Q)=0.04Q^3-0.8Q^2+10Q+5$ 时，$SAVC=0.04Q^2-0.8Q+10$。求其一阶导数并令其为零：$0.08Q-0.8=0$，得 $Q=10$。

当 $Q=10$ 时，$SAVC=6$。即该短期成本函数的最小平均变动成本值为 6。

9. 解析：

(1) $TVC=Q^3-10Q^2+17Q$，

$FC=66$。

(2) $AC=TC/Q=Q^2-10Q+17+\frac{66}{Q}$，

$AVC=TVC/Q=Q^2-10Q+17$，

$AFC=FC/Q=\frac{66}{Q}$，

$MC=TC'=3Q^2-20Q+17$。

10. 解析：

表 6-2

	TFC	TVC	TC	MC	AFC	AVC	ATC
1	100	50	150	—	100	50	150
2	100	80	180	30	50	40	90
3	100	120	220	40	100/3	40	220/3
4	100	170	270	50	25	42.5	67.5
5	100	250	350	80	20	50	70

（六）案例分析题

1. 解析：

显性成本和隐性成本之间的区别说明了经济学家与会计师分析经营活动之间的重要不同。经济学家关心研究企业如何做出生产和定价决策，因此，当他们衡量成本时就包括了隐性成本。而会计师的工作是记录流入和流出企业的货币，他们只衡量显性成本，但忽略了隐性成本。

所谓机会成本，又称替换成本，是指生产者为了生产一定数量的产品所放弃的使用相同的生产要素在其他生产用途中所能得到的最高收入。例如，一个人拥有 100 万元资金，他可以把这 100 万元资金用于三种不同的用途：开商店获利 20 万元，开饭店获利 25 万元，投资房地产业获利 30 万元。他决定把 100 万元投资房地产业，在所放弃的用途中，最好的用途是开饭店获利 25 万元，这就是他选择投资房地产业的机会成本。经济学之所以要从机会成本的角度来分析厂商的生产成本，是因为经济学是从稀缺资源配置的代价而不是会计学的意义上来考察成本的概念的。

2. 解析：

根据会计成本的定义，一个大学生上大学四年的会计成本是上大学的学费、书费和生活费。假设按照现行价格标准，一个普通家庭培养一个大学生的这三项费用之和是 4 万元。机会成本是某种东西的成本，是为了得到它而放弃的东西。如果这个学生不上大学，去找份工作，假如工资也是 4 万元,也就是说一个大学生上大学四年的机会成本也是4万元。那么大学生上大学的成本是8万元。这还没算上在未进大学校门前,家长为了让孩子接受最好的教育从小学到中学的择校费用。

上大学的成本如此之高,为什么家长还选择让孩子上大学?这是因为这种选择符合经济学理论,即收益的最大化原则。我们来算一下上大学与不上大学一生的成本与收益。假设一个不上大学的人18岁开始工作,工作到60岁,共42年,平均每年收入是1万元,共42万元。一个上大学的人22岁工作,工作到60岁,共38年,平均收入是2万元,共76万元,减去上大学的经济学成本8万元,剩下68万元。相比较而言,上大学多得到的收入是26万元。这还没考虑学历高所带来的名誉、地位等其他效应。这样算来,家长舍得在子女教育上投入,就在情理之中了。这里说的"选择"是有两种机会,在能考上大学的情况下。以上只是一般情况。

有人说教育是消费行为,其实教育不是消费而是投资。消费与投资的区别是消费不会增值一分钱,比如今年买一台电视,明年再卖,只会大大地贬值而不会增值;投资则是有可能增值。培养一个大学生尽管要投资8万元,但与不投资相比多得的收益是26万元。当然投资是有风险的,如果一个家长不考虑孩子的实际情况,从小学到中学在教育上的高投入,如果孩子考不上大学或考上大学毕不了业,其投入与产出之比是可想而知的。

但对一些特殊的人,情况就不是这样了。比如,一个有足球天分的青年,如果在高中毕业后去踢足球,每年可收入200万元人民币。这样,他上大学的机会成本就是800万元人民币。这远远高于一个普通大学生一生的收入。因此,有这种天分的青年,即使学校提供全额奖学金也不会去上大学。把机会成本作为上大学的代价,有足球天分的青年不上大学的决策就是正确的。同样,有些具备当模特的气质与条件的姑娘,放弃上大学也是因为当模特时收入高,上大学的机会成本太大。当大家了解机会成本后就知道为什么有些年轻人不上大学。可见机会成本这个概念对我们日常生活的决策是十分重要的。

3. 解析：

由于许多成本在短期中是固定的，但在长期中是可变的，所以，企业的长期成本曲线不同于其短期成本曲线。长期平均总成本曲线是比短期平均总成本曲线平坦得多的U形曲线。此外，所有短期曲线在长期成本曲线之上或其上方。这些特点的产生，是因为企业在长期中有更大的灵活性。实际上，在长期中，企业可以任意选择它想用的哪一条短期成本曲线。但在短期中，它不得不用它过去选择的那条短期曲线。对一个企业来说，进入长期要多长时间呢？答案是取决于企业自身。对一个大型制造企业来说，如汽车公司，这可能需要一年或更长时间。与此相比，一个人经营的柠檬水店可以在一小时甚至更短的时间内去买一个水罐即可改变生产成本。

4. 解析：

这个案例中的平均成本只包括直接与运量有关的成本，如工资、材料、电力等。随着边际分析方法的不断发展，人们进一步懂得了使用边际成本的概念，再结合目前形势下的某些特点就可以更科学地对未来加以预测。案例中如果该区段铁路的运输能力已达饱和，再增加运量已无可能，除非进行重大的技术改造，例如改用大马力的机车、加固路基等，这些改造的投资都是很大的，如果这样做铁路运输的边际成本就会提高。这个案例说明边际成本的概念是实时分析，因而比平均分析能提供更有用的信息。

运用边际成本分析方法对工矿企业的产量决策有着重大意义：当产量很低时，边际成本呈下降趋势；当产量增加时，边际成本会由降变升；当产量超过设计能力时，边际成本会急剧上升。例如上面提到的铁路运输的边际成本就服从这一规律。著名经济学家茅于轼曾说："我国大多数企业的领导和会计师还不懂得边际成本的意义，更谈不上对边际成本曲线有什么研究。如果能改变这一局面，全国每年多创造几十亿利润是毫不费劲的事。"

第 7 章

自由竞争原理

一、习　题

（一）名词解释

1. 市场结构
2. 完全竞争市场
3. 停止营业点
4. 平均收益
5. 边际收益
6. 生产者剩余
7. 成本不变行业
8. 成本递增行业
9. 成本递减行业
10. 价格歧视
11. 完全垄断
12. 自然垄断
13. 一级价格歧视
14. 二级价格歧视
15. 三级价格歧视
16. 垄断利润

（二）单项选择题

1. 完全竞争市场是指（　　）。

A. 市场参与者的购销量只占整个市场交易量的极小部分

B. 市场参与者只能接受价格，而不能影响价格

C. 交易的商品是同质的

D. 以上全对

2. 在完全竞争市场上，厂商短期均衡条件是（　　）。

A. $P=AR$　　　　B. $P=MC$

C. $P=MR$　　　　D. $P=AC$

3. 在完全竞争的条件下，如果厂商把产量调整到平均成本曲线最低点所对应的水平，（　　）。

A. 它一定不会亏损　　　　B. 它没能获得最大利润

C. 它能否盈利仍无法确定　　　　D. 它一定亏损

4. 完全竞争市场的厂商短期供给曲线是指（　　）。

A. $AVC>MC$ 中的那部分 AVC 曲线

B. $AC>MC$ 中的那部分 AC 曲线

C. $MC\geqslant AVC$ 中的那部分 MC 曲线

D. $MC\geqslant AC$ 中的那部分 MC 曲线

5. 在最优短期产出水平，厂商（　　）。

A. 获得最大利润

B. 使总亏损最小

C. 使总亏损最小，或使总盈利最大

D. 使单位产品中所获得利润最大

6. 厂商在停止营业点，（　　）。

A. $P=AVC$　　　　B. $TR=TVC$

C. 企业总亏损等于 TFC　　　　D. 以上都对

7. 当完全竞争厂商和行业都处于长期均衡时，（　　）。

A. $P=MR=SMC=LMC$　　B. $P=MR=SAC=LAC$

C. $P=MR=LAC$ 的最低点　　D. 以上都对

8. 若生产要素的价格和数量变化方向相同,则该行业是(　　)。

A. 成本不变行业　　B. 成本递增行业

C. 成本递减行业　　D. 以上任何一个

9. 在一般情况下,厂商得到的价格若低于(　　)就停止营业。

A. 平均成本　　B. 平均变动成本

C. 边际成本　　D. 平均固定成本

10. 在完全竞争的条件下,如果某行业的厂商其商品价格等于平均成本,那么(　　)。

A. 新的厂商要进入这个行业

B. 原有厂商要退出这个行业

C. 既没有厂商进入也没厂商退出这个行业

D. 既有厂商进入又有厂商退出这个行业

11. 长期中完全竞争厂商会发生的最大经济亏损是(　　)。

A. 零　　B. 总成本

C. 总变动成本　　D. 总固定成本

12. 在完全竞争市场中,行业的长期供给曲线取决于(　　)。

A. SAC 曲线最低点的轨迹　　B. SMC 曲线最低点的轨迹

C. LAC 曲线最低点的轨迹　　D. LMC 曲线最低点的轨迹

13. 在完全竞争市场上,已知某厂商的产量是 500 单位,总收益是 500 元,总成本是 800 元,总固定成本是 200 元,边际成本是 1 元,按照利润最大化原则,他应该(　　)。

A. 增加产量　　B. 停止生产

C. 减少产量　　D. 以上任何一个措施都采取

14. 完全竞争厂商的短期均衡条件是(　　)。

A. 平均收益等于边际收益

B. 平均收益等于平均成本

C. 总收益等于总成本

D. 价格、平均收益、边际收益与边际成本均相等

15. 完全竞争厂商的长期均衡条件是(　　)。

A. 价格、平均收益、长期平均成本和长期边际成本均相等

B. 长期边际成本与长期平均成本相等

C. 平均收益与长期边际成本相等

D. 平均收益与长期平均成本相等

16. 下列各项中,并非完全竞争市场的假设条件是(　　)。

A. 每一个厂商都面临一条向右下方倾斜的需求曲线

B. 所有供给者和需求者都是价格的接受者

C. 信息完全

D. 厂商可以任意进出市场

17. 当一个完全竞争行业实现长期均衡时,每个厂商(　　)。

A. 超额利润都为零　　　B. 行业中没有任何厂商再进出

C. 都实现了正常利润　　D. 以上说法都对

18. 在完全竞争厂商的短期均衡产量上,有 $AVC<AR<SAC$,则厂商(　　)。

A. 亏损,立即停产　　　B. 亏损,生产或停产都可以

C. 亏损,继续生产　　　D. 获得正常利润,继续生产

19. 在 $MR=MC$ 的均衡产量上,厂商(　　)。

A. 必然得到最大的利润

B. 必然得到最小的亏损

C. 若获利润,则利润最大;若亏损,则亏损最小

D. 不可能亏损

20. 在完全竞争厂商的停止营业点上,有(　　)。

A. 总亏损为 TFC　　　B. $P=AVC$

C. $AR=AVC$　　　D. 以上说法都对

21. 一个独家垄断厂商,具有很大的垄断权利,所以(　　)。

A. 提价一定增加销售收入和利润

B. 降价必定会减少销售收入和利润

C. 只有固定价格才能使销售收入和利润最大

D. 三种说法都错

22. 单个垄断厂商面临着线性的需求曲线和边际收益曲线,其斜率(绝对值)的关系是(　　)。

A. 前者是后者的两倍　　B. 后者是前者的两倍

C. 相同　　D. 不存在内在的联系

23. 一个实行价格歧视的垄断厂商,将在需求(　　)的市场索取最高的价格。

A. 价格弹性最大　　B. 价格弹性最小

C. 缺乏价格弹性　　D. 有单位价格弹性

24. 一个垄断厂商长期获得经济利润的最有说服力的原因是(　　)。

A. 它比竞争厂商更注重效率

B. 它比竞争厂商更重视定价策略

C. 它比竞争厂商更重视推销策略

D. 它受到政府的保护,别的厂商不能进入

25. 如果完全垄断厂商在两个分割的市场中具有相同的需求曲线,那么垄断厂商(　　)。

A. 可以实行差别价格

B. 不能实行差别价格

C. 既可以实行也可以不实行差别价格

D. 以上都不对

26. 若一个管理机构对一个垄断厂商的限价正好使经济利润消失,则价格要等于(　　)。

A. 边际收益　　B. 边际成本

C. 平均成本　　D. 平均变动成本

27. 完全垄断市场中,如果A市场的价格高于B市场的价格,则(　　)

A. A 市场的需求弹性大于 B 市场的需求弹性

B. A 市场的需求弹性小于 B 市场的需求弹性

C. 两个市场的需求弹性相等

D. 以上都正确

28. 垄断市场需求富于弹性时，MR 为（　　）。

A. 正　　B. 负　　C. 0　　D. 1

29. 完全垄断厂商达到长期均衡的条件是（　　）。

A. $MR=MC$

B. $MR=SMC=LMC$

C. $MR=SMC=LMC=SAC$

D. $MR=SMC=LMC=SAC=LAC$

30. 下列不能成为垄断行业进入壁垒的是（　　）。

A. 垄断利润　　B. 立法

C. 专利权　　D. 资源控制

31. 在下列对垄断厂商和完全竞争厂商的描述中，不正确的是（　　）。

A. 都试图最大化利润

B. 都把产量确定在边际收益等于边际成本那一点

C. 都面对着一条完全有弹性的需求曲线

D. 如果边际成本超过边际收益，都将减少生产

32. 对一个垄断厂商而言，额外销售一单位产品的边际收益等于（　　）。

A. 这一单位产品的售价

B. 因所有其他产品以新的更低的价格销售而造成的收益损失

C. 这一单位产品的售价减去因为所有其他单位商品以新的更低的价格出售而造成的收益损失

D. 这一单位产品的售价减去支付给生产这一单位产品的工人的工资

33. 对一个垄断厂商而言，边际收益小于价格，是因为（　　）。

A. 为了销售更多的数量，企业必须降低所有单位的价格

B. 它不能控制价格

C. 在市场价格下,企业可以销售它希望销售的任意数量

D. 它的产量只占市场总产量的一个很小的份额

34. 一个垄断者如果有线性需求函数,总收益增加时,其(　　)。

A. 边际收益为正值且递增

B. 边际收益为正值且递减

C. 边际收益为负值

D. 边际收益为零

35. 对于一个垄断厂商来说,其短期和长期供给曲线(　　)。

A. 向上方倾斜　　B. 等同于其边际成本曲线

C. 等同于其边际收益曲线　　D. 不存在

36. 一个完全垄断厂商所面对的需求曲线是(　　)。

A. 市场需求曲线

B. 完全无弹性的,因为只有一个销售者

C. 完全有弹性的,因为只有一个销售者

D. 其弹性比行业需求曲线的弹性小

37. 无论一个竞争性厂商还是一个垄断厂商,当其利润最大化时,总能满足的条件是(　　)。

A. 价格等于长期平均成本的最低点

B. 价格等于边际成本

C. 边际收益等于边际成本

D. 价格等于平均成本

38. 完全垄断厂商的产品需求弹性等于1时,(　　)。

A. 总收益最小　　B. 总收益最大

C. 总收益递增　　D. 总收益递减

39. 如果市场价格超过平均成本,边际收益大于边际成本,垄断厂商多卖一单位时(　　)。

A. 对总利润没有影响,但会缩小边际收益和边际成本之间的差额

B. 总利润会减少

C. 厂商总收益会减少，其数额等于 $P-AC$

D. 总利润会增加，其数额为 $MR-MC$，并缩小边际收益和边际成本之间的差额

（三）辨析题

1. 完全竞争厂商只能被动地接受既定的市场价格。

2. 完全竞争厂商面对的需求曲线由市场价格决定，故完全缺乏弹性。

3. 完全竞争厂商的短期供给曲线是短期边际成本曲线上等于和高于停止营业点的部分。

4. 完全竞争厂商的平均收益曲线和边际收益曲线与需求曲线是相同的。

5. 若完全竞争厂商经济利润为零，就是收支相抵。

6. 完全竞争厂商获得经济利润则一定获得正常利润。

7. 完全竞争厂商实现短期均衡时，可获得经济利润。

8. 当一个完全竞争行业实现长期均衡时，每个企业都实现了正常利润，且经济利润都为零。

9. 在完全竞争市场上，SMC 曲线和 SAC 曲线的交点被称为停止营业点。

10. 一级价格歧视（即完全价格歧视）使消费者剩余几乎等于零。

11. 为了对不同消费者集团实行价格歧视，垄断者就应该向需求富有弹性的消费者集团收取高价格。

12. 对单一价格垄断来说，在利润最大化的产量时价格低于边际收益。

13. 垄断厂商出现亏损是不可能的。

14. 价格歧视就是价格差别。

15. 垄断厂商的平均收益曲线与边际收入收益曲线是一致的。

16. 凡是垄断都是要被打破的。

17. 只要市场价格高于边际成本，垄断企业必定扩大产量。

18. 只有在完全竞争的条件下,才存在行业产出的供给曲线。

19. 如果垄断者经营一个企业,该企业规模使得垄断者在取得利润最大化产出时具有最低的平均成本,则这个企业达到了长期垄断均衡。

（四）简答题

1. 完全竞争市场的条件是什么？举例说明在现实中哪些市场属于完全竞争市场。

2. 假定一个处于长期均衡的完全竞争行业面临着对该行业产品持久性需求的减少,假设没有外在经济与外在不经济,该行业如何进行调整来实现新的长期均衡？

3. 为什么完全竞争厂商的需求曲线是一条水平线,且有 $P=AR=MR$？

4. 试述完全竞争市场长期均衡的实现过程。

5. 简述完全竞争厂商的短期供给曲线。

6. 简述完全竞争行业(市场)长期供给曲线。

7. 造成完全垄断的原因有哪些？

8. 什么是价格歧视？垄断厂商实行价格歧视要具备哪些条件？

9. 为什么垄断厂商的需求曲线是向右下方倾斜的？

10. 比较完全竞争厂商的长期均衡与垄断厂商的长期均衡。

（五）计算题

1. 某完全竞争行业中单个厂商的短期总成本函数为 $STC=0.1Q^3-2Q^2+15Q+10$(成本以元为单位)。

(1) 假设产品价格为55元,求利润最大化产量及利润总额。

(2) 当市场价格下降为多少时,该厂商必须停止营业生产？

(3) 求该厂商的短期供给函数。

2. 某成本不变的完全竞争行业的代表性厂商的长期总成本函数为：$LTC=Q^3-60Q^2+1\,500Q$。求：

(1) 该行业长期均衡时价格和厂商的产量。

(2) 若市场需求曲线是 $P=9\,600-2Q$,长期均衡中留存于该行业的厂商数目是多少?

3. 假定某完全竞争的行业中有 500 家完全相同的厂商,每个厂商的成本函数为 $STC=0.5q^2+q+10$。求:

(1) 市场的供给函数。

(2) 假定市场需求函数为 $Q_d=4\,000-400P$,求市场的均衡价格。

4. 假设某完全竞争厂商生产的某产品的边际成本函数为 $MC=0.4Q-12$,总收益函数为 $TR=20Q$,且已知生产 10 件产品时总成本为 100 元,试求生产多少件时利润达到极大值,其利润为多少?

5. 完全竞争行业中某厂商的成本函数为 $STC=Q^3-6Q^2+30Q+40$(单位为元),假设产品价格为 66 元。计算:

(1) 利润最大化时的产量及利润总额。

(2) 由于市场供求发生变化,市场价格变为 30 元,此时,厂商是否会发生亏损? 如果会,最小的亏损额为多少?

(3) 该厂商在什么情况下会停止生产?

6. 在一个成本不变的完全竞争行业,假定市场需求函数为 $Q=1\,500-25P$,厂商的供给函数为 $S=15P-100(P\geqslant 10)$,$S=0(P<10)$。若该行业处于长期均衡时有厂商 25 家,求:

(1) 均衡的市场价格、产量和每一厂商的均衡产量。

(2) 每一厂商处于最优的生产规模,请说明此时最小的短期平均变动成本和平均成本。

7. 假定某垄断者面临的需求曲线为 $P=100-4Q$,总成本函数为 $TC=50+20Q$,求:

(1) 垄断者利润最大化时的利润、产量及价格。

(2) 假设垄断者遵从完全竞争法则,那么厂商的利润、产量及价格是多少? 与(1)比较,你能得出什么结论?

8. 已知某垄断厂商的成本函数为 $TC=0.6Q^2+3Q+2$,反需求函数为 $P=8-0.4Q$。求:

(1) 该厂商实现利润最大化时的产量、价格、收益和利润。

(2) 该厂商实现收益最大化的产量、价格、收益和利润。

(3) 比较(1)和(2)的结果。

9. 已知某垄断厂商的反需求函数为 $P=100-2Q+2\sqrt{A}$,成本函数为 $TC=3Q^2+20Q+A$,其中,A 表示厂商的广告支出。求:该厂商实现利润最大化时 Q 和 A 的值。

10. 已知某垄断厂商利用一个工厂生产一种产品,其产品在两个分割的市场上出售,他的成本函数为 $TC=Q^2+40Q$,两个市场的需求函数分别为 $Q_1=12-0.1P_1$,$Q_2=20-0.4P_2$。求:

(1) 当该厂商实行三级价格歧视时,它在追求利润最大化前提下的两市场各自的销售量、价格以及厂商的总利润。

(2) 当该厂商在两个市场实行统一的价格时,它在追求利润最大化前提下的销售量、价格以及厂商的总利润。

(3) 比较(1)和(2)的结果。

11. 某垄断厂商面临的需求函数和成本函数分别为 $P=100+4A^{0.5}-3Q$ 和 $C=4Q^2+10Q+A$(A 为广告费支出)。计算实现利润最大化时的广告费支出、产量、价格和利润。

(六) 案例分析题

1. 垄断者就该上天堂?——评歌华有线随意涨价

2003 年 6 月 30 日,北京歌华有线电视网络股份有限公司(以下简称歌华有线)宣布自 7 月 1 日起,有线收视费由原来的 12 元上涨到 18 元,增幅高达 50%。此举引起了媒体和社会各界的普遍关注,对其没有经过价格听证就随意涨价表示强烈不满。在装歌华有线时,住楼房的用户交 300 元初装费,住平房的用户交 320 元的初装费,如果按最少 300 元计算,歌华有线已经从 220 万用户的口袋中最少收走 6.6 亿元。每月交 12 元的收视费已经不算少了,为什么还要一下上涨 50%?

歌华有线给出了提高收费的理由:“北京地区每户每月 12 元的有线电

视收看维护费标准是在以微波方式传送的情况下制定的，已远远不能满足当前有线电视光缆网络的日常维护管理、缆线入地建设和技术升级改造等方面的支出需求，如继续执行现行收费标准将难以维持北京有线电视网络的正常运营和稳定发展。”歌华有线涨价还有一个所谓充分的理由是设备改造。但固定资产的投入怎么能让消费者来承担呢？北京市物价局根据歌华有线的涨价申请，核算了他们的运营成本，同意涨价。至于为什么没开价格听证会，物价局说有线电视价格不在听证目录之列。

一台 29 英寸的彩电在不到 10 年间，从 7 000～8 000 元跌到了不到 2 000 元，而技术的进步、质量的提高更是如日中天。这样惊人的降幅并没有断送中国的彩电业，反而使中国的彩电业成为世界上首屈一指的、最强大的彩电业。为什么彩电、冰箱、微波炉、计算机等产品价格越来越低、质量越来越好、品种越来越丰富，而歌华有线怎么就能如此反其道而行之，说涨就涨，而且如此霸气？

2. 联想 TP 的价格歧视

2006 年 11 月，各大 IT 网站发布消息，联想在美国发起了假日促销活动，其美国网站信息显示 ThinkPad（以下简称 TP）四个系列主力机型均有降价。其中 TPR60 价格由 640 美元降至 565 美元（约合 4 434 元人民币），创下新低。2006 年年中，联想已经在美发动了两次 TP 大规模降价，最高降幅分别达 33%和 42%。价格之优惠远远超过其在国内的优惠，并且会一直持续下去。

这则消息一经在国内报道，立即引起了轩然大波。大多数人都很奇怪联想在美国和中国的销售策略是否颠倒了，更多的是愤慨联想这样的行为。以前，消费者普遍容忍和理解国外品牌的国内外的价格差异，现在面对联想这样不存在国内关税的企业所做出的定价而感到由衷的愤怒和深深的不解。请分析联想这样的定价策略的原因和带来的结果。

3. 机场商品的价格

一碗填不饱肚子的“烧肉拉面”，并没什么特别用料，在浦东机场要卖 45 元。而在南京路附近一家豪华面馆吃这种面，也就 20 元出头。无独有偶,据《华商报》报道,有人在西安咸阳国际机场也亲身体验到,餐饮价格贵得没边没谱:一碗牛肉面38元,一碗炸酱面38元,一碗水饺38元,一碗馄饨35元,而这些食品在普通店里要便宜得多。一瓶500毫升的可乐,在小商店卖2元多,在机场餐厅变成了10元,一杯普通的柠檬茶在机场餐厅要价30元。其实不只是这两家机场的商品价格特别贵,各地机场的情况大都如此。

不过,这种情况从2004年起在某些地方开始改变。广东省广州市新出台的《新机场候机楼商业价格管理暂行规定》中增加了关于最高限价方面的内容。最高限价原则主要是针对零售商品、餐饮类服务价格、品牌店商品价格实行。其中规定零售商品价格,与市区同档次同类商品基本一致;品牌店商品价格,不得高于其在广州市中心区设立的同一品牌店价格。记者在候机楼内检查发现物价确实有所调整,在一个水果店,罐装可乐只卖3块,甚至比市区部分地方的价格还便宜。但水果的价格则普遍比市区的要贵一点儿,据有关人士解释,这是因为水果比较容易腐烂,而且运输不方便。此外,专卖店、首饰店等也明确向媒体表示,他们实施全市等价,有的甚至要在机场分店推出优惠,以吸引旅客在候机的同时进行购物。

请解释为何机场候机楼内零售店和餐饮店的价格要比其他地方的价格高很多。除了垄断因素之外,是否还有一些别的因素可以导致机场候机楼内商品和服务价格高于其他地方?这些因素是什么?

4. 高效低价药供不应求

我国药品市场上常常出现低价高效药物供不应求的现象。许多传统药品疗效高,深受患者欢迎,但是因为它们价格太低,医院和药店都很少经营,医生也往往弃之不用,部分生产厂家甚至停止了生产。所以,尽管药品价格经过下调,但是,患者感觉实际药费支出却不见减少。按照价格机制,供不应求只能是短暂的现象,它会自发地引起价格的上涨和供给量的增加。那么是什么原因导致低价高效药品的长期供不应求甚至消失呢?

二、参考答案

（一）名词解释

1. 解析：

市场结构是指某一市场中各要素之间的内在联系及其特征。根据厂商数量的多少、产品的差异程度、厂商对市场价格的控制程度、进出行业的难易程度，市场结构可以分为完全竞争、完全垄断、垄断竞争与寡头垄断四种类型。

2. 解析：

完全竞争市场是指市场中不存在垄断因素。其基本特征有：(1) 市场上有众多的买者和卖者，每个买者卖者都只占有非常少的市场份额，以至于都把市场价格视为既定而加以接受；(2) 厂商生产的产品是无差异的，至少在消费者看来是如此；(3) 行业中不存在进入障碍，厂商进入或退出是自由的；(4) 消费者或厂商拥有完全信息。

3. 解析：

在完全竞争条件下，厂商的平均收益等于平均变动成本，厂商可以继续生产，也可以不生产，也就是说，厂商生产或不生产的结果都是一样的。由于在这一均衡点上，厂商处于关闭企业的临界点，所以，该均衡点也被称作停止营业点或关闭点。

4. 解析：

平均收益是指厂商在平均每一单位产品销售上所获得的收入。计算公式为 $AR(Q)=TR(Q)/Q$。

5. 解析：

边际收益是指厂商增加一单位产品销售所获得的总收入的增量。计算公式为 $MR(Q)=\Delta TR(Q)/\Delta Q$。

6. 解析：

生产者剩余是指厂商在提供一定数量的某种产品时实际接受的总支付

和愿意接受的最小总支付之间的差额。

7. 解析：

成本不变行业是指该行业的产量变化所引起的生产要素需求的变化，不对生产要素价格产生影响。

8. 解析：

成本递增行业是指该行业产量增加所引起的生产要素需求的增加，会导致生产要素的价格上升。

9. 解析：

成本递减行业是指该行业产量增加所引起的生产要素需求的增加，会导致生产要素的价格下降。

10. 解析：

价格歧视是指垄断厂商凭借其垄断地位，对同样的产品向消费者索取不同价格的行为。以不同的价格销售同一种产品必须具备两个基本条件：第一，市场的消费者具有不同的偏好；第二，不同的消费者群体或市场是相互隔离的。

11. 解析：

完全垄断是指整个行业中只有唯一的一个厂商的市场组织。具体地说，垄断市场的条件主要有三点：第一，市场上只有唯一的一个厂商生产和销售商品；第二，该厂商生产和销售的商品没有任何相近的替代品；第三，其他任何厂商进入该行业都极为困难或不可能。

12. 解析：

企业生产的规模经济需要在一个很大的产量范围和相应的巨大资本设备的生产运行水平上才能得到充分的体现，以至于整个行业的产量只有由一个企业来生产时才有可能达到这样的生产规模。而且，只要发挥这一企业在这一生产规模上的生产能力，就可以满足整个市场对该种产品的需求。在这类产品的生产中，行业内总会有某个厂商凭借雄厚的经济实力和其他优势，最先达到这一生产规模，从而垄断了整个行业的生产和销售。这就是自然垄断。

13. 解析：

一级价格歧视又称完全价格歧视，是指完全垄断厂商根据每一个消费者对买进每一单位产品愿意并能够支付的最高价格逐个确定产品卖价的行为。

14. 解析：

二级价格歧视是指垄断厂商按不同的价格出售不同数量段的同一商品，而对于每一个购买相同数量段商品的消费者则收取相同的价格。

15. 解析：

三级价格歧视是指垄断厂商在不同的市场对同一商品收取不同的价格，而在同一市场中则按相同的价格销售。

16. 解析：

垄断利润是指垄断企业凭借对生产要素、技术专利、品牌等的排他性占有权和市场势力所获得的高额利润。垄断利润的获取一般是通过垄断价格实现的。

（二）单项选择题

略

（三）辨析题

1. 解析：

正确。完全竞争市场所需具备的首要条件是，市场上存在为数众多的买方与卖方。换言之，每个卖者可能提供的产量或每个买者打算买进的产品数量在市场总量中所占比重都是微不足道的，每一个卖者增减其供给，或买者增减其需求，对于市场价格的形成不产生任何影响。价格是由众多的卖者和买者的共同行动决定的。每个卖者（或买者）按照既定的价格卖出（或买进）他愿意卖出（或买进）的任何数量。这意味着在一个完全竞争市场上，任一个卖者（或买者）都是价格的接受者，而不是价格的决定者。市场上有无数的买者和卖者，于是每一个买者和卖者只能被动地接受市场价格，他们每一个人对市场价格都没有任何控制力量。

2. 解析:

错误。在完全竞争市场上,由于厂商是既定市场价格的接受者,完全竞争厂商的需求曲线是由既定市场价格水平出发的一条水平线。水平形状的需求曲线表示:完全竞争厂商只能被动地接受既定的市场价格,而且总是能够根据既定的市场价格销售他愿意销售的任何数量的商品,厂商既不会也没有必要去改变这一价格水平。因此,完全竞争厂商的需求曲线是完全弹性的。

3. 解析:

正确。SMC 曲线上的点明确地表示了不同的价格水平与相应的不同的最优产量之间的对应关系。但必须注意到,厂商只有在 $P \geqslant AVC$ 时,才会进行生产,而在 $P < AVC$ 时,厂商会停止生产。所以,厂商的短期供给曲线应该用 SMC 曲线上大于和等于 AVC 曲线最低点的部分来表示,即用 MC 曲线大于和等于停止营业点的部分来表示。

4. 解析:

正确。完全竞争厂商的需求曲线表示:在每一个销售量上,厂商的销售价格是固定不变的,于是必然得出厂商的平均收益等于边际收益,且等于既定的市场价格的结论,即必有 $AR = MR = P$。

5. 解析:

正确。水平的厂商需求曲线相切于短期平均成本曲线的最低点,这一点又是 AC 曲线和 MC 曲线的交点,也是 $MR = MC$ 的利润最大化的均衡点。在均衡产量上,平均收益等于平均成本,厂商的利润为零,但厂商的正常利润实现了。由于在这一均衡点上,厂商既无利润,也无亏损,所以该均衡点也被称为厂商的收支相抵点。

6. 解析:

正确。在短期,市场价格高于平均成本,厂商可以获得经济利润。正常利润是厂商自己拥有的生产要素的报酬,是隐性成本,如果可以获得经济利润,则一定可以获得正常利润。

7. 解析：

正确。根据利润最大化的均衡条件 $MR=MC$，厂商利润最大化的均衡点为 MR 曲线和 MC 曲线的交点。此时如果价格高于平均成本，厂商则可以获得经济利润。

8. 解析：

正确。在完全竞争市场，厂商可以自由进出，其结果一定会使市场价格达到等于长期平均成本最低点的水平。在这一价格水平，行业内的每个厂商既无利润，也不亏损，但都实现了正常利润。于是，厂商失去了进入或退出该行业的动力，行业内的每个厂商都实现了长期均衡。

9. 解析：

错误。在完全竞争市场上，SMC 曲线和 AVC 曲线的交点，被称为停止营业点。

10. 解析：

正确。一级价格歧视指厂商对每一单位产品都按消费者所愿意支付的最高价格出售，此时几乎所有的消费者剩余都将转化为厂商的垄断利润。

11. 解析：

错误。为了对不同消费者集团实行价格歧视，垄断者就应该向需求富有弹性的消费者集团收取低价格，向缺乏需求弹性的消费者收取高价格。

12. 解析：

错误。垄断厂商根据 $MR=SMC$ 的利润最大化的均衡条件调整产量与价格，由于垄断厂商的需求曲线是向右下方倾斜的，因此，即使在利润最大化的产量时，价格仍然高于边际收益。

13. 解析：

错误。当需求曲线处在短期平均成本曲线之下时，即平均成本总是高于平均收益，此时，垄断厂商无论怎么调整产量，在短期总是会出现亏损。

14. 解析：

正确。垄断厂商会对同一种产品收取不同的价格，这种做法往往会增加垄断厂商的利润。以不同价格销售同一种产品，被称为价格歧视。价格歧视也称为价格差别。

15. 解析：

错误。由于垄断厂商的 AR 曲线是向右下方倾斜的，即 AR 是递减的，则根据平均量和边际量之间的相互关系可以推知，垄断厂商的边际收益 MR 总是小于平均收益 AR。

16. 解析：

错误。有些行业的生产具有如下特点：企业生产的规模经济需要在一个很大的产量范围和相应的巨大的资本设备的生产运行水平上才能得到充分的体现，以至于整个行业的产量只有由一个企业来生产时才有可能达到这样的生产规模。而且，只要发挥这一企业在这一生产规模上的生产能力，就可以满足整个市场对该种产品的需求。这样的垄断称为自然垄断。显然，具有成本优势的自然垄断是有其存在的理由的。

17. 解析：

错误。垄断企业是根据边际成本等于边际收益的原则决定产量的，在满足此条件后，即使厂商均衡时市场价格高于边际成本，此时厂商也不会再扩大产量。

18. 解析：

正确。在垄断的情况下，不存在行业的供给曲线。

19. 解析：

错误。垄断企业长期均衡时的产量并不在平均成本的最低点，此时平均成本还在下降。

（四）简答题

1. 解析：

完全竞争市场类型必须满足四个条件：(1) 市场上存在着大量的买者和卖者；(2) 生产者的产品是同质的；(3) 购买者和生产者掌握完全的信息；(4) 生产要素可以自由流动，即每个厂商都可以按照自己的意愿自由进入或退出某个行业，不存在任何障碍。完全竞争市场在现实生活中几乎不存在，不过农产品市场和发达的证券市场比较类似于完全竞争市场。

2. 解析：

市场需求减少将引起市场价格下降。在最初的长期均衡状态时，每个企业都是零经济利润。价格下降就会使企业出现亏损。因为需求减少是长期的，这种亏损就会使一些企业离开该行业。这就会使行业的供给曲线向左移动，引起市场价格上升。市场价格上升使仍然留下来的企业亏损减少。企业的退出会一直持续到亏损不存在时为止。如果不存在外在经济与外在不经济，由于成本受需求减少的影响，价格要一直上升到原来的水平。这时又实现了新的长期均衡。每个企业的产量等于原来的水平，但整个行业的交易量由于企业数量减少而减少了。

3. 解析：

在完全竞争条件下，厂商数目很多，并且所有的产品是同质的，每个厂商的产量并不影响行业的供给曲线，厂商是既定价格的接受者。每个厂商可以根据市场决定的价格销售任何数量的产品，因此厂商的需求曲线是一条水平线，它和横轴之间的距离等于商品的销售价格 P。厂商的平均收益 AR 是总收益同销售量的商，在厂商的需求曲线为水平线的条件下，正好等于单位产品的价格，即 $AR=P$。厂商的边际收益 MR 是指每增加一个单位产品的销售所得到的总收益的增量，在完全竞争条件下也等于产品的价格，即 $MR=P$。因此，必有 $P=AR=MR$。

4. 解析：

完全竞争市场长期均衡的实现过程如下：市场的供给和需求决定市场的均衡价格和均衡产量。各厂商根据市场的均衡价格调整生产规模，与此同时，不断有新的厂商进入和亏损厂商退出该行业。当该产品的供给量和需求量在某一价格水平上达到均衡时，如果该价格正好等于长期平均成本，则市场供给量和厂商数目不再变化。因为每个厂商既没有超额利润，也没有亏损，所以将不存在新厂商进入或亏损厂商退出，从而使得该行业处于长期稳定状态。

5. 解析：

厂商进行生产的条件是 $P \geqslant AVC$。同时厂商为使利润最大化或亏损最小化，总是根据既定的市场价格，使其提供产量的边际成本恰好等于既定的市场价格，即 $P=MR=MC$。因此，完全竞争厂商的短期供给曲线(即它在不同价格下愿意提供的产量)就是该厂商的边际成本曲线位于平均变动成本曲线最低点以上的那段边际成本曲线。这样，若已知成本函数，即可求得 MC，AVC，以及 AVC 的最小值，进而推导出厂商的短期供给曲线。

6. 解析：

根据市场长期均衡条件，完全竞争行业的长期供给曲线是市场需求变动引起的行业供求平衡时单个厂商长期平均成本最低点的轨迹。完全竞争行业的长期供给曲线有以下三种情况：

(1) 成本不变行业。该行业生产扩大时单位产品的成本不会因产量的增加而变化。因产品平均成本不变，故长期供给价格不变，长期供给曲线是一条通过长期平均成本最低点的水平线。

(2) 成本递增行业。该行业生产扩大会引起生产要素价格上升，从而使单位产品成本提高，随着平均成本的上升，长期供给价格也会上升，即长期供给曲线将随产量的增加自左下方向右上方倾斜。

(3) 成本递减行业。该行业生产扩大时，可能由于外在经济的作用而使生产要素价格下跌，从而引起单位产品成本下降。平均成本下降会使供给曲线右移，市场价格逐步下降，直至等于长期平均成本最低点的新均衡状态，这样，长期供给曲线随产量的增加向右下方倾斜。

7. 解析：

完全垄断又叫独家垄断或纯粹垄断，是指整个行业的市场完全处于一家厂商所控制的状态。完全垄断厂商具有两大特点：一是卖主独一，垄断厂商是市场唯一的供给者，整个行业只有一个厂商，进入壁垒高，其他厂商不可能进入；二是其生产的产品没有现成的替代品，厂商对其产量和价格有很大的控制权，厂商可独立定价并实行价格歧视。

完全垄断市场结构主要的形成原因是：第一，对关键性原材料的独家占有，对专门的生产技术独家占有；第二，拥有一种产品的技术专利权，在其有效期内其他人不得生产；第三，政府授予特许权，允许其独家经营，垄断某一市场；第四，自然垄断的大规模生产的成本优势。

8. 解析：

垄断厂商对于同样的产品向不同买主收取不同的价格就叫价格歧视。由于垄断厂商具有垄断力量，对于自己出售的相同产品能够向不同买主收取不同的价格，以便实现利润最大化。垄断厂商的价格歧视可分为三种：一是一级价格歧视，也叫完全的价格歧视，是指垄断厂商对每多销售一单位产品都向不同买主收取不同的价格，将消费者剩余全部转化为垄断厂商获得的超额利润；二是二级价格歧视，是指垄断厂商根据不同的购买量或消费量而向不同买主收取不同的价格，从而把部分消费者剩余转化为超额利润；三是三级价格歧视，也叫局部价格歧视，是指垄断厂商对同一商品在不同的市场收取不同的价格，或者对不同的消费者收取不同的价格，使每一市场上出售商品的边际收益相等。如电力部门对工业用电和居民用电实行不同的价格，将高价市场的消费者剩余转化为超额利润。

垄断厂商要实行价格歧视，必须具备如下条件：第一，垄断厂商能够控制价格，能够在一定程度上对不同的购买者阶层进行控制，否则就不可能实行价格歧视。第二，垄断市场中各部分的需求弹性不同。垄断厂商根据不同的需求弹性对同一商品收取不同的价格，如在需求弹性大的市场收取较低价格，在需求弹性小的市场收取较高价格；如果两部分市场需求弹性相同就不可能实行价格歧视。第三，垄断市场的各部分能有效地分离开来，使各部分消费者不能在低价市场购买，然后在高价市场销售；如果同一产品能在不同市场流动，就不可能实行价格歧视。

9. 解析：

垄断厂商所面临的需求曲线是向右下方倾斜的，其理由主要有两点：

第一，垄断厂商所面临的需求曲线就是市场的需求曲线，而市场需求曲线一般是向右下方倾斜的，所以垄断厂商的需求量与价格呈反方向的变化。

第二，假定厂商的销售量等于市场的需求量，那么，垄断厂商所面临的向右下方倾斜的需求曲线表示垄断厂商可以通过调整销售量来影响市场的价格,即垄断厂商可以通过减少商品的销售量来提高市场价格,也可以通过增加商品的销售量来降低市场价格。

10. 解析:

第一,长期均衡条件不同。完全竞争厂商的长期均衡条件是 $P=MR=SMC=LMC=SAC=LAC$,垄断厂商的长期均衡条件是 $MR=LMC=SMC$。

第二,长期均衡点的位置不同。完全竞争厂商长期均衡产生于 LAC 曲线的最低点,而完全垄断厂商长期均衡不是产生于 LAC 曲线的最低点。

第三,获得利润不同。完全竞争厂商在长期均衡时只能获得正常利润,而垄断厂商由于其他厂商无法进入该行业,可以获得垄断利润。

(五)计算题

1. 解析:

(1) 根据题意,有 $MC=0.3Q^2-4Q+15=55$,解得 $Q=20$(负值舍去),利润 $\pi=TR-STC=55\times20-(0.1\times20^3-2\times20^2+15\times20+10)=790$ 元。

(2) 由题意可知,$AVC=0.1Q^2-2Q+15$,求得 $Q=10$ 时,AVC 最低点为 5,所以价格低于 5 元以后厂商就停产。

(3) 由 STC 可得 $MC=0.3Q^2-4Q+15$,因此厂商的短期供给函数 $P=0.3Q^2-4Q+15(P\geqslant5,Q\geqslant10)$。

2. 解析:

(1) 完全竞争行业在长期均衡时有:

$P=\min LAC$。

而 $LAC=Q^2-60Q+1\,500=(Q-30)^2+600$,即在 LAC 最低点有:

$Q=30,\min LAC=600$。

所以,长期均衡时,$P=600$,单个厂商的产量 $Q=30$。

(2) 以 $P=600$ 代入市场需求函数,即:

$600=9\,600-2Q$。

可得市场总产量 $Q=4\,500$,厂商数目为 $4\,500/30=150$。

3. 解析:

(1) 根据 $STC=0.5q^2+q+10$,可得:$MC=q+1$。因此,单个厂商的供给函数为 $P=q+1$,也即 $q=P-1$,整个行业 $Q=500q=500(P-1)=500P-500$,即 $Q_s=500P-500$。

(2) 当 $Q_d=Q_s$ 时,市场均衡,即 $4\,000-400P=500P-500$,由此可知市场均衡价格为 $P=5$。

4. 解析:

根据 $MC=0.4Q-12$,可知 $STC=0.2Q^2-12Q+FC$。又知 $Q=10$ 时,$STC=100$,即 $100=0.2\times10^2-12\times10+FC$,得出 $FC=200$,总成本函数即为:$STC=0.2Q^2-12Q+200$。

根据 $TR=20Q$,可知 $MR=20$。

根据利润最大化条件 $MR=MC$,即 $20=0.4Q-12$,因此,$Q=80$ 时利润最大。

此时最大利润 $\pi=TR-TC=20\times80-(0.2\times80^2-12\times80+200)=1\,080$元。

5. 解析:

根据 $STC=Q^3-6Q^2+30Q+40$,可知 $MC=3Q^2-12Q+30$。

根据均衡条件 $MC=MR=P$,当 $P=66$ 元时,有 $66=3Q^2-12Q+30$,

解得 $Q=6$ 或 $Q=-2$(舍去)。

当 $Q=6$ 时,厂商的最大利润为:

$\pi=TR-TC=PQ-(Q^3-6Q^2+30Q+40)$

$=66\times6-(6^3-6\times6^2+30\times6+40)=176$ 元。

(2) 当市场供求发生变化,新的价格为 $P=30$ 元时,厂商是否发生亏损,仍要根据 $P=MC$ 所决定的均衡产量计算利润为正或为负。

根据均衡条件 $MC=MR=P$,有:$30=3Q^2-12Q+30$。

解得 $Q=4$ 或 $Q=0$(舍去)。

当 $Q=4$ 时,厂商的最大利润为:

$\pi=TR-TC=PQ-(Q^3-6Q^2+30Q+40)$

$=30\times4-(4^3-6\times4^2+30\times4+40)=-8$ 元。

可见,当价格为 30 元时,厂商发生亏损 8 元。

(3) 厂商停止生产的条件是 $P<AVC$ 的最小值,而 $AVC=TVC/Q=Q^2-6Q+30$。

当 $Q=3$ 时,AVC 的最小值为 21。可见,只要价格小于 21 元,厂商就会停止生产。

6. 解析:

(1) 行业的供给函数为:

$$\begin{cases}25S=25\times15P-25\times100(P\geqslant10),\\25S=0(P<10)\end{cases}$$

令 $Q=25S$,即行业的供给量,可得到行业的供给函数为:

$$\begin{cases}Q=375P-2\ 500(P\geqslant10)\\Q=0(P<10)\end{cases}$$

当市场处于均衡时,供给等于需求,有 $1\ 500-25P=375P-2\ 500$。

解得 $P=10, Q=1\ 250$,其中每个厂商的产量为 $\frac{Q}{25}=50$。

(2) 由于每个厂商处于最优的生产规模,所以厂商的最小短期平均变动成本与长期平均成本切于长期平均成本的最低点,其数值为 10 个单位。

7. 解析:

(1) 根据已知的需求曲线 $P=100-4Q$,可得 $MR=100-8Q$。

根据总成本函数 $TC=50+20Q$,可得 $MC=20$。

垄断者利润最大化的条件 $MC=MR$,因此有 $20=100-8Q$,解得 $Q=10$。

代入需求函数,得 $P=60$。

此时最大利润 $\pi=60\times10-(50+20\times10)=350$。

(2) 如果垄断者遵从完全竞争法则,完全竞争利润最大化条件是 $P=MC$。

即有 $100-4Q=20$,解得 $Q=20$,则 $P=MC=20$。

此时利润 $\pi=20\times20-(50+20\times20)=-50$。

与(1)比较可以看出：完全竞争和完全垄断两种市场相比，产量增加了10，价格下降了40，利润减少了400。这就说明完全竞争市场比完全垄断市场更能够有效地配置资源，提高整个社会福利水平。

8. 解析：

(1) 由题意可得：$MC=\frac{dTC}{dQ}=1.2Q+3$，且 $MR=8-0.8Q$。

于是，根据利润最大化原则 $MR=MC$ 有：$8-0.8Q=1.2Q+3$。

解得：$Q=2.5$。

以 $Q=2.5$ 代入反需求函数 $P=8-0.4Q$，得：

$P=8-0.4\times2.5=7$。

将 $Q=2.5$ 和 $P=7$ 代入利润等式，有：

$$\begin{aligned}\pi&=TR-TC=PQ-TC\\&=7\times2.5-0.6\times2.5^2-3\times2.5-2\\&=17.5-13.25\\&=4.25\end{aligned}$$

所以，当该垄断厂商实现利润最大化时，其产量 $Q=2.5$，价格 $P=7$，收益 $TR=17.5$，利润 $\pi=4.25$。

(2) 由已知条件可得总收益函数为：

$TR=P(Q)Q=(8-0.4Q)Q=8Q-0.4Q^2$。

令 $\frac{dTR}{dQ}=0$，即有 $\frac{dTR}{dQ}=8-0.8Q=0$。

解得 $Q=10$，

且 $\frac{d^2TR}{dQ^2}=-0.8<0$，

所以，当 $Q=10$ 时，TR 达最大值。

以 $Q=10$ 代入反需求函数 $P=8-0.4Q$，得：

$P=8-0.4\times10=4$。

将 $Q=10$，$P=4$ 代入利润等式，有：

$\pi = TR - TC = PQ - TC$

$= (4\times10) - (0.6\times10^2 + 3\times10 + 2)$

$= 40 - 92 = -52$。

所以,当该垄断厂商实现收益最大化时,其产量 $Q=10$,价格 $P=4$,收益 $TR=40$,利润 $\pi=-52$,即该厂商的亏损量为 52。

(3) 通过比较(1)和(2)可知:将该垄断厂商实现最大化的结果与实现收益最大化的结果相比较,该厂商实现利润最大化时的产量较低($2.5<10$),价格较高($7>4$),总收益较少($17.5<40$),利润较大($4.25>-52$)。显然,理性的垄断厂商总是以利润最大化作为生产目标,而不是将收益最大化作为生产目标。追求利润最大化的垄断厂商总是以较高的垄断价格和较低的产量,来获得最大的利润。

9. 解析:

由题意可得以下的利润等式:

$\pi = PQ - TC = (100 - 2Q + 2\sqrt{A})Q - (3Q^2 + 20Q + A)$

$= 80Q - 5Q^2 + 2\sqrt{A}Q - A$。

将以上利润函数 $\pi(Q,A)$ 分别对 Q,A 求偏导,并构成利润最大化的一阶条件如下:

$$\frac{\partial\pi}{\mathrm{d}Q} = 80 - 10Q + 2\sqrt{A} = 0。 \quad ①$$

$$\frac{\partial\pi}{\mathrm{d}A} = A^{-\frac{1}{2}}Q - 1 = 0。 \quad ②$$

将②式 $Q=A^{\frac{1}{2}}$ 代入①,得:$80 - 10Q + 2Q = 0$。

即有:$Q=10$,$A=100$。

在此略去对利润在最大化的二阶条件的讨论。

将 $Q=10$,$A=100$ 代入反需求函数,得:

$P = 100 - 2Q + 2\sqrt{A} = 100 - 2\times10 + 2\times10 = 100$。

所以,该垄断厂商实现利润最大化时的产量 $Q=10$,价格 $P=100$,广告支出为 $A=100$。

10. 解析：

(1) 由第一个市场的需求函数 $Q_1=12-0.1P_1$ 可知，该市场的反需求函数为 $P_1=120-10Q_1$，边际收益函数为 $MR_1=120-20Q_1$。

同理，由第二个市场的需求函数 $Q_2=20-0.4P_2$ 可知，该市场的反需求函数为 $P_2=50-2.5Q_2$，边际收益函数为 $MR_2=50-5Q_2$。

而且，市场需求函数 $Q=Q_1+Q_2=(12-0.1P)+(20-0.4P)=32-0.5P$，且市场反需求函数为 $P=64-2Q$，市场的边际收益函数为 $MR=64-4Q$。

此外，厂商生产的边际成本函数 $MC=\frac{\mathrm{d}TC}{\mathrm{d}Q}=2Q+40$。

该厂商实行三级价格歧视时利润最大化的原则可以写为 $MR_1=MC$，$MR_2=MC$。

关于第一个市场：

根据 $MR_1=MC$，有：$120-20Q_1=2Q+40$，即 $22Q_1+2Q_2=80$。

关于第二个市场：

根据 $MR_2=MC$，有：$50-5Q_2=2Q+40$，即 $2Q_1+7Q_2=10$。

由以上关于 Q_1，Q_2 的两个方程可得，厂商在两个市场上的销售量分别为：$Q_1=3.6$，$Q_2=0.4$。

可得：$P_1=84$，$P_2=49$。

在实行三级价格歧视的时候，厂商的总利润为：

$$
\begin{aligned}
\pi&=(TR_1+TR_2)-TC\\
&=P_1Q_1+P_2Q_2-(Q_1+Q_2)^2-40(Q_1+Q_2)\\
&=84\times3.6+49\times0.4-4^2-40\times4=146。
\end{aligned}
$$

(2) 当该厂商在两个市场实行统一的价格时，根据利润最大化的原则即该统一市场的 $MR=MC$ 有：$64-4Q=2Q+40$，解得：$Q=4$。

以 $Q=4$ 代入市场反需求函数 $P=64-2Q$，得 $P=56$。

于是，厂商的利润为：

$\pi=PQ-TC=(56\times4)-(4^2+40\times4)=48$。

所以,当该垄断厂商在两个市场上实行统一的价格时,其追求利润最大化的销售量为 4,价格为 56,总的利润为 48。

(3) 比较以上(1)和(2)的结果,可以清楚地看到,将该垄断厂商实行三级价格歧视和在两个市场实行统一作价的两种做法相比较,他在两个市场制定不同的价格实行三级价格歧视时所获得的利润大于在两个市场实行统一定价时所获得的利润(因为 146>48)。这一结果表明进行三级价格歧视要比不这样做更加有利可图。

11. 解析:

$$\begin{aligned}总利润\ \pi &= TR-TC\\ &=(100+4A^{0.5}-3Q)Q-4Q^2-10Q-A\\ &=(90+4A^{0.5})Q-7Q^2-A\end{aligned}$$

令$\frac{\partial\pi}{\partial Q}=0$,得 $Q=\frac{1}{14}(90+4A^{0.5})$。 ①

令$\frac{\partial\pi}{\partial A}=0$,得 $A=4Q^2$。 ②

联立①②解得:$A=900$,$Q=15$。再代入需求函数求得 $P=175$。

(六) 案例分析题

1. 解析:

彩电降价而有线电视费却涨价,其原因在于垄断。歌华有线是北京市政府批准的唯一一家负责建设、管理和经营北京市有线广播电视网络的公司,是垄断行业的垄断企业,具有极高的垄断性和经营的稳定性。

众所周知,垄断行业的成本是最难估算的,电信部门说亏损,邮政部门说普通信件业务亏损,民航公司说航运亏损,自来水公司说亏损,有线电视公司也说亏损。但是人们都怀疑他们是不是真的亏损,也搞不清亏损是怎么形成的,因为没有一个独立的会计或审计部门告诉大家垄断行业的成本到底是如何构成的。有线电视行业具有比电信更加垄断的特点,目前有线电视用户没有任何可以选择的余地:一地只有唯一的网络接入商、唯一的服务内容。比如北京用户只有选择歌华有线电视网络，而且只能选择歌华提供的唯一一种服务。作为企业，歌华有线当然可以利字当头。当产品市场上只有一个卖主，并且对于垄断者所出售的产品市场上不存在相同或相近的替代品的时候，企业就拥有了“想怎么样就怎么样”的自由。

完全垄断简称垄断，又叫独占，它是指一种产品的生产和销售完全由一家厂商所控制的市场结构。如果一个厂商能够控制或影响整个市场的供给，那么它就构成了垄断。完全垄断具有独家经营、产品不能替代、独自决定价格、实行差别定价或价格歧视、要素不能自由流动等特征。造成垄断的原因是多方面的，但主要原因还是各种“行业壁垒”阻碍了其他厂商进入而形成的，具体来说，有原材料控制、自然垄断、技术专利权等原因。就案例中提到的上市公司歌华有线而言，其最大特征是北京市政府批准的唯一一家负责建设、管理和经营北京市有线广播电视网络的公司，是典型的垄断企业，具有极高的垄断性，市场的需求就是该公司所面临的需求，在完全垄断的市场上，企业根据利润最大化的原则来确定其价格并能获取高额的垄断利润，人们不能选择别的电视服务，所以不难理解歌华有线的定价权。但是谁给了歌华有线这样的垄断权呢？显然是当地的政府。那么当地政府这样做的原因是什么呢？除了该行业存在一定的自然垄断因素外，还有一些非经济因素的考虑如非正式制度安排的体现和实施，当然也说明了政府对很多领域并未向私人企业开放。国际上一些国家并不承认中国的市场经济地位，其中更多的理由是认为中国政府对国有企业的过多干预和行政上的保护。

2. 解析：

总体上来说全球笔记本电脑市场不是垄断结构，中国、日本、韩国、欧美均有很多著名品牌的笔记本。但是联想旗下的 TP 系列笔记本不同之处在于，ThinkPad 本来就是 IBM 创造的高端商务笔记本，在消费者认知中，TP 就是笔记本的领导者，它就代表了高端笔记本，代表了技术卓越，代表了产品优秀，代表牢固、尊贵、身份，不是性价比的代名词。能够与 TP 系列相竞争的笔记本品牌型号很有限且不易形成联盟，因此 ThinkPad 系列在该市场上比较有影响力。联想在国内外对于TP的定价策略是典型的三级价格歧视。

联想之所以采取这种定价策略是有其原因的:第一,联想的市场策略是通过严谨的市场调查的。第二,决定定价的关键是市场的供求特征,具体体现为目标市场的价格弹性,目标市场的价格弹性不同,最优定价策略也就不同。而并非大众认为的各国人民不同的消费能力。第三,中国TP的目标市场需求价格弹性小于欧美TP的目标市场需求价格弹性,导致定价不同(当然也受税收的影响)。第四,以上三点发生作用的必要条件是两地市场是割裂的,并不统一,不然,就有很多人会进行套利(即将美国的TP笔记本运到中国卖),这样价格就会趋向统一。

3. 解析:

目前各大城市的机场多设在郊区,并且旅客进入候机厅以后,不能再出来,机场所辖范围或候机厅内,自然形成了一个零售与餐饮业的垄断经营环境。旅客在机场待机或滞留期间,除非是自备干粮茶水,否则,就只能到机场商店消费。缺乏替代品是机场零售店提高价格的便利条件。我国缺乏反垄断法是使得这类行为缺乏规范的重要原因。目前我国乘坐飞机旅行还不很普遍,飞机乘客是收入相对高的人群,所以机场商品价格也会因此有所上升。

4. 解析:

原因主要在于,我国的药品出厂以后,必须经过买断总经销权的大型批发企业,到各大片区或省级代理,再到市地级代理,接着再到医药批发公司销售商,最后才进入医院和药店。每经过一道中间环节,都按一定比例加价,价格越高,则加价越多。所以每一个药品流通企业自然倾向于多经销高价药。另外,由于政府财政对医院补偿不足,允许其“以药养医”,即允许医院用药品经营的盈利补偿医院财政不足,因而医院从出售高价药中得到的利润也更高,所以医院对高价药品自然“情有独钟”。

经过长期生产和竞争,传统药品成本很低,在按比例层层加价的制度下,与同类新药的价格差就越来越大,到达药店和医院时便形成巨大价差。

与在一般商品市场中需求者自己选择商品不同，处方药必须经过医生开具处方，因此是医生对药品的偏好而不是患者的偏好支配了药品的需求。所以价格越高的药品“需求”也就越高，价格越低的药品“需求”越低，以至于市场萎缩。

第8章

垄断竞争及寡头博弈原理

一、习　　题

（一）名词解释

1. 产品差别
2. 弯折需求曲线
3. 生产者剩余
4. 生产集团
5. 主观需求曲线
6. 客观需求曲线
7. 垄断竞争
8. 占优策略均衡
9. 寡头市场
10. 纯粹寡头市场
11. 差别寡头市场
12. 古诺模型
13. 卡特尔
14. 价格领导
15. 成本加成定价

（二）单项选择题

1. 垄断竞争市场上厂商的短期均衡发生于(　　)。

A. 边际成本等于实际需求曲线中产生的边际收益时

B. 平均成本下降时

C. 主观需求曲线与实际需求曲线相交，并且边际成本等于主观需求曲线中产生的边际收益时

D. 主观需求曲线与平均成本曲线相切时

2. 垄断竞争厂商短期均衡时，(　　)。

A. 厂商一定能获得超额利润

B. 厂商一定不能获得超额利润

C. 只能得到正常利润

D. 取得超额利润，发生亏损及获得正常利润三种情况都可能发生

3. 垄断竞争厂商长期均衡时，必然有(　　)。

A. 价格大于长期平均成本

B. 在均衡点上，主观需求曲线上的弹性大于实际需求曲线上的弹性

C. 资源在广告中浪费

D. 边际成本等于实际需求曲线中产生的边际收益

4. 垄断竞争厂商长期均衡点上，长期平均成本曲线处于(　　)。

A. 上升阶段　　B. 下降阶段

C. 水平阶段　　D. 以上三种情况都有可能

5. 在垄断竞争中(　　)。

A. 只有为数很少的几个厂商生产有差异的产品

B. 有许多厂商生产同质产品

C. 只有为数很少的几个厂商生产同质产品

D. 有许多厂商生产有差异的产品

6. 垄断竞争厂商实现最大利润的途径有(　　)。

A. 调整价格从而确定相应产量　　B. 品质竞争

C. 广告竞争　　D. 以上途径都可能

7. 寡头垄断厂商的产品是(　　)。

A. 同质的

B. 有差异的

C. 既可以是同质的,也可以是有差异的

D. 以上都不对

8. 按照古诺模型,下列哪一说法不正确?(　　)

A. 双寡头垄断厂商没有认识到他们的相互依赖性

B. 每个双寡头垄断厂商都假定对方保持产量不变

C. 每个双寡头垄断厂商都假定对方价格保持不变

D. 均衡的结果是稳定的

9. 要得到古诺模型中的均衡,必须假定(　　)。

A. 该行业中只有两个厂商

B. 边际成本为零

C. 两个厂商有相同的反应函数

D. 以上都对

10. 在弯折需求曲线模型中,拐点左右两边的需求弹性是(　　)。

A. 左边弹性大,右边弹性小　　B. 左边弹性小,右边弹性大

C. 左右两边弹性一样大　　D. 以上都不对

11. 弯折需求曲线模型(斯威齐模型)是(　　)。

A. 假定一个厂商提高价格,其他厂商就一定跟着提高价格

B. 说明为什么每个厂商要保持现有价格,而不管别的厂商如何行动

C. 说明为什么均衡价格是刚性的(即厂商不肯轻易变动价格),而不是说明价格如何决定

D. 假定每个厂商认为其需求曲线在价格下降时比上升时更有弹性

12. 卡特尔定制统一价格的原则是(　　)。

A. 使整个卡特尔的产量最大化

B. 使整个卡特尔的利润最大化

C. 使整个卡特尔的成本最小化

D. 使整个卡特尔中各厂商的利润最大化

13. 一个卡特尔要使利润极大,必须(　　)。

A. 使每个厂商的边际成本等于行业的边际收益

B. 给每个厂商分配一个产量定额

C. 建立厂商之间的利润分配制度

D. 以上都对

14. 在价格领导制中，支配厂商以外的中小厂商在出售它们所愿意出售的全部产量以后，市场需求量与中小厂商产量的差额由支配厂商来补足，说明支配厂商定价时（　　）。

A. 没有考虑中小厂商利益，而只考虑自己利益，因而只能让中小厂商先售卖

B. 支配厂商首先考虑的是中小厂商利益，因此让它们先出售卖

C. 支配厂商既考虑自己利润极大，又考虑中小厂商能得到合理利润

D. 以上几种情况都有可能

15. 当垄断竞争行业处于均衡状态时，（　　）。

A. 边际收益高于边际成本　　B. 边际收益等于价格

C. 价格高于最低平均成本　　D. 需求有完全价格弹性

16. 在寡头垄断中，价格领先者（　　）。

A. 制定行业的最高价

B. 制定该行业的价格，其他厂商则追随其后

C. 通过威胁要降低价格来阻止进入

D. 通过威胁要降低价格保证厂商之间的合作

17. 在古诺模型中，如果厂商Ⅰ增加产量，那么厂商Ⅱ面对的需求曲线将（　　）。

A. 下降，因此，厂商Ⅱ必须提高价格以维持现存的销售量

B. 下降，因此，厂商Ⅱ必须降低价格以维持现存的销售量

C. 没有变化，因此，厂商Ⅱ不必改变价格以维持现存的销售量

D. 上升，因此，厂商Ⅱ必须降低价格以维持现存的销售量

18. 在垄断竞争行业，竞争是不完全的，因为（　　）。

A. 每个厂商面对着一条完全有弹性的需求曲线

B. 每个厂商做决策时都要考虑其竞争对手的反应

C. 每个厂商面对着一条向下倾斜的需求曲线

D. 厂商不是通过边际收益等于边际成本来最大化利润

19. 卡特尔是厂商之间的一个协议,以便它们(　　)。

A. 集体增加产量,降低价格

B. 对同一种商品向不同消费者索取不同的价格

C. 协调它们的决策,使联合利润最大化

D. 对不同产品向消费者索取相同的价格

20. 如果卡特尔解体,结果将是(　　)。

A. 价格上升,产量下降　　B. 价格上升,产量上升

C. 价格下降,产量上升　　D. 价格下降,产量下降

21. 所谓自然垄断是指(　　)。

A. 从经济上看,允许多个厂商存在,但技术上不允许

B. 从技术上看,允许多个厂商存在,但从经济上不允许

C. 从经济上和技术上看都允许多个厂商存在

D. 从经济上和技术上看都只允许一个厂商存在

22. 垄断会降低经济效率,这是因为当利润最大化时,(　　)。

A. 总收益超过总成本

B. 价格超过边际成本

C. 边际收益超过边际成本

D. 边际成本超过边际收益

23. 下列哪个是垄断竞争行业的特征?(　　)

A. 厂商规模相同,数量较少　　B. 不存在产品差异

C. 厂商规模较大,数量很少　　D. 进出该行业较容易

24. 垄断竞争行业处于均衡状态时,(　　)。

A. 边际收益高于边际成本　　B. 边际收益等于价格

C. 价格高于最低平均成本　　D. 需求有完全价格弹性

25. 寡头垄断的特征是(　　)。

A. 厂商数量较多,每个厂商必须考虑其竞争对手的行为

B. 厂商数量很少,每个厂商必须考虑其竞争对手的行为

C. 厂商数量很少,每个厂商的行为不受其竞争对手的影响

D. 厂商数量很少,且都不具有市场力量

26. 如果垄断竞争行业存在正的利润,(　　)。

A. 新厂商将进入该行业　　B. 现存厂商将提高它们的价格

C. 生产成本将保持不变　　D. 产品差异不再存在

27. 对完全垄断厂商来说,(　　)。

A. 提高价格一定能增加收益

B. 降低价格一定会减少收益

C. 提高价格未必能增加收益,降低价格未必会减少收益

D. 以上都不对

28. 下列哪一个不是垄断厂商实施价格歧视的条件?(　　)

A. 必须有相同类型的消费者

B. 不同类型消费者的价格弹性必须不同

C. 资产转售非常困难

D. 垄断厂商在所有市场都必须面对一条有弹性的需求曲线

29. 垄断竞争市场区别于寡头市场在于(　　)。

A. 垄断竞争厂商不需要考虑竞争对手的反应,寡头厂商则不然

B. 寡头市场不存在竞争,寡头厂商则不然

C. 寡头市场是完全竞争的,垄断竞争市场则不然

D. 垄断竞争厂商面对的需求曲线是向下倾斜的,寡头厂商则不然

30. 卡特尔通过下列哪种方式决定其联合利润最大化的产量水平(　　)。

A. 使每个厂商的边际成本等于边际收益

B. 使卡特尔的边际成本等于市场需求

C. 使卡特尔的边际成本等于一般厂商的边际收益

D. 使卡特尔的边际成本等于边际收益

（三）辨析题

1. 垄断竞争市场的垄断因素很强。

2. 古诺模型用来解释一些寡头市场上的价格刚性现象。

3. 如果垄断竞争中的厂商获得了经济利润,就可以预期将会有新厂商进入,每个厂商的需求曲线将向左移动。

4. 垄断竞争厂商的长期均衡位置处在长期平均成本曲线的上升部分。

5. 垄断竞争厂商的供给曲线与完全竞争厂商的供给曲线相类似。

6. 长期均衡时,垄断竞争行业的厂商其产量大于平均总成本曲线上最低点的水平。

7. 垄断竞争行业的厂商数目较少,厂商垄断程度很大。

8. 为了对不同消费者集团实行价格歧视,垄断者就要向需求富有弹性的消费者集团收取高价格。

9. 对单一价格垄断来说,在达到利润最大化的产量时,价格低于边际收益。

10. 在垄断竞争行业中,每个厂商都面临着向右下方倾斜的需求曲线。

11. 经济学家用博弈论分析垄断竞争,因为任何一个厂商的行为对其他厂商都有举足轻重的影响。

12. 一个寡头在决定是否降价之前无须考虑到其他厂商可能做出的反应。

13. 寡头垄断厂商之间的产品都是有差别的。

14. 垄断竞争厂商的短期均衡的位置只能使它刚好获得正常利润。

15. 垄断竞争的基本特点是它只存在价格竞争。

16. 博弈论是一门研究互动情形的学问,但仅应用在经济学领域。

17. 博弈均衡就是局中人都不再改变自己策略时的状态。

18. 纳什均衡只是均衡概念的一种,存在许多均衡概念来求解一个博弈。

（四）简答题

1. 试述垄断市场、垄断竞争市场和寡头市场都不存在具有规律性的厂商的供给曲线的原因。

2. 寡头垄断市场有哪些特点？其价格是如何决定的？

3. 某博弈矩阵如图 8-1 所示：

		乙	
		左	右
甲	上	a,b	c,d
	下	e,f	g,h

图 8-1

(1) 如果(上,左)是优势策略均衡，那么，分别比较 a 与 e，b 与 d，g 与 c，f 与 h 的大小。

(2) 如果(上,左)是纳什均衡，上述哪几个不等式必须满足？

(3) 如果(上,左)是优势策略均衡，那么，它是否必定是纳什均衡？为什么？

4. 图 8-2 的矩阵表示两个厂商选择的策略为根据的支付矩阵(利润，单位:万元)

		B	
		守约	违约
A	守约	500,500	−200,800
	违约	800,−200	200,200

图 8-2

(1) 哪一种策略使 A 的最大可能损失为最小？B 的是哪一种？

(2) 如果你是 A，你会选择哪一种策略？为什么？如果 A 违约，B 会做什么？如果 B 违约，A 会做什么？

(3) 这一对策最可能出现的结果是什么？为什么？

5. A和B两家计算机厂商正计划推出用于办公室信息管理的网络系统。各厂商都既可以开发一种高速、高质量的系统(H),也可以开发一种低速、低质量的系统(L)。市场研究表明厂商在不同策略下相应的利润由图8-3的得益矩阵给出。

		厂商B H	厂商B L
厂商A	H	30,30	50,35
	L	40,60	20,20

图 8-3

(1) 如果两厂商同时做决策且用极大化极小(低风险)策略,结果将是什么？

(2) 假设两厂商都试图最大化利润,且A先开始计划并实施,结果会怎样？如果B先开始,结果又会如何？

6. 在价格领导模型中,为什么其他厂商愿意跟着支配厂商定价？

7. 为什么参加卡特尔的各厂商会按相同的价格出售产品,而不会要求生产相等的产量？

(五) 计算题

1. 已知某垄断竞争厂商的长期成本函数为 $LTC=0.001Q^3-0.51Q^2+200Q$,如果该产品的生产集团内所有的厂商都按照相同的比例调整价格,设每个厂商的份额需求曲线(或实际需求曲线)为 $P=238-0.5Q$。求:

(1) 该厂商长期均衡时的产量与价格。

(2) 该厂商长期均衡时主观需求曲线上的需求的价格点弹性值(答案保留整数部分)。

(3) 如果该厂商的主观需求曲线是线性的,推导该厂商长期均衡时的主观需求的函数。

2. 已知垄断厂商 $TC=10+6Q+0.05Q^2$，市场需求 $Q=360-20P$，求：

(1) 短期均衡时的均衡价格 P^* 和均衡产量 Q^*；

(2) 利润 π 和平均利润 $A\pi$。

3. 两个寡头垄断厂商的行为遵循古诺模型，他们都生产同质的产品，其市场的需求函数为 $Q=900-10P$，试求：

(1) 若两厂商的生产成本都为零，均衡时厂商的产量和价格为多少？

(2) 若两厂商的生产成本都不为零，成本函数分别为：$TC_1=0.1q_1{}^2+30q_1$，$TC_2=0.2q_2{}^2+30q_2$，则均衡时厂商的产量和价格又为多少？

4. 假定某垄断厂商的产品在两个分割的市场出售，产品成本函数和需求函数分别为：$TC=Q^2+10Q$，$Q_1=32-0.4P_1$，$Q_2=18-0.1P_2$。

(1) 若两个市场实行差别价格，利润最大化时两个市场的售价、销售量和利润各为多少？

(2) 若两个市场只能卖一个价格，利润最大化时售价、销售量和利润各为多少？

（六）案例分析题

1. 垄断竞争市场的非价格竞争

产品差异化是垄断竞争市场上常见的一种现象，不同企业生产的产品或多或少存在相似点，但是它们之间也存在差异，并非完全可替代的。垄断竞争厂商的产品差异化包括产品本身的差异和人为的差异，后者包括了方位的差异、服务的差异、包装的差异、营销手法的差异等，企业往往希望通过产品差异化来刺激产品的需求。

请举例说明如何实现产品差异化。

2. 寡头垄断市场——中国彩电业

1996年6月上旬，在《经济日报》《中国电子报》等报纸上同时刊出一份深圳康佳电子集团的“宣言”，称康佳要“领先国内，赶超世界”，宣布说“谁升起，谁就是太阳”。与此同时，康佳集团宣布：从6月6日起，康佳彩电从37cm至74cm所有的品种全部降价，让利幅度达20%，最高让利金额达

1 200 元/台(2910A)。一石激起千层浪,康佳这一举措使得 1996 年本不平静的彩电市场风云再起,形成自长虹率先宣布降价后的又一次降价风潮。

2000 年 6 月,康佳、TCL、创维、厦华、海信、乐华、熊猫、金星、西湖九大彩电生产商召开“彩电峰会”,会议宣布这些企业将限产,同时公布了最低限价。长虹没有参加这次峰会。事后第二天就有成员降价而使同盟遭受挫折,随后当时的国家计委价格处宣布上述企业达成的价格联盟违反《价格法》,涉嫌垄断。彩电巨头价格同盟很快在质疑声中瓦解。

请分析彩电业寡头垄断厂商降价的原因。

3. 中国石油寡头垄断

2007 年,中国石油集团生产原油 1.08 亿吨,占全国原油产量的 57.6%;中国石化集团生产原油 4 102.5 万吨,占全国原油产量的 22.1%;中国海洋石油总公司生产原油 2 675.9 万吨,占全国原油产量的 14.4% 。全国共有 150 多家炼油企业,虽然数量不少,但几乎完全掌握在两大国家石油公司手中,我国石油市场处于寡头垄断状态。中国石油集团和中国石化集团是国内两家最大的炼油企业,占炼油能力的 89%,其他企业占 11%,形成寡头垄断的局面。

请分析石油寡头垄断的优缺点。

4. 智猪博弈

在博弈论中,“智猪博弈”是一个著名的纳什均衡例子:假设猪圈里有一头大猪和一头小猪。猪圈的一边有猪食槽,另一边安装着控制猪食供应的按钮,按一下按钮会有 10 个单位的猪食进槽,但是谁按按钮就会首先付出 2 个单位成本。若大猪先到槽边,大小猪吃到食物的收益比是 9∶1;同时到槽边,收益比是 7∶3;小猪先到槽边,收益比是 6∶4。那么,在两头猪都有智慧的前提下,最终结果是小猪选择等待。小猪选择等待,让大猪去按控制按钮,而自己选择“坐船”(或称为搭便车)的原因很简单:在大猪选择行动的前提下,小猪也行动的话,小猪可得到 1 个单位的纯收益(吃到 3 个单位的食品同时也耗费 2 个单位的成本,以下纯收益计算相同),而小猪等待的话,小猪则可以获得 4 个单位的纯收益,等待优于行动;在大猪选择等待的前提下，小猪如果行动的话，小猪的收入将不抵成本，纯收益为 −1 单位，如果小猪也选择等待的话，那么小猪的收益为零，成本也为零。总之，小猪等待还是要优于行动。

小猪与大猪的博弈说明了什么问题？

二、参考答案

（一）名词解释

1. 解析：

产品差别的概念是美国经济学家张伯伦在 1933 年出版的《垄断竞争理论》一书中提出来的。产品差别可以是指同一种产品在质量、包装、牌号或销售条件等方面的差别，也可以是销售地点、工作效率和经营方式的差别，还可以是消费者主观的心理感受。

2. 解析：

假定寡头厂商竞争时会同时降价，但不会同时提价，从而形成弯折的需求曲线。弹性不同的需求曲线又相应地形成两条非连续的边际收益曲线。这两条收益曲线在与需求曲线的折弯点相关的产量上会出现不连续区域，只要边际成本曲线与边际收益曲线相交于该区域，寡头厂商都能达到利润最大化的均衡。

3. 解析：

生产者剩余是指生产者实际成交的价格与其愿意生产的价格之差，是生产者从生产经营中所获得的收益。

4. 解析：

在垄断竞争理论中，把市场上大量的、生产非常接近同种产品的厂商的总和称为生产集团。

5. 解析：

主观需求曲线是生产集团内某一厂商变动其产品的价格，而其他厂商价格保持不变时，该厂商面对的需求曲线。

6. 解析：

客观需求曲线是生产集团内某一厂商变动其产品的价格，而其他厂商同样变动价格时，该厂商面对的需求曲线。

7. 解析：

垄断竞争是指存在垄断因素又存在激烈竞争的市场结构，这是介于完全竞争与完全垄断之间的市场类型。

8. 解析：

占优策略均衡是指由博弈中的所有参与者的占优策略所构成的均衡。

9. 解析：

寡头市场是指一种商品的生产和销售有少数几家大厂商所控制的市场结构。寡头市场具有以下特征：厂商数量少，厂商相互依存，价格稳定，厂商进出不易。

10. 解析：

纯粹寡头市场是指寡头的产品同质的寡头市场。

11. 解析：

差别寡头市场是指寡头的产品有差别的寡头市场。

12. 解析：

古诺模型是指在寡头市场上，寡头间无勾结，生产同质的产品，相互间进行产量竞争，价格依赖二者生产的产品总量，双方都在对方产量既定的情况下决定自己产量，边际成本为常数。

13. 解析：

如果寡头行业中的主要厂商通过明确的，通常是正式的协议来协调其各自的产量、价格或其他诸如销售地区分配等事项，他们就形成一个所谓的卡特尔。卡特尔追求整体利润最大化，但各厂商往往从自身利益出发，存在违背协议的强烈动机。

14. 解析：

价格领导制是非正式串谋中价格确定的一种主要形式。它是指在一个行业中由一家厂商率先制定价格，其他厂商随后以该“领导者”的价格为准决定各自的价格。

15．解析：

成本加成定价即成本＋利润＝价格。这种定价方法是从企业内部愿望出发参照同类商品现在价格，但忽略了顾客的认可，即忽略了商品的市场交换价值。

（二）单项选择题

略

（三）辨析题

1．解析：

错误。垄断竞争市场是既有竞争因素，又有垄断因素的市场，并且竞争因素大于垄断因素。因此该句表述不正确。

2．解析：

错误。斯威齐模型（即弯折曲线模型）可以用来解释价格刚性，而不是古诺模型。古诺模型研究的是双寡头垄断市场。因此该句表述不正确。

3．解析：

正确。垄断竞争市场中，如果新厂商进入，每个厂商产量将会低于预期的产量水平，导致厂商的需求曲线将向左移动。因此该句表述正确。

4．解析：

错误。垄断竞争厂商的长期均衡的位置是在长期平均成本曲线的下降部分，而不是在长期平均成本曲线的上升部分。因此该句表述不正确。

5．解析：

错误。只要是具有垄断性质的厂商，都没有一般意义上的供给曲线，因为会出现同一价格对应多个产量，或者同一产量对应多个价格的情况。因此该句表述不正确。

6．解析：

错误。由于垄断的存在，垄断竞争行业的效率低于完全竞争行业，产量低于平均总成本曲线上最低点的水平。因此该句表述不正确。

7. 解析:

错误。垄断竞争市场厂商数量较多,厂商垄断程度较小。该句的表述正好相反,因此该句表述不正确。

8. 解析:

错误。垄断者应该向需求富有弹性的消费者集团收取低价格,向需求缺乏弹性的消费者收取高价格。该句的表述正好相反,因此该句表述不正确。

9. 解析:

错误。对单一价格垄断来说,在利润最大化的产量时价格应高于边际收益,而不是低于边际收益。因此该句表述不正确。

10. 解析:

正确。具有垄断性质的厂商都面临向右下方倾斜的需求曲线,表示为了增加产量,必须要降低价格水平。因此该句表述正确。

11. 解析:

错误。经济学家更多地用博弈论分析寡头垄断市场,因为任何一个厂商的行为对其他厂商都有举足轻重的影响。因此该句表述不正确。

12. 解析:

错误。一个寡头在决定是否降价之前,必须考虑到其他厂商可能做出的反应,因为其他厂商的反应也会对这个寡头的决策产生影响。因此该句表述不正确。

13. 解析:

错误。寡头垄断厂商之间的产品可以有差别,也可以没有差别,由此可区分为差别寡头市场和无差别寡头市场。因此该句表述不正确。

14. 解析:

错误。垄断竞争厂商短期均衡可能盈利、亏损或者收支相抵,主要受不同厂商成本水平的影响。长期均衡是超额利润为零,因此该句表述不正确。

15. 解析：

错误。垄断竞争除了存在价格竞争，还存在非价格竞争，某种程度上，非价格竞争更为重要。因此该句表述不正确。

16. 解析：

错误。博弈论的应用范围非常广泛，包括经济、管理、军事、科技等领域，并不仅仅局限于经济学领域，因此该句表述不正确。

17. 解析：

正确。当局中人都不再改变自己策略时的状态，即实现了博弈均衡，这是博弈均衡的定义。因此该句表述正确。

18. 解析：

正确。博弈论中有多种均衡概念，纳什均衡只是其中的一种。因此该句表述正确。

(四) 简答题

1. 解析：

所谓的供给曲线是一条反映商品的价格和供给数量之间相互关系的曲线，它是向右上方倾斜的。也可以这样说，供给曲线所对应的供给函数的斜率为正。因此，很明显，供给曲线或供给函数体现了价格与供给量之间一一对应的关系，即商品的一个价格水平只能对应一个供给量，或者说，一个价格水平只能对应一个能够带来利润最大化的最优产量。

在完全竞争厂商的短期均衡分析中，我们之所以能够推导出厂商的供给曲线，其原因在于每一个价格水平只对应一个利润最大化的最优产量。之所以如此，是因为完全竞争厂商所面临的需求曲线是一条水平线。

在非完全竞争市场上，包括垄断市场、寡头市场和垄断竞争市场，由于单个厂商对市场有或多或少的垄断力量，所以，单个厂商所面临的需求曲线是向右下方倾斜的，只是倾斜程度有所不同而已，也正因为如此，在商品的同一个价格水平上可能会对应几个不同的供给量，或者，在商品的同一个供给量上可能会对应几个不同的价格水平。也正是从这个意义上讲，在所有的非完全竞争市场上,单个厂商都不存在价格和供给量之间为一一对应关系的这种具有规律性的供给曲线。

最后要指出:虽然在非完全竞争市场上单个厂商不存在供给曲线,但仍然可以说,在某一个价格水平上某厂商提供了多少产量,以实现利润最大化的目标。只不过在这种情况下,所有的价格及其相对应的产量之间的关系无法构成一条光滑连续的且斜率为正的供给曲线而已。

2. 解析:

寡头垄断市场是指少数厂商完全控制一个部门的市场结构。它是既包含垄断因素又包含竞争因素,但更接近于完全垄断的一种市场结构。这种市场结构有四个基本特点:一是相互依存。各个寡头厂商相互勾结而又相互依存,任何一家厂商都要根据同行业中其他厂商的决策来形成自己的决策,还要考虑自己的决策会引起竞争对手的反应情况。二是决策不定。寡头厂商的某些决策要依存于竞争对手的反应和决策,因而很难确定均衡产量和均衡价格。三是价格稳定。寡头厂商在价格确定之后,一般不轻易变动。四是进出不易。寡头垄断厂商控制一个行业的生产经营后,新厂商进入该行业极为困难;由于原有厂商相互依存,休戚相关,老厂商要退出该行业也不那么容易。

寡头垄断市场的价格不是由市场供求关系直接决定的,而是由少数寡头厂商通过协议、默契等方式人为制定的,所以这种价格也叫操纵价格。操纵价格一般在垄断价格与竞争价格之间浮动,既不能高于完全垄断市场的垄断价格,又不能低于完全竞争市场的竞争价格。

寡头垄断市场一般通过三种方式实行操纵价格。一是卡特尔的公开勾结和暗中默契,一般由同行业的几个寡头厂商采取协议的形式,共同规定统一的价格和规定产销限额;在公开勾结定价视为违法行为后,寡头厂商会通过默契的方式来定价。二是采用价格领导制,即某行业的最大寡头厂商首先确定价格,其他寡头厂商跟着定价或变动价格的定价方式。三是采用平均成本定价法。寡头垄断厂商首先估算单位产品的平均成本,在此基础上加上一定百分比的利润来核定价格。

3. 解析：

(1) 优势策略均衡要求，不管其他参与者如何决策，他总采取唯一最优策略，因此，如果(上，左)是优势策略均衡，则 $a>e,b>d,g<c,f>h$。例如，当乙采取左时，甲认为 $a>e$，乙采取右时，甲仍认为 $c>g$，总之是上比下好。反之，甲取上时，乙认为 $b>d$，甲取下时，乙认为 $f>h$。即不管甲采取上还是下，乙总认为左比右好。不管乙取左还是右，甲总认为上比下好。

(2) 如果(上，左)是纳什均衡，上述不等式中 $a>e,b>d$ 必须满足。因为即使 $g>c,f>h$，只要给定乙取左，甲取上，能满足 $a>e,b>d$，就可以构成纳什均衡了。

(3) 如果(上，左)是优势策略均衡，则一定是纳什均衡，因为它满足了纳什均衡的条件，但不能说纳什均衡一定就是优势策略均衡。

4. 解析：

(1) A 的最大可能损失为最小的策略是违约，至少可保证有利润 200 万元，如果守约，有可能损失 200 万元。同样，B 的最大可能损失为最小的策略也是违约，也至少可以保证有 200 万元的利润，这是极大化极小的策略。

(2) 如果我是 A，会选择违约，因为不管 B 是守约还是违约，A 选择违约都是最优的策略，因而选择违约是 A 的优势策略。同样，B 也会选择违约，如果 A 选择违约，B 也一定选择违约，否则，就会有 200 万元的损失。如果 B 选择违约，A 也会选择违约。

(3) 这一对策最可能出现的结果是 A 和 B 都选择违约，从而都获得 200 万元的利润，因为这是优势策略均衡。事实上，这就是囚徒困境的纳什均衡模型。

5. 解析：

(1) 如果两个厂商同时做出极大化极小的低风险决策，大家都会力求避免 L 决策，都在 H 决策中选择，结果将出现一个右上的(30,30)的均衡。

(2) 如果 A 先开始行动并力求利润最大，则会选择高质量系统中的(50,35)，B 厂商如果在 A 厂商行动基础上做选择，则会选择 L 决策，结果出现一个(50,35)的均衡。如果B先开始,结果会出现(40,60)的均衡。事实上,这两个结果都是纳什均衡。

6. 解析:

在价格领导模型中,其他厂商之所以愿意跟着支配厂商定价,是因为如果不跟着降价,就会失去顾客,如果不跟着涨价,实际上就是降价,很可能引起价格战。同时,一般来说,其他厂商规模较小,预测能力较差,如果跟着定价和变动价格,就可以避免独自定价的风险。

7. 解析:

参加卡特尔的各厂商之所以会结盟,就是因为它们愿意根据整个行业的产品需求状况和各厂商的成本状况,按利润最大化原则确定产品价格和全行业的产销量。在这样的情况下,价格和产量决定就与独占行业(完全垄断)一样。为使行业利润最大化,各厂商协商一致决定,根据全行业产品需求曲线所产生的边际收益曲线和全行业的边际成本曲线(由各厂商的边际成本曲线在水平方向加总而形成)相交点来决定全行业产量和价格,然后由行业边际收益与各厂商的边际成本相等来瓜分产量,出售产品。由于各厂商成本情况不一样,势必造成各厂商产量不相等,并且由于是按卡特尔统一价格出售产品,因此,有些厂商会盈利多些,有些厂商会盈利少些,有的厂商甚至会发生亏损。为防止供过于求情况发生时各厂商降价竞争带来的损失,盈利多的厂商会根据协议让出一部分利润给盈利少的或亏损的厂商。

(五) 计算题

1. 解析:

(1) 由题意可得:

$$LAC=\frac{LTC}{Q}=0.001Q^2-0.51Q+200,$$

$$LMC=\frac{\mathrm{d}LTC}{\mathrm{d}Q}=0.003Q^2-1.02Q+200。$$

且已知与份额需求 D 曲线相对应的反需求函数为 $P=238-0.5Q$。

由于在垄断竞争厂商利润最大化的长期均衡时，D 曲线与 LAC 曲线相切（因为 $\pi=0$），即有 $LAC=P$，于是有：

$0.001Q^2-0.51Q+200=238-0.5Q$，

解得：$Q=200$（舍去负值）。

以 $Q=200$ 代入份额需求函数，得：

$P=238-0.5\times200=138$。

所以，该垄断竞争厂商实现利润最大化长期均衡时的产量 $Q=200$，价格 $P=138$。

(2) 由 $Q=200$ 代入长期边际成本 LMC 函数，得：

$LMC=0.003\times200^2-1.02\times200+200=116$。

因为厂商实现长期利润最大化时必有 $MR=LMC$，所以 $MR=116$。

再根据公式 $MR=P\left(1-\frac{1}{e_d}\right)$，得：$116=138\left(1-\frac{1}{e_d}\right)$。

解得 $e_d\approx6$。

所以，厂商长期均衡时主观需求曲线 d 上的需求的价格点弹性值为 6。

(3) 令该厂商的线性的主观需求 d 曲线上的函数形式为：$P=A-BQ$，其中，A 表示该线性需求 d 曲线的纵截距，$-B$ 表示斜率。下面，分别求 A 值和 B 值。

根据线性需求曲线的点弹性的几何意义，可以有 $e_d=\frac{P}{A-P}$，其中，P 表示线性需求 d 曲线上某一点所对应的价格水平。于是，在该厂商实现长期均衡时，由 $e_d=\frac{P}{A-P}$，得：

$6=\frac{138}{A-138}$。

解得：

$A=161$。

此外，根据几何意义，在该厂商实现长期均衡时，线性主观需求 d 曲线的斜率的绝对值可以表示为：

$B=\frac{A-P}{Q}=\frac{161-138}{200}=0.115$。

于是,该垄断竞争厂商实现长期均衡时的线性主观需求函数为:$P=A-BQ=161-0.115Q$,或者 $Q=\frac{161-P}{0.115}$。

2. 解析:

(1) $MC=\frac{\mathrm{d}TC}{\mathrm{d}Q}=6+0.1Q$,$TR=PQ=18Q-0.05Q^2$,

$MR=\frac{\mathrm{d}TR}{\mathrm{d}Q}=18-0.1Q$,

由 $MR=MC$ 有:$18-0.1Q=6+0.1Q$,

得 $Q^*=60$,从而 $P^*=15$。

(2) $\pi=TR-TC=(TR|_{Q^*=60})-(TC|_{Q^*=60})$

$=18\times60-0.05\times60^2-(10+6\times60+0.05\times60^2)=350$。

$A\pi=\frac{\pi}{Q}=\frac{350}{60}\approx5.83$。

3. 解析:

(1) 根据古诺均衡解,市场均衡产量为市场容量的 2/3,即 $\frac{2}{3}\times900=600$,因此每个厂商的产量为 600,此时,均衡价格为 30 元。

(2) 根据两厂商的利润函数,可求出两个厂商各自的反映函数为:$q_1=150-0.25q_2$,以及 $q_2=100-1/6q_1$,从而得到均衡时的厂商产量和价格。厂商 1 的产量为 130.43,厂商 2 的产量为 78.26,价格为 69.13 元。

4. 解析:

(1) 根据两个分割的市场上的需求函数可得每个市场的边际收益函数,再根据 TC 得出 MC,由 $MR_1=MC$ 和 $MR_2=MC$ 得出:$Q_1=10$,$Q_2=8$;市场价格 $P_2=100$;利润为 846。

(2) 由于实行统一定价,将 $P_1=P_2=P$ 代入两个市场的需求曲线 $Q=Q_1+Q_2$,可求得 MR。根据 $MR=MC$,求得:$Q_1=4$,$Q_2=11$;市场价格 $P=70$;利润 675。

（六）案例分析题

1. 解析：

在垄断竞争市场中，可以通过以下方法实现产品差别化：

(1) 产品的原材料——潘婷洗发水宣称成分中有 70%是用于化妆品的，让人不能不相信其对头发的营养护理功效。舒蕾推广的“小麦蛋白”洗发水也是在试图通过原料成分来加强产品的价值感。

(2) 产品的手感——TCL 电工通过李嘉欣告诉大家“手感真好”，因为手感好也是消费者自己判断开关质量的简单而又重要的标准。

(3) 产品的颜色——普通的牙膏一般都是白色的，然而，当出现一种透明的或绿色的牙膏时，大家觉得这牙膏肯定更好。高露洁有一种三重功效的牙膏，膏体由三种颜色构成，给消费者以直观感受：白色的在洁白我的牙齿，绿色的在清新我的口气，蓝色的在清除口腔细菌。

(4) 产品的味道——牙膏一般都是甜味的，可是 LG 牙膏反而是咸味的，大家觉得这牙膏一定好。那么，如果有种苦味的牙膏呢？大家还会觉得好，这就是差异化的威力。

(5) 产品的造型设计——摩托罗拉的 V70 手机，独特的旋转式翻盖成为其最大的卖点。

(6) 产品功能组合——组合法是最常用的创意方法，许多发明都是据此而来。海尔的氧吧空调在创意上就是普通空调与氧吧的组合。白加黑则是一种功能的分离组合，简单的功能概念却造就了市场的奇迹。

(7) 产品构造——南孚电池通过“好电池底部有个环”告诉消费者一个简单的辨别方法，让消费者看到那个环就联想到了高性能的电池。海尔“转波”微波炉的“盘不转波转”也是在通过强调结构的差异来提高产品价值感。

(8) 新类别概念——建立一个新的产品类别概念。最经典的当属“七喜”的非可乐概念。

(9) 隐喻的概念——瑞星杀毒软件用狮子来代表品牌，以显示其强大“杀力”；胡姬花通过隐喻概念“钻石般的纯度”来强化其产品价值；白沙烟用鹤来表现飞翔、心旷神怡、自由的品牌感受。

(10) 事件概念——相信很多人都知道海尔的“砸冰箱”事件,直到多少年后,海尔还在不厌其烦地拿出来吆喝几声,该事件为海尔的“真诚到永远”立下了汗马功劳,可见事件概念的传播也是威力巨大。事件营销要注意把握时机,如能与社会上的热点话题联系起来,则会起到事半功倍的效果。2003年的一大热点当然是“神五”飞天,“蒙牛”及时“对接成功”,有效地提升了品牌形象,是当年少见的优秀事件营销传播案例。

(11) 广告传播创意概念——“农夫果园摇一摇”“乐百氏27层净化”“金龙鱼1:1:1”都属于此类型。

(12) 专业概念——专业感是信任的主要来源之一,也是建立“定位第一”优势的主要方法。很多品牌在塑造专业感时经常直称专家:方太——厨房专家;华龙——制面专家;中国移动——移动通信专家。

(13) 建立“老”概念——时间长会给人以信任感,因此,诉求时间的概念也是一种有效方法。而且,时间的概念感觉越老越好,如玉堂酱园——始于康熙五十二年,青岛啤酒——始于1903年。

(14) 产地概念——总有许多产品具有产地特点,如北京的二锅头、烤鸭,山东的大花生,新疆的葡萄,还有我们常说的川酒云烟等。提炼这些地域特色强烈的产品地域概念显然是很有效的方法。如云峰酒业的“小糊涂仙”“小糊涂神”“小酒仙”等都在说“茅台镇传世佳酿”。“鲁花”花生油说“精选山东优质大花生”等。

(15) 具体数字概念——越是具体的信任感越强。因此,挖掘产品或品牌的具体数字也是常用的方法。“乐百氏27层净化”“总督牌香烟,有20 000个滤嘴颗粒过滤”等都是该方法的应用。

(16) 服务概念——同样的服务,但如果有一个好的概念则能加强品牌的美好印象。比如海尔提出的“五星级服务”也为其“真诚到永远”做出了不少贡献;另外还有“24小时服务”“钻石服务”等都是不错的服务概念,在加强品牌美誉度方面起到了不可忽视的作用。

2. 解析：

长虹的此次降价，与 1989 年的降价有异曲同工之妙——那就是彩电行业又将面临一次资产重组和结构调整，这就意味着又有部分本处于劣势的国内彩电企业将面临再一次被淘汰出局的考验，而抵御进口彩电“入侵”的作用目前看来则在其次了。有目共睹的事实是，进口彩电并未因为关税降低而大幅度降低其零售价格，除韩国三星电子的“名品”7277P 因售价偏低而在销售上占有一定优势外，其他进口彩电均处于平销状态。事实也多少证明了这一点。有资料显示，在长虹降价后的一个月内，北京彩电市场的国产彩电销售格局发生了巨大变化，长虹、康佳、TCL 王牌等主动参与此次降价风潮的企业在北京市场销售额均有大幅度提高，尤其是长虹的销售额几夺榜首，那些在生产规模、技术水平、资金实力有诸多不足的企业则明显大受影响。

3. 解析：

寡头垄断是指一种商品的生产和销售由少数几家大厂商所控制的市场结构。在寡头垄断条件下，少数几家大厂商供给整个行业的绝大部分产品，其中每一个大厂商在整个市场上都占有相当大的份额，足以影响市场供求关系和价格。

寡头垄断市场形成的原因：国家对自然垄断行业的拆分政策。通过行政手段将原来石油独家垄断拆分成垄断寡头，初步形成了寡头垄断的市场竞争格局。自然垄断行业的特征决定了寡头垄断市场结构的必然性。一是自然垄断产业在提供产品(或服务)时必须形成庞大的网络系统。只有通过做大规模来降低成本，才能提高规模经济效益。二是生产具有极大的范围经济效益。即指企业的联合生产销售比单独生产销售能极大地节约费用。三是有大量的“沉淀资本”，资金一旦投入就很难收回，难以改为其他用途。

寡头垄断市场结构的弊端：在寡头垄断的市场结构中存在着寡头之间进行“默契合谋”的可能。2007 年 10 月，随着国际油价冲击 100 美元，中国广东等地随即出现了油荒，紧接着国家发改委就宣布每吨原油涨价500元,创近年来最大涨幅。涨价后石油供应紧张局面立刻缓解了,这其中的“默契合谋”的可能性不能不令人生疑。寡头垄断的市场结构存在着寡头企业滥用市场支配地位损害消费者利益、构筑市场进入壁垒的可能。

寡头垄断市场结构对经济的促进作用:一是寡头垄断的市场结构有利于发挥规模效益。在寡头垄断的市场上,较高的规模水平使垄断寡头能够细化内部分工、改进专业设备、降低生产成本、建立广泛而高效的经销网络、减少销售费用、增加产品品种来提高管理绩效。寡头垄断的市场结构有利于大企业形成显著的品牌效应,在广大客户心目中形成较高的信任度和忠诚度。例如海尔电器、金龙鱼食用油、大众汽车等品牌获得了广大消费者的高度信赖。寡头垄断的市场结构也有利于保证科技研发的投入。因为只有采用更先进的科技才能使竞争对手无法模仿,只有有规模经济效益的垄断寡头才有意愿和实力增加研发投入,最终占领科技制高点。二是寡头垄断的市场结构是国际化竞争的需要。随着经济全球化进程明显加快,中国企业所面临的竞争形势相当严峻:首先是经济全球化使各国经济竞争日趋激烈,取胜的关键是拥有一批在国际市场上占有较大市场份额的“巨无霸”企业。其次是寡头垄断由一国范围向全球范围扩张,多个行业全球范围内的寡头垄断格局初步形成。美国、欧洲的一些跨国公司在经济全球化的旗帜下,利用品牌优势、管理经验和资金实力大肆在发展中国家进行兼并收购,谋夺行业控制权,低成本建立销售渠道,扩大自身品牌知名度,抢占销售市场。面对入世后严峻的国际经济竞争态势,我国市场结构的调整路径只能是加快实现由分散竞争到寡头垄断的转变。

4. 解析:

小猪在与大猪的博弈中采取的策略是等待,获取了最大的利益。这个案例给我们的启示是:在经营中,小企业学会如何“搭便车”是一个职业经理人最应具备的基本素质。在某些时候,只有耐心等待,让其他大的企业首先开发市场,才是明智的选择。比如,在某种新产品刚上市,其性能和功用还不为人所熟识的情况下,如果进行新产品生产的不仅仅是一家小企业,还有其他生产能力和销售能力更强的企业，那么小企业完全没有必要首先去投入大量广告做产品宣传，以达到和其他企业品牌竞争并取得优势地位的目的。“搭便车”实际上是提供给职业经理人面对每一项花费的另一种选择，对它的留意和研究可以给企业节省很多不必要的费用，从而使企业的管理和发展走上一个新台阶。这种现象在经济生活中非常常见，却很少为小企业的经理人所熟识。

第9章

收入分配原理

一、习　题

（一）名词解释

1. 企业家才能
2. 引致需求
3. 共同需求
4. 买方垄断
5. 卖方垄断
6. 劳动供给
7. 工资变动的替代效应
8. 工资变动的收入效应
9. 租金
10. 准租金
11. 经济租金
12. 地租
13. 资本
14. 欧拉定理
15. 洛伦兹曲线
16. 基尼系数

（二）单项选择题

1. 消费者要素供给的明显特点是（　　）。

A. 在一定时期内总量既定不变

B. 在一定时期内总量可以改变

C. 不受市场需求的影响

D. 供给均衡取决于消费者效用的最大化

2. 下列哪一点不是生产要素的特点？（　　）

A. 引致需求　　B. 联合需求

C. 共同需求　　D. 消费需求

3. 要素所有者供给要素的基本原则是（　　）。

A. “要素供给”资源的边际效用等于“保留自用”资源的边际效用

B. 边际成本等于边际收益

C. 边际产量等于边际成本

D. 要素的收入等于工资的效用

4. 生产要素的供求达到均衡时，一定会使（　　）。

A. 供求双方都实现了利润最大化

B. 要素市场全部出清

C. 整个行业实现了生产均衡

D. 要素的边际生产力达到最高

5. 要素市场完全竞争、产品市场完全垄断的市场是（　　）。

A. 买方垄断　　B. 完全竞争

C. 卖方垄断　　D. 双向垄断

6. 关于劳动供给曲线，描述正确的是（　　）。

A. 在一定工资水平之上可能会发生弯曲

B. 总是向右上方倾斜的

C. 和工资率没有任何关系

D. 和劳动时间没有关系

7. 要素市场完全垄断、产品市场完全竞争的市场是(　　)。

A. 买方垄断　　B. 完全竞争

C. 卖方垄断　　D. 双向垄断

8. 下面哪一个不是减少劳动供给的方法?(　　)

A. 强制退休　　B. 最低工资法

C. 限制移民　　D. 减少工作时间

9. 要素市场完全垄断、产品市场完全垄断的市场是(　　)。

A. 买方垄断　　B. 完全竞争

C. 卖方垄断　　D. 双向垄断

10. 下列(　　)因素不影响实际工资水平。

A. 个人消费欲望的强烈

B. 劳动者之间的工作效率的差别

C. 劳动市场的信息不完全

D. 对劳动者流动的限制

11. 下列哪个因素影响实际工资水平?(　　)

A. 个人消费欲望的强烈　　B. 物价水平

C. 工人对工资的预期　　D. 企业对工资的预期

12. 下列哪个因素不影响劳动的市场供给曲线位置的变化?(　　)

A. 工资收入　　B. 非劳动收入

C. 社会习俗　　D. 人口

13. 下列哪个因素影响劳动的市场供给曲线位置的变化?(　　)

A. 产品价格　　B. 非劳动收入

C. 工资收入　　D. 休闲成本

14. 供给数量固定不变的一般资源的服务价格叫作(　　)。

A. 地租　　B. 租金　　C. 准租金　　D. 经济租

15. 供给数量短期内固定不变但是长期上可能会变化的一般资源的服务价格叫作(　　)。

A. 地租　　B. 租金　　C. 准租金　　D. 经济租

16. 关于地租与租金，下列说法错误的是（　　）。

A. 地租是当所考虑的资源为土地时的租金

B. 租金是一般化的地租

C. 地租是特殊化的租金

D. 租金是特殊化的地租

17. 对资源的供给数量不产生影响的租金叫作（　　）。

A. 地租　　B. 租金　　C. 准租金　　D. 经济租

18. 使地租不断上升的原因是（　　）。

A. 土地的供给、需求共同增加

B. 土地的供给、需求共同减少

C. 土地的需求日益增加，而供给不变

D. 以上全不对

19. 下列因素不影响地租变化的是（　　）。

A. 土地的供给、需求共同增加

B. 土地的供给不断减少，而需求不变

C. 土地的需求日益增加，而供给不变

D. 土地持有者的家庭财富

20. 土地的供给曲线是一条（　　）。

A. 平行于横轴的直线　　B. 垂直于横轴的直线

C. 向右上方倾斜的直线　　D. 向右下方倾斜的直线

21. 土地的供给曲线绝不可能是一条（　　）。

A. 平行于横轴的直线　　B. 垂直于横轴的直线

C. 向右上方倾斜的曲线　　D. 向右上方倾斜的直线

22. 关于土地的供给曲线的形状，错误的是（　　）。

A. 在不考虑自用地的情况下，土地的供给曲线就是一条垂直线

B. 在考虑自用地的情况下，土地的供给曲线会向右上方倾斜

C. 在考虑土地多用途的情况下，土地的供给曲线会向右上方倾斜

D. 在考虑土地多用途的情况下，土地的供给曲线就是一条垂直线

23. 完全竞争要素市场的要素需求原则是(　　)。

A. $VMP=P\cdot MP$　　B. $MRP=VMP$

C. $VMP=MPC$　　D. $MFC=W$

24. 厂商的总利润与准租金相比,(　　)。

A. 总利润大于准租金　　B. 总利润等于准租金

C. 总利润小于准租金　　D. 上述情况均可发生

25. 买方要素市场的要素需求原则是(　　)。

A. $MRP=VMP$　　B. $VMP=P\cdot MP$

C. $VMP=MFC$　　D. $MRP=P\cdot MP$

26. 最优资本拥有量不是一个(　　)。

A. 最优储蓄量的问题

B. 当前消费与未来消费的选择问题

C. 消费和储蓄的分配问题

D. 投资项目选择的问题

27. 双向垄断要素市场的要素需求原则是(　　)。

A. $MRP=VMP$　　B. $MRP=MFC$

C. $VMP=MFC$　　D. $MFC=P\cdot MP$

28. 欧拉定理反映的是(　　)。

A. 社会生产和消费的整体均衡

B. 生产领域的均衡

C. 消费领域的均衡

D. 分配领域的均衡

29. 下列哪一个是资本作为生产要素特征?(　　)

A. 资本总量是一定的　　B. 资本可以用于消费

C. 资本是用于长期使用的　　D. 资本也可以用于短期使用

30. 下列哪一个不是资本作为生产要素特征?(　　)

A. 资本总量是可以增加的

B. 资本是用于长期使用的

C. 资本可以用于消费

D. 资本是用于生产的

31. 洛伦兹曲线越是向横轴凸出,(　　)。

A. 基尼系数就越大,收入就越不平等

B. 基尼系数就越大,收入就越平等

C. 基尼系数就越小,收入就越不平等

D. 基尼系数就越小,收入就越平等

32. 洛伦兹曲线离中间对角线越近,(　　)。

A. 基尼系数就越大,收入就越不平等

B. 基尼系数就越大,收入就越平等

C. 基尼系数就越小,收入就越不平等

D. 基尼系数就越小,收入就越平等

33. 洛伦兹曲线表示(　　)。

A. 基尼系数

B. 对应不同收入累计比的人口累计占比

C. 对应不同人口累计比的收入累计占比

D. 社会不公平程度

34. 当基尼系数是(　　)时,社会公平度处于警戒水平。

A. 0.3　　B. 0.4　　C. 0.5　　D. 0.6

35. 下列关于利息的描述错误的是(　　)。

A. 资本的报酬　　B. 由资本要素的供求关系决定

C. 资本的收益　　D. 由资本要素的使用用途决定

36. 当基尼系数是(　　)时,社会公平度处于绝对平等状态。

A. 小于 0.2　　B. 0.2～0.3　　C. 0.3～0.4　　D. 0.4 以上

37. 下列关于利息描述正确的是(　　)。

A. 资金的流通收益　　B. 由资本要素的供求关系决定

C. 资本的机会成本　　D. 由资本要素的使用用途决定

38. 当基尼系数是(　　)时,社会公平度基本合理。

A. 小于0.2　B. 0.2～0.3　C. 0.3～0.4　D. 0.4以上

39. 下列哪一项不属于收入分配的标准?(　)

A. 贡献标准　B. 需要标准

C. 平均标准　D. 部门标准

(三) 辨析题

1. 劳动的市场供给曲线是一条向右上方倾斜的曲线。

2. 随着工资的提高,单个劳动者提供的劳动越来越多。

3. 土地的供给曲线中,有一段“向后弯曲”。

4. 所谓准租金就是对供给量固定的生产要素的支付,即固定生产要素的收益。

5. 准租金等于收益减去固定成本。

6. 经济租金等于要素收入与机会成本之和。

7. 土地的供给曲线是一条垂直于横轴的直线,这是因为土地供给是不变的。

8. 在长期中土地的供给曲线是固定不变的。

9. 资本的供给曲线是一条向右上方倾斜的曲线。

10. 基尼系数越大,表明收入分配越平等。

11. 洛伦兹曲线的曲线度越小,表明收入分配越不平等。

(四) 简答题

1. 简述生产要素及其特点。

2. 简析生产要素供给的原则。

3. 如何从要素供给原则推导要素供给曲线?

4. 推导完全竞争市场的行业需求曲线。

5. 劳动供给曲线为什么向后弯曲?

6. 导致工资出现差异的原因有哪些?

7. 土地的供给曲线为什么垂直?

8. 试述资本的供给曲线。

9. “劣等土地永远不会有地租”这句话对吗?

10. 比较租金、准租金和经济租金。

(五) 计算题

1. 在产品和要素市场中完全竞争的厂商雇佣一个劳动的价格是 20 元/天,厂商的生产情况如表 9-1 所示:

表 9-1

劳动天数	3	4	5	6	7	8
产量	6	11	15	18	20	21

假设每个产品的价格是 10 元,问:该厂商每天应雇佣多少个劳动?

2. 设一厂商使用的可变要素为劳动 L,其生产函数为:$Q=-0.1L^3+L^2+36L$。其中,Q 为每日产量,L 是每日投入的劳动小时数,所有市场(劳动市场及产品市场)都是完全竞争的,单位产品价格为 10 美分,小时工资为 2.90 美元。试求当厂商利润最大化时,

(1) 厂商每天要雇佣多少小时劳动?

(2) 如果厂商每天支付的固定成本为 50 美元,厂商每天生产的纯利润为多少?

3. 某劳动市场的供求曲线分别为 $D_L=4\ 000-50W$,$S_L=50W$。请问:

(1) 均衡工资为多少?

(2) 假如政府对工人提供的每单位劳动征税 10 美元,则新的均衡工资为多少?

(3) 实际上对单位劳动征收的 10 美元税收由谁支付?

(4) 政府征收到的税收总额为多少?

4. 假设劳动的需求曲线是 $L=-50W+450$,供给曲线是 $L=100W$,L 代表雇佣的人数,W 代表实际工资率,求:

(1) 该市场的均衡工资率 W 和均衡劳动数量 L。

(2) 假定政府将按受雇人数给雇主补贴将均衡工资提高到每小时 4 元,每人将补贴多少?新的就业量是多少?总的补贴额是多少?

5. 假设某特定劳动市场的供需曲线分别为:$D=6\ 000-100W$,$S=100W$。请问:

(1) 均衡工资为多少?

(2) 假如政府对工人提供的每单位劳动课以 10 美元的税,则新的均衡工资变为多少?

6. 某劳动市场的供求曲线分别为 $D_L=6\ 000-30W$,$S_L=20W$。请问:

(1) 均衡工资为多少?

(2) 假如政府对工人提供的每单位劳动征税 30 美元,则新的均衡工资为多少?

(3) 实际上对单位劳动征收的 10 美元税收由谁支付?

(4) 政府征收到的税收总额为多少?

7. 某消费者的效用函数为 $U=IY+I$,其中,I 为闲暇,Y 为收入(他以固定的工资率出售其劳动所获得的收入)。求该消费者的劳动供给函数,他的劳动供给曲线是不是向上倾斜的?

8. 一厂商生产某产品,单价为 10 元,月产量为 100 单位,每单位产品的平均可变成本为 5 元,平均不变成本为 4 元。试求其准租金和经济利润,两者相等吗?

(六) 案例分析题

1. 中国与全球三大铁矿石巨头的价格之争①

2008 年 3 月 19 日上午,中国钢铁工业协会(以下简称钢协)紧急召集中国几家大型钢铁企业的副总进行沟通。此前由于澳洲要求中国以“到岸价”结算,双方迟迟没有达成最后的铁矿石价格协议。据近距离接触铁矿石谈判的人士向记者透露,此举将令中国钢铁业损失数十亿美元。

① 《中国经营报》,2008 年 3 月 24 日。

由于中国对进口铁矿石的依存度超过50%，三大铁矿石巨头必和必拓、力拓及淡水河谷试图通过规则改变来抬高价码。如果三大卖家同时提出这种方式，中方将很难制止。因为按照铁矿石长期协议的规则，由于不可抗力的影响，减少10%供应量是在允许的范围之内的。而这意味着，2008年铁矿石长期协议只能执行90%。“平均计算下来的话，三个铁矿石卖方，每一方都将减少1 000万吨以上的供应量。”而按照2007年的行情，铁矿石现货价格与长期协议价格价差最高时每吨近100美元。照3 000万吨的量推算，三大铁矿石卖家如果同时减少长协供应量，转投现货市场，将导致中国钢企损失超过十亿美元。

而对于中国钢铁企业目前在铁矿石谈判中的被动地位，钢协人士认为，“由于中国钢铁业的集中度不高，铁矿石供应处于垄断地位，因此卖家会店大欺客。”在该钢协人士看来，中小钢厂和贸易商扰乱市场也是导致现货市场价格飙升的原因之一。

请用要素市场的结构理论分析中国与全球三大铁矿石巨头不能达成一致价格的原因，并试着给出解决方案。

2. A股国有、非国有上市公司年薪过百万的CEO①

根据统计，2010年年薪过百万的国有上市公司CEO共121位，平均薪酬为191万元，在人数与平均薪酬上A股国有公司与非国有上市公司旗鼓相当。榜单上，华锐风电董事长兼总裁韩俊良以858万元拔得头筹，中集集团总裁麦伯良以596万元紧随其后，招商银行行长马蔚华以531万元名列第三。据A股上市公司2008年—2010年三年年报显示，薪酬总额在100万元以上的非国有上市公司高管（含董事、监事及公司高级管理人员）人数分别为599人、792人及1 203人。中国平安董事长兼CEO马明哲以987万元税前年薪冠绝A股，紧随其后的是广发证券总经理李建勇（800万元，已离任）和民生银行行长洪崎（684万元）。

从行业分布上看，金融、能源及矿产贸易与加工、房地产开发、信息技术

① 《福布斯中文版》，2011年8月3日。

及医药医疗行业孕育了众多的百万薪酬CEO,分别有18人、17人、13人、10人、10人,占总人数的一半以上。从地域上看,广东以33人占据最多份额,北京凭借央企总部的优势以21人次之,上海以12人排第三。以民营企业见长的江苏、浙江不再占据优势,分别仅有7人、6人入围。在公司业绩方面,121位CEO领导的公司(剔除2011年上市的华锐风电)在2010年取得了33%的营业额增长率及47%的净利润增长率,明显好于非国有上市公司的表现。另外,截至2010年12月31日,剔除2011年上市的公司,国有上市公司CEO管理的平均市值为485亿元,而非国有上市公司CEO管理的平均市值为195亿元,后者仅为前者的2/5。国有上市公司CEO领取高薪理所应当。

请用劳动报酬的收入理论分析A股国有、非国有上市公司CEO年薪居高不下的原因,并给出你的评论。

3. 茅台酒的双向垄断

凭借其特有的工艺和得天独厚的自然环境,茅台酒已销往100多个国家和地区,在竞争异常激烈的白酒行业中经营业绩保持稳步增长。2011年4月10日,在贵州省拍卖公司举办的"首届陈年茅台酒专场拍卖会"上,一瓶"精装汉帝茅台酒"以890万元成交,刷新了茅台酒拍卖成交价格的历史纪录。第一代王子酒上市的时候售价只有四五十块,现在它的市价已经涨到800多元了。1997年香港回归纪念茅台酒也算第一代,现在已从860元涨到了28万元。

经过长期科学严密的比较研究,专家们认为,作为我国大曲酱香型白酒鼻祖,与其他名白酒相比,茅台酒除共同继承了中国白酒传统的基础酿造工艺和原理外,还拥有众多更为复杂的独门绝技。如严格按照节气生产,端午踩曲,重阳投料,一年一个生产周期,再经三年陈酿,加上原料进厂、勾兑存放的时间,至少5年才能出厂;全年分两次投料,其他名白酒则一年四季都投料;同一批原料要经过九次蒸煮(烤酒)、加曲、堆积发酵、入池发酵、七次取酒,历时整整一年。凡此种种独一无二的工艺,无不是千百年来茅台人因地制宜,引自然之物、自然之理为我所用,不断丰富总结形成的智慧结晶,即使是世界名酒之乡的法国，在白兰地和葡萄酒的酿造上，现在也虚心结合了茅台的发酵与回沙技术。

请用要素的市场结构理论分析茅台酒的双向垄断机理，并给出你的评论。

4. 苹果公司 CEO 乔布斯的年薪高达 2.19 亿美元

美国财经资讯公司彭博 2003 年 8 月 13 日发布的一份报告显示，在 2002 年，美国 243 家大型企业的 CEO 平均年薪已经达到了 1 200 万美元。其中，年薪最高的 CEO 是苹果计算机公司的斯蒂夫・乔布斯，年薪高达 2.19 亿美元。

乔布斯 1977 年 1 月与合伙人一起创办了苹果公司，并且在 3 年后成功地让其在华尔街上市。但是，1985 年，为人骄傲粗暴的乔布斯在一场权力争夺战中，被人扫地出门。离开苹果后，乔布斯遭到过不少失败。他创立的 Next 公司一直不景气，最终在 1996 年被苹果公司收购。1997 年，正是苹果遭遇严重危机的时候，身为苹果公司顾问的乔布斯当上了 CEO。此时的乔布斯一反常态，虚心与公司其他负责人一起共商挽救苹果的大计，还出人意料地提出，自己在 1997 年只拿 1 美元薪水。在乔布斯的领导下，苹果 1998 年成功打出 iMac 电脑，并且迅速成为美国最畅销的个人电脑。1999 年，苹果乘胜追击，接连推出 iBook、G4 和 iMacDV 产品。到了 2001 年，苹果推出平面式 iMac 电脑，抢回了更多的市场。所以，2002 年乔布斯拿到2.19亿美元的薪水，与他 5 年来的巨大贡献有直接关系。仅在最近 3 年，苹果公司就分别给他 2 000 万、750 万和 500 万股股票。

请用劳动报酬的收入理论分析乔布斯高年薪的原因，并给出你的评论。

二、参考答案

（一）名词解释

1. 解析：

企业家才能是指综合运用其他生产要素进行生产、革新、从事企业组织和经营管理的能力，以及创新和冒险精神。

2. 解析:

由于消费者对于产品的需求而引起的厂商对生产要素的需求,叫作引致需求。

3. 解析:

共同需求是由生产技术上的原因决定的,因为厂商要进行生产活动,必须把所有的生产要素同时购买才能够进行生产,通常只拥有一种或两种生产要素是无法进行生产的。对生产要素需求的这种共同性特点带来了一个重要后果,即对某种生产要素的需求,不仅取决于该生产要素本身的价格,而且也取决于其他生产要素的价格。

4. 解析:

买方垄断是指厂商在产品市场是完全竞争而在要素市场上是垄断的。

5. 解析:

卖方垄断是指厂商在要素市场是完全竞争的而在产品市场上是垄断的。

6. 解析:

劳动供给是指劳动者所提供的一定劳动(工作)或服务的时间数,它涉及消费者对其拥有的既定时间资源在劳动和闲暇两个方面的分配。

7. 解析:

工资变动的替代效应指的是工资率越高,对牺牲闲暇的补偿越大,劳动者就越愿意用多劳动来代替多休闲。

8. 解析:

工资变动的收入效应指的是工资率越高,个人越有条件以较少的劳动就能换得所需要的收入和消费品,因而就越不愿意增加工作时间即劳动的供给。

9. 解析:

租金是指供给数量固定不变的一般资源的服务价格。

10. 解析:

准租金是指供给数量暂时固定的生产要素的收益。

11. 解析：

如果从该要素的全部收入中减去一部分并不会影响该要素的供给，这部分要素收入叫作“经济租金”。

12. 解析：

地租是指土地使用者对使用土地所支付的价格；或者是土地所有者因出让土地使用权而收取的报酬。

13. 解析：

资本是指由经济制度本身生产出来并被用作投入要素以便进一步生产更多的商品和劳务的物品。

14. 解析：

欧拉定理是指在完全竞争条件下，如果规模报酬不变，则全部产品正好足够分配给各个生产要素。

15. 解析：

洛伦兹曲线是由洛伦兹发明的用来衡量社会收入分配平均程度的曲线。将一国总人口所得到的收入由低到高排序，然后，考虑收入最低的任意百分比人口所得到的收入百分比。

16. 解析：

基尼系数是指根据洛伦兹曲线，不平等面积与完全不平等面积之比。

（二）单项选择题

略

（三）辨析题

1. 解析：

错误。劳动的市场供给曲线是一条先向右上方倾斜后向左弯折的曲线。

2. 解析：

错误。随着工资的提高，在收入效应超过替代效应之前，单个劳动者提供的劳动越来越多。

3. 解析:

错误。土地的供给曲线一般是一条垂直曲线。

4. 解析:

错误。所谓准租金就是对供给量暂时固定的生产要素的支付,即固定生产要素的收益。

5. 解析:

错误。准租金等于固定成本与经济利润之和,或者等于总收益减去总可变成本。

6. 解析:

错误。经济租金等于要素收入减去机会成本。

7. 解析:

正确。从短期来看,土地的自然供给可以看作是固定不变的量。所以当土地市场是完全竞争的时候,其供给的曲线是垂直的。

8. 解析:

错误。在长期中,人类可以通过改造沙漠、移山填海等增加土地的自然供给,也可能由于自然灾害导致土地的有效供给减少,因此长期中土地的供给曲线会左右移动。

9. 解析:

错误。资本的长期供给曲线是一条向右上方倾斜的曲线。

10. 解析:

错误。基尼系数越大,表明收入分配越不平等。

11. 解析:

错误。洛伦兹曲线的曲线度越小,表明收入分配越平等。

(四) 简答题

1. 解析:

(1) 为进行生产和服务活动而投入的各种经济资源叫作生产要素。生产要素通常分为两大类:中间生产要素(或者叫中间产品)和原始生产要素。

(2) 原始生产要素的所有者是消费者,消费者提供要素的目的是为了实现效用最大化。在经济学中原始生产要素包括以下四种:劳动、资本、土地和企业家才能。

(3) 中间生产要素是指厂商生产出来又投入到生产过程中去的产品,这类要素的所有者是厂商,厂商提供中间生产要素的目的是实现利润最大化;对某一个企业来说是中间产品的东西,对另一个企业来讲可能就是产品。

(4) 生产要素市场的需求来自厂商,厂商购买生产要素不是为了满足自己的消费需要,而是为了满足生产上的需要。对生产要素的需求是由对消费物品的需求派生出来的,因而它是一种派生需求。同时,由于技术上的原因,生产要素往往不是单独发生作用的,因此,要素需求不仅是一种派生需求,也是一种"联合需求",即对生产要素的需求是共同的、相互依赖的需求。

2. 解析:

第一,要素供给者(消费者)遵循的是效用最大化原则,即作为"要素供给"的资源的边际效用要与作为"保留自用"的资源的边际效用相等。

第二,要素供给的边际效用等于要素供给的边际收入与收入的边际效用的乘积。

第三,要素供给的边际效用是效用增量与自用资源增量之比的极限值,即增加一单位自用资源所带来的效用增量。

3. 解析:

第一,根据要素供给原则$\frac{\mathrm{d}U/\mathrm{d}l}{\mathrm{d}U/\mathrm{d}Y}=W$,给定一个要素价格 W,可以得到一个最优的自用资源数量 l。

第二,在资源总量为既定的条件下,给定一个最优的自用资源数量 l,又可以得到一个最优的要素供给量 L。

第三,要素供给价格 W 与要素供给量 L 的关系即代表了要素的供给曲线。

4. 解析:

(1) 在完全竞争的产品市场上,市场需求曲线可以由单个消费者的需求曲线简单地横向加总得到,那么我们能否通过将单个厂商的要素需求曲线简单地横向加总来得到市场需求曲线呢?答案是否定的。原因在于,我们前面所推导的需求曲线都附加了一定的前提。

(2) 考虑一个单要素的市场。当完全竞争市场中劳动的价格下降的时候,所有的厂商都会增加对劳动的使用量,于是产品的市场供给曲线将会向右移动,产品的价格下降,产量上升。产品的价格下降,将会导致边际产品价值曲线的移动,从而厂商的要素需求曲线也会发生变动。当要素的价格上升时,所有厂商都会减少对要素的使用量,于是产品的市场供给曲线会向左移动,从而产品的价格上升,要素的边际产品价值曲线也会发生移动,要素的需求曲线跟着移动。

(3) 如图 9-1 所示,厂商原来使用的劳动是 L_0,劳动的价格是 W_0,此时产品的价格是 P_0,边际产品价值 $VMP_0=P_0\cdot MP_L$,因而厂商处于 VMP_0 曲线上一点 H。如果完全竞争市场中的劳动价格下降到 W_1,则行业内所有厂商都会增加劳动的使用量,从而所有厂商的产品供给曲线都会向右移动,市场的产品供给曲线当然也会向右移动,这样产品的价格将下降到 P_1。由于 $VMP=P\cdot MP$,产品价格的下降将导致边际产品价值曲线也下降为 VMP_1。由于该需求曲线考虑了要素价格改变时行业内所有厂商共同行动所引起的全部调整,所以又被称为行业调整曲线。行业调整曲线也是向右下方倾斜的,但要更陡一些。

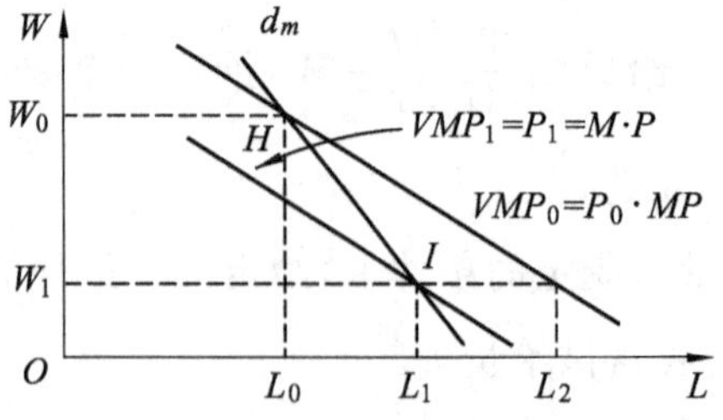

图 9-1　整个行业的要素需求曲线

(4) 整个市场的要素需求曲线可以看成是行业调整曲线的简单的水平相加。如完全竞争的市场共有 n 个厂商，市场需求曲线可以表示为：$D=\sum_{i=1}^{n}\mathrm{d}_m(i)$。$\mathrm{d}_m(i)$ 是第 i 个厂商经行业调整之后的要素需求曲线。

整个生产要素市场的需求曲线也是向右下方倾斜的，且比单个厂商或企业生产要素(如劳动)需求曲线陡峭，这是因为在生产要素市场上，单个厂商或企业对生产要素的需求量取决于该生产要素的 VMP 值，而 $VMP=MP_{\mathrm{L}}\cdot P$，也就是说，厂商对生产要素(如劳动)的需求量不仅取决于生产要素的边际生产力 MP，也取决于生产要素所生产出来的产品的价值。在整个市场上，生产要素的价格也是变动的，随着生产要素投入量的增加，一般来说产品产量也增加，产品的价格是下降的，这一点与完全竞争市场单个厂商产品的销售价格是确定的有所不同。因此在整个生产要素上，行业的需求曲线比单个厂商或企业的生产要素需求曲线陡峭。

5. 解析：

第一，劳动供给是闲暇需求的反面，劳动的价格(工资)则是闲暇的价格。于是，劳动供给量随工资变化的关系(劳动供给曲线)可以用闲暇需求量随闲暇价格变化的关系(闲暇需求曲线)来说明：解释劳动供给曲线向后弯曲(劳动供给量随工资上升而下降)等于解释闲暇需求曲线向上斜(闲暇需求量随闲暇价格上升而上升)。

第二，闲暇价格变化造成闲暇需求量变化有两个原因，即替代效应和收入效应。由于替代效应，闲暇需求量与闲暇价格变化方向相反。由于收入效应，闲暇需求量与闲暇价格变化方向相同。

第三，当工资闲暇价格较低时，闲暇价格变化的收入效应较小，而当即闲暇价格较高时，闲暇价格变化的收入效应就较大，甚至可能超过替代效应。如果收入效应超过了替代效应，闲暇需求量就会随闲暇价格上升而上升，即劳动供给量随工资上升而下降。

6. 解析：

(1) 劳动的质量不同。由于人们之间存在质的差别，即在智力、体力、教育和训练等方面的不同,使劳动者的边际生产力不同,因而工资也不同,这类工资差别也被称为非补偿性工资差别或质的差别。

(2) 非货币利益不同。不同的职业,在安全、辛苦、环境、声誉等方面时有悬殊,因而心理成本不同,如果不保持工资差别,不给那些心理成本高、人们不太愿意从事的职业以特殊的收入补偿,就难以保证这些部门的劳动供求均衡,这类工资差别被称为补偿性工资差别。

(3) 市场的不完全竞争。在现实生活中,由于劳动市场往往是不完全竞争的,这也会造成工资上的差异,例如人们由于对不同职业收入差异的信息缺乏了解;由于乡土观念较重及担心搬迁的费用和在新环境生活的不便;工会在西方劳动市场上起着举足轻重的作用,工会对劳动市场的垄断会使得工人的实际工资水平高于竞争性的工资水平;政府的最低工资法等许多因素都会影响工人的工资;由于妇女歧视和种族歧视等原因,造成劳动者在不同地区、不同行业之间的流动受阻,这也会造成工资水平不同。

7. 解析:

第一,土地供给曲线垂直并非因为自然赋予的土地数量为(或假定为)固定不变。

第二,土地供给曲线垂直是因为假定土地只有一种用途(即生产性用途),而没有自用用途。

第三,任意一种资源,如果只能(或假定只能)用于某种用途,而无其他用处,则该资源对该种用途的供给曲线就一定是垂直的。

8. 解析:

第一,资本的数量是可变的。因此,资本供给问题首先是如何确定最优的资本拥有量的问题。

第二,最优资本拥有量的问题可以归结为确定最优储蓄量的问题。

第三,确定最优储蓄量可以看成是在当前消费和将来消费之间进行选择的问题。

第四,根据对当前消费和将来消费的分析,可以得出如下结论:随着利率水平的上升,一般来说,储蓄也会被诱使增加,从而资本供给曲线向右上方倾斜；当利率处于很高水平时，资本供给曲线也可能向后弯曲。

9. 解析：

这句话不对。根据西方经济学，地租产生的根本原因在于土地的稀少，供给不能增加；如果给定了不变的土地供给，则地租产生的直接原因就是对土地的需求曲线的右移。土地需求曲线右移是因为土地的边际生产力提高或土地产品（如粮食）的需求增加从而粮价提高。如果假定技术不变，则地租就由土地产品价格的上升而产生，且随着产品价格的上涨而不断上涨。因此，即使是劣等土地，也会产生地租。

10. 解析：

（1）租金与级差地租。租金指供给同样固定不变的一般资源的服务价格。如前所述，土地的供给曲线是固定不变的，由于需求的增加，土地所有者可以得到的收入叫作地租。土地是一种特有的资源，所以地租只是租金的一个特例，是租金的一种，而租金是一般化的地租。土地有肥瘠之分，矿藏亦有贫富之别，再加上地理位置、气候等条件的差别，可以把土地分为不同等级而产生级差地租。

（2）准租金。准租金是指在短期内供给固定不变的生产要素的报酬。例如，在短期内，工厂或机器设备的供给量是固定不变的。要建造一座新的工厂或增加一部分新的机器设备都需要一段时间。因此，在这段时间内，如果需求增加了，生产要素所得到的报酬就要提高，这部分增加的报酬就是准租金。但是，在长期内，这些生产要素的供给不是固定不变的。随着需求增加，这些生产要素的供给也将增加。因此，在长期中，准租金将消失。这种生产要素报酬之所以被称为“准租金”，是因为它在短期内和地租的特点相似，它在长期里将消失。

（3）经济租金。经济租金可以定义为生产要素所得到的收入超过其在其他场所可能得到的收入部分。可以理解为要素的当前收入超过其机会成本的部分，简言之，经济租金等于要素收入减去机会成本。

(五) 计算题

1. 解析:

由题意,可求出该厂商的边际物质产品(*MP*)和边际产品价值(*MRP*)数列,如表 9-2 所示。

表 9-2

劳动天数 L	产量 Q	MP	P	$VMP=P\cdot MP$	W
3	6		10		20
4	11	5	10	50	20
5	15	4	10	40	20
6	18	3	10	30	20
7	20	2	10	20	20
8	21	1	10	10	20

对于追求最大利润的完全竞争厂商来说,只有当 $VMP=W$ 时,才能达到均衡,厂商获得最大利润。因此,厂商应雇佣 7 个劳动/天,此时 $VMP=W=20$。

2. 解析:

本题考查厂商生产中要素数量的决定。

由题设 $Q=-0.01L^3+L^2+36L$,$P=0.1$,$W=2.9$。

当厂商利润极大时,有 $W=VMP=P\times MP_L=P\dfrac{dQ}{dL}$。

即 $2.9=0.1\times(-0.03L^2+2L+36)$。

解得:$L=70$,即厂商每天将投入 70 小时劳动。

将 $L=70$ 代入 $Q=-0.01L^3+L^2+36L$,得:$Q=3\ 990$。

将数值代入解得利润$=TR-TC=PQ-WL-50=0.1\times3\ 990-2.9\times70-50=146$,即厂商每日获得的纯利润为 146 美元。

3. 解析:

(1) 均衡时,$D_L=S_L$,即 $4\ 000-50W=50W$,由此得到均衡工资

$W=40$。

(2) 如政府对工人提供的每单位劳动课以 10 美元的税收，则劳动供给曲线变为：$S_L'=50(W-10)$。

由此，$S_L'=D_L$，即 $50(W-10)=4\,000-50W$，得 $W=45$，此即征税后的均衡工资。

(3) 征税后，厂商购买每单位劳动要支付的工资变为 45 美元，而不是征税前的 40 美元。两者之间的差额 5 美元即是厂商为每单位劳动支付的税收额。工人提供每单位劳动得到 45 美元，但有 10 美元要作为税收交给政府，所以仅留下 35 美元。工人实际得到的单位工资与税前相比也少了 5 美元。这 5 美元就是他们提供单位劳动而实际支付的税款。因此，在此例中，厂商和工人恰好平均承担了政府征收的 10 美元税款。

(4) 征税后的均衡劳动雇佣量为：$50(W-10)=50(45-10)=1\,750$。

政府征收到的税收总额为：$10\times1\,750=17\,500$。

4. 解析：

(1) 根据题意，解得 $W=3$，$L=300$。

(2) 需求 D 为：$L=-50(W-A)+450$，其中 A 为补助金；

当 $W=4$ 时，劳动供给 S 为：$L=4\times100=400$。

均衡时，$S=D$，即 $400=-50(4-A)+450$。

求得 $A=3$，总补助金为 $400\times3=1\,200$。

5. 解析：

(1) 均衡时，$D=S$，即 $6\,000-100W=100W$，解得 $W=30$ 美元。

(2) 若政府对工人提供的每单位劳动课以 10 美元的税收，则劳动供给曲线变为：

$S'=100(W-10)$。

由 $D=S'$，有 $100\times(W-10)=6\,000-100W$，解得 $W=35$ 美元。

6. 解析：

(1) 均衡时，$D_L=S_L$，即 $6\,000-30W=20W$，由此得到均衡工资 $W=120$。

(2) 如政府对工人提供的每单位劳动课以 30 美元的税收,则劳动供给曲线变为:$S_L'=20(W-30)$。

由此,$S_L'=D_L$,即 $20(W-30)=6\ 000-30W$,得$W=132$ 美元,此即征税后的均衡工资。

(3) 征税后,厂商购买每单位劳动要支付的工资变为 132 美元,而不是征税前的 120 美元。两者之间的差额 12 美元即是厂商为每单位劳动支付的税收额。工人提供每单位劳动得到 132 美元,但有 30 美元要作为税收交给政府,所以仅留下 102 美元。工人实际得到的单位工资与税前相比也少了 18 美元,这就是他们提供单位劳动而实际支付的税款。因此,在案例中,厂商和工人恰好共同承担了政府征收的 30 美元税款。

(4) 征税后的均衡劳动雇佣量为:$20(W-30)=20\times(132-30)=2\ 040$。

政府征收到的税收总额为:$30\times 2\ 040=61\ 200$ 美元。

7. 解析:

设该消费者拥有的固定时间为 T。其中的一部分 I 留作自用(即闲暇),其余部分 $L=T-I$ 为工作时间。工资率用 r 表示,则收入 $Y=rL$,因而有:

$$
\begin{aligned}
U &= IY+I=(T-L)rL+(T-L)\\
&=rLT-rL^2+T-L。
\end{aligned}
$$

令$\frac{\mathrm{d}U}{\mathrm{d}L}=rT-2rL-1=0$,得 $2rL=rT-1$。

因此,$L=\frac{T}{2}-\frac{1}{2r}$。此即为劳动供给曲线。在此劳动曲线中,$T$ 是正的确定值,因而当工资率 r 上升时,工作时间 L 会增加,即劳动供给曲线是向右上方倾斜的。这一点可从 L 对 r 的一阶导数大于 0 中看出。

8. 解析:

劳动的供给实质是用工作换取的货币收入所产生的收入效应来弥补劳动者牺牲闲暇所产生的心理负效应,随着货币收入的提高,受边际效应递减定律的影响,货币的收入效应越来越低,而牺牲闲暇产生的负效应越来越大,最终导致当收入超过一定水平后,劳动供给曲线向后弯折。

在其他因素不变的情况下,劳动供给曲线一般是自左向右上方上升的,工资率越高,劳动者越愿意提供较多的劳动。但当工资达到一定的高度,即劳动者生活高到一定水平时,更高的工资率可能导致他们愿意提供的劳动减少,即劳动的总供给曲线向后弯折。原因在于,劳动供给数量的变化实际上是劳动者在劳动时间和闲暇之间的选择,这里涉及工资变动的两个效应,即收入效应和替代效应。当替代效应大于收入效应时,工资率的上升则会导致劳动供给水平的增加。当替代效应小于收入效应时,工资的上升会导致劳动供给水平的下降,一般情况下,在工资率较高时,收入效应使得劳动者愿意拥有更多的闲暇,从而导致劳动供给水平的下降。因此,劳动供给曲线不是随工资率提高单调递增,而是有可能向后弯折。

9. 解析:

本题考察厂商的准租金和利润。

由题设 $P=10, Q=100, AVC=5, AFC=4$,得:

准租金 $=TR-TVC=PQ-AVC\times Q=(P-AVC)Q$

$=(10-5)\times 100=500$(元)。

经济利润 $=TR-TC=PQ-(TFC+TVC)=PQ-(AVC+AFC)Q$

$=(10-5-4)\times 100=100$(元)。

由此可见,两者是不相等的。

(六)案例分析题

1. 解析:

(1)铁矿石的需求市场是垄断竞争的,但是供给市场是寡头垄断的。在垄断竞争市场,要素的厂商需求方对价格有一定的影响力,该厂商面临两条需求线:一条是主观需求线(市场份额线),一条是客观需求线(实际需求线),市场份额线比实际需求线平缓。这就意味着,当该厂商提高价格时,其他厂商不会跟着提价,该厂商的市场需求线就是市场份额线与实际需求线交点的上半部;当该厂商降价时,其他厂商会跟着降价,因此,该厂商的实际份额下降,该厂商的市场需求线就是实际需求线与市场份额线交点的下半部。而寡头市场的价格由寡头之间互动形成。

(2) 虽然全球铁矿石消费中心在中国,但铁矿石市场仍是垄断竞争市场,我国只能被迫接受市场定价。从分布来看,全球铁的生产主要集中在亚洲、欧洲和独联体国家,中国已成为真正意义上的全球铁矿石消费中心。从全球铁矿石的供需来看,不考虑库存因素,2004 年前全球铁矿石供应都是基本平衡的,2004—2007 年,全球铁矿石消费快速增加,导致供应紧张。而受 2008 年全球经济危机的影响,铁矿石供应出现过剩。但这一局面很快得以扭转,进入 2010 年,全球铁矿石供应再度紧张,最终导致铁矿石价格的大幅上涨。中国消化了全球铁矿石增量的 90%,绝对用量占全球铁矿石产量的 50%。

(3) 全球三大铁矿石生产商垄断铁矿石供应,形成要素卖方的垄断,可以索要垄断高价。淡水河谷(Vale):巴西淡水河谷是全球最大的铁矿石生产企业,产量的 30%用来供给中国,10%供给日本,欧洲的需求量只占产量的 25%。力拓(Rio Tinto):力拓公司是澳洲第一和世界第二铁矿石生产企业,目前拥有 110 亿吨铁矿石储量,公司大部分资源都在澳洲皮尔巴拉地区,2007 年公司 50%以上的矿石产量销往中国,30%以上出口给日本,只有 5%的矿石产量被运往欧洲。必和必拓(BHP):必和必拓是三大巨头中产量最小的一个,目前拥有 70 亿吨铁矿石储量,其中 97%的铁矿石产量用于出口。

(4) 解决方案:第一,整合国内钢企,改善市场结构,加强铁矿石需求企业之间的联系和适当重构,提高对外谈判的能力;第二,在对外谈判中要善于分化供应方,弱化铁矿石供应方的合谋行为,提高我方在谈判中的灵活性和优势。

2. 解析:

(1) 劳动供给是指劳动者所提供的一定劳动(工作)或服务的时间数,它涉及劳动者对其拥有的既定时间资源在劳动和闲暇两个方面的分配。劳动可得到工资收入,工资收入给劳动者带来效用,闲暇也给他带来效用,劳动作为闲暇的牺牲会给劳动者带来负效用,即痛苦和不舒适的感觉,劳动多,工资收入也多,但闲暇会减少,可见收入和闲暇之间存在着替代关系。劳动者会把多少时间用于闲暇,多少时间提供市场,实际就是劳动者的效用最大化决策。因此,从基数效用理论角度来看,劳动的最优供给原则是:收入与闲暇的边际效用替代率等于工资的效用。工资是劳动这一生产要素提供的劳务的报酬,它是由劳动市场上的劳动的供求所共同决定的。

(2) 企业家才能作为一种特殊的人力资本,有其自身的特点。企业家不仅能给企业带来正常的利润,还可以带来超额利润。正常利润是对企业家才能这一生产要素的报酬,他们把正常利润归入成本,看作是工资的一种特殊形式,其高低由企业家才能的供求所决定。超额利润是指超过正常利润的那部分利润,这主要来源于企业家才能的创新、冒险经营的风险及市场竞争的不完全性。

(3) A股国有、非国有上市公司CEO年薪过百万既有正常利润的因素,也有超额利润的原因,尤其是超额利润的原因占主要部分。一是承担风险的超额利润,从事具有风险的生产就应该以超额利润的形式得到补偿;二是创新的超额利润,创新是指企业家对生产要素实行新的组合;三是垄断的超额利润,垄断所引起的超额利润是垄断者对消费者、生产者或生产要素供给者的剥削,是不合理的,这种超额利润也是市场不完全竞争的结果。

3. 解析:

(1) 茅台酒之所以不可克隆、不可复制,根本原因是其具有极强的、排他的资源垄断性,其拥有的得天独厚的酿造自然环境不可克隆。研究显示,在茅台酒的酿造自然环境系统中,最具决定性的因素是其微生物环境,而这种环境的形成,是地理与历史两方面条件综合叠加、天机巧合的结果。

(2) 我们可分析卖方垄断和买方垄断同时并存的情形。茅台酒是用特殊和复杂工艺生产出来的,其他同类企业无法模仿,因而它在产品市场上具有垄断性。另外,茅台酒不可克隆、不可复制的根本原因是其具有极强的排他的资源垄断性,拥有的得天独厚的酿造自然环境不可克隆。这说明它在购买和使用要素时具有垄断力量。由于买方垄断的厂商是生产要素的唯一购买者,所以它所面临的要素供给曲线是整个要素市场的供给曲线,而在一般情况下,这条曲线可表示为 $W=f(L)$。容易验证,$W=f(L)$ 曲线位于 MFC 曲线的下方。$W=f(L)$ 曲线向右上方倾斜,表示要素的供给量随要素价格的上升而增加。

(3) 由于厂商是产品市场上的垄断者,故它对生产要素的需求曲线为边际收益产品曲线 MRP;而作为生产要素市场上的垄断者,其要素投入的边际成本曲线 MFC 位于 $W=f(L)$ 的上方。此时,厂商利润最大化的条件为 $MFC=MRP$,该条件决定了垄断条件下生产要素市场的均衡状况。茅台厂商会以较低的价格购入生产要素,但以较高的价格销售茅台酒。

4. 解析:

(1) 微观经济理论认为,企业家才能与劳动、资本、自然资源并列为第四种生产要素。而且企业家既是生产经营活动的组织者,又是企业风险承担者和创新者。企业家的报酬既来源于作为普通劳动者的报酬收入,还来源于作为企业风险承担者和创新者的超额利润收入。

(2) 大型公司的 CEO 就是企业家,他对一个企业的成功是至关重要的,其贡献越大,价值就越高,而它的价格高低由市场供求关系决定。在企业家市场上,对优秀企业家的需求很大,而供给却很少。企业家就是一种稀缺的要素。因而,高需求与低供给决定了企业家具有较高的收入水平。这是对企业家才能及其贡献的肯定。

(3) 现实中,国外大型企业经营者的收入具有多元化的结构,基本特征是薪金中固定收入的比重逐步减少,而中长期报酬的比重逐步增加。这些不同类型的收入具有不同的激励作用,使得经营者能兼顾企业的短期利益和长期利益,保持企业的健康发展。

(4) 企业家才能可以看成是一种特殊的生产要素,其供给基本固定,因此,对乔布斯支付的报酬可视为一种租金,这种租金显然要比一般的要素收入高出很多。

第 10 章

一般均衡原理

一、习　　题

（一）名词解释

1. 局部均衡分析
2. 生产契约曲线
3. 帕累托最优状态
4. 最大效用可能性边界
5. 阿罗不可能性定理
6. 总体均衡分析
7. 边际转换率
8. 交换的一般均衡条件
9. 帕累托改进
10. 瓦尔拉斯均衡定律
11. 交换契约曲线
12. 社会福利函数
13. 福利经济学
14. 埃奇沃思盒状图
15. 效率优先
16. 生产可能性曲线

(二) 单项选择题

1. 在两个消费者(A 和 B)、两种商品(X 和 Y)的经济中,达到交换的全面均衡的条件为(　　)。

A. $MRT_{XY}=MRS_{XY}$　　B. $MRS_{XY}=\frac{P_X}{P_Y}$

C. $MRS_{XY}^{A}=MRS_{XY}^{B}$　　D. 上述所有条件

2. 在两个生产者(C 和 D)、两种生产要素(L 和 K)的经济中,达到生产的全面均衡的条件为(　　)。

A. $MRTS_{LK}=\frac{P_L}{P_K}$　　B. $MRTS_{LK}=MRS_{XY}$

C. $MRT_{XY}=MRS_{XY}$　　D. $MRTS_{LK}^{C}=MRTS_{LK}^{D}$

3. 在两个消费者(A 和 B)、两种商品(X 和 Y)的经济中,生产和交换的全面均衡发生在(　　)。

A. $MRT_{XY}=\frac{P_X}{P_Y}$　　B. $MRS_{XY}=\frac{P_X}{P_Y}$

C. $MRS_{XY}^{A}=MRS_{XY}^{B}$　　D. $MRT_{XY}=MRS_{XY}^{A}=MRS_{XY}^{B}$

4. 一个社会要达到最高的经济效益,获得最大的经济福利(进入帕累托最优状态)必须(　　)。

A. 满足交换的边际条件:$MRS_{XY}^{A}=MRS_{XY}^{B}$

B. 满足生产的边际条件:$MRTS_{LK}^{C}=MRTS_{LK}^{D}$

C. 满足替代的边际条件:$MRT_{XY}=MRS_{XY}$

D. 同时满足上述三个条件

5. 生产契约曲线上的点表示生产者(　　)。

A. 获得了最大利润

B. 支出了最小成本

C. 通过生产要素的重新配置提高了总产量

D. 以上均正确

6. 两种商品在两个人之间的分配，能被称为帕累托最优的条件为(　　)。

A. 不使他人受损失就不能使另外一个人受益

B. 个人都处在其消费契约曲线上

C. 个人都处在其效用可能性曲线上

D. 包括以上所有条件

7. 在导出效用可能性曲线的过程中，(　　)需要进行人际间的效用比较。

A. 总是　　B. 不　　C. 偶尔　　D. 经常

8. 为导出(　　)而必须进行道德或价值判断。

A. 转换曲线　　B. 消费契约曲线

C. 社会福利曲线　　D. 效用可能性边界

9. 外溢效应(即外部效应)可以产生于(　　)。

A. 人的消费行为而不是生产行为

B. 人的生产行为而不是消费行为

C. 人的消费行为和生产行为

D. 以上均不正确

10. 相对于市场分配而言，下列情况中减少了收入或财产分配的不平等状况的是(　　)。

A. 政府向穷人的转移支付　　B. 累退所得税

C. 产生大量的遗产　　D. 婚姻的门当户对

11. 强调分配机制的分配公正论是(　　)。

A. 效用论　　B. 结果状态论

C. 罗尔斯理论　　D. 过程论

12. 根据罗尔斯的理论，在下列情况下应该进行收入再分配的是(　　)。

A. 平均每一个人的状况都可以更好

B. 最穷的人的状况可以更好

C. 最富有成效的人的状况更坏

D. 工资率不等于劳动的边际产量

13. 下列理论中属于结果状态分配公正论的是(　　)。

A. 边际产量理论　　B. 罗伯特·诺杰克的理论

C. 效用论　　D. 过程论

14. 从富人向穷人的收入再分配会引起总产量减少,这就是(　　)。

A. 平等与效率交替论　　B. 市场分配

C. 分配公正过程论　　D. 分配公正结果状态论

15. 即使工资分配是正态的,收入分配也是倾斜的,这是因为(　　)。

A. 能力的分布是正态的

B. 在工资水平高时个人提供的劳动更多

C. 更多人的收入高于平均水平

D. 非常富裕的人不愿意工作

16. 西方经济学一般均衡理论试图说明的问题是(　　)。

A. 单个产品或单个要素市场的均衡

B. 劳动市场的均衡

C. 产品市场和货币市场的均衡

D. 所有产品市场和要素市场的均衡

17. 如果产品在消费者之间的分配已经达到进行任何重新分配都会至少降低一个消费者的满足水平,那么这种状态是(　　)。

A. 效率不高的　　B. 帕累托最优

C. 不合理的分配　　D. 比较合理的分配

18. 在交换上符合帕累托最优状态的条件是(　　)。

A. 边际收益等于边际成本

B. 边际收益等于要素边际成本

C. 任何两种商品间的边际替代率对任何两个消费者都相等

D. 边际收益等于商品价格

19. 在埃奇沃思盒状图上,交换的契约曲线的任何一点都表示(　　)。

A. 负收益

B. 正收益

C. 交换的帕累托最优条件得到满足

D. 交换双方等价交换

20. 福利经济学认为，在交换和生产上，符合帕累托最优状态的条件是（　　）。

A. 平均收益大于边际收益

B. 任何两种商品的边际转换率都等于它们的商品替代率

C. 平均收益小于边际收益

D. 平均收益大于平均成本

21. 如果对于消费者甲来说，以商品 X 替代商品 Y 的边际替代率等于 3，对于消费者乙来说，以商品 X 替代商品 Y 的边际替代率等于 2，那么有可能发生下述情况（　　）。

A. 乙用 X 向甲交换 Y　　B. 乙用 Y 向甲交换 X

C. 甲和乙不会交换商品　　D. 以上均不正确

22. 转换曲线是下列哪一条曲线导出的？（　　）

A. 消费契约曲线　　B. 生产契约曲线

C. 效用可能性曲线　　D. 社会福利曲线

23. 帕累托最优状态在资源配置上是指（　　）。

A. 总产量达到最大

B. 总收入达到最大

C. 不可能在不使他人境况变坏的条件下使自己的情况变好

D. 可以在不使他人境况变坏的条件下使自己的情况变好

24. 下面哪些计划不属于贫困救济范畴？（　　）

A. 向低收入者提供廉价住房计划

B. 食品补助计划

C. 医疗救助计划

D. 社区公共设施建设计划

25. 下面哪些家庭最容易沦入贫困阶层?(　　)

A. 单身汉家庭

B. 三代同堂的家庭

C. 由夫妻组成的小家庭

D. 独身母亲和孩子的家庭

26. 政府编制贫困指数时,主要依据(　　)。

A. 现金收入　　B. 家庭规模

C. 居住地　　D. 上面都是参考因素

27. 高的边际税率往往会损害(　　)。

A. 合理收入目标　　B. 成本最小化目标

C. 工作激励目标　　D. 所有上面三个目标

28. 如果一个人靠出卖劳动力为生,那么(　　)。

A. 这个人可能在寻找工作

B. 这人可能已经在工作

C. 尽管他有工作,但仍可能生活在贫困线以下

D. 上面都有可能

29. 周期性失业的发生,一般是由于(　　)。

A. 低生产率　　B. 意愿需求的变化

C. 劳动力市场的歧视　　D. 缺少人力资本

30. 被西方经济学界推崇为"福利经济学之父"的是(　　)。

A. 霍布森　　B. 庇古　　C. 帕累托　　D. 埃奇沃思

31. 以下哪些主张不属于旧福利经济学的范畴?(　　)

A. 实行最低工资制度

B. 对造成环境污染的工厂征收附加税

C. 提高市场信息透明度

D. 失业救济

32. 当政府决定对救济接受者的收入免税时,实际上是在(　　)。

A. 有意提高接受救济者对工作的兴趣

B. 帮助受救济者偷税

C. 减少他们的工作热情

D. 在制定福利计划时的一种随意决定

33. 对于福利最大化来说,完全竞争的长期一般均衡是(　　)。

A. 充分的,但不是必要的

B. 必要的,但不是充分的

C. 必要的,也是充分的

D. 既非必要的,又非充分的

34. 在一个两人埃奇沃思盒状图中,有两种总量固定的商品,则供给曲线(　　)。

A. 一定与契约曲线相交

B. 一定不与契约曲线相交

C. 不一定与契约曲线相交

D. 无法判断

35. 下面哪一项不是帕累托最优的必要条件?(　　)

A. 生产一定在生产可能性边界进行

B. 商品的供给是无限的

C. 所有商品的边际替代率对于消费它们的消费者来说都是相同的

D. 两种要素的边际技术替代率对于生产中运用这两种要素的所有商品来说都是相等的

36. 生产可能性曲线向外凸的原因是(　　)。

A. 两种产品的边际转换率递增

B. 两种产品的边际转换率递减

C. 两种产品的边际替代率递增

D. 两种产品的边际替代率递减

37. 假定在一个完全竞争的经济中,两种商品 X 和 Y 的价格分别为 5 元和 15 元,那么(　　)。

A. X 的产量一定是 Y 产量的 3 倍

B. 生产 X 的两种生产要素之间的边际技术替代率一定是 Y 产品相同两种生产要素的 1/3

C. X 的边际成本一定是 Y 的 1/3

D. 生产 Y 中所使用的劳动的边际产量一定是生产 X 的 3 倍

38. 假定对于苹果和香蕉,A 比较喜欢苹果,B 比较喜欢香蕉,现在假定苹果和香蕉的价格对于 A,B 两人来说是相同的。那么,在效用最大化时(　　)。

A. B 的苹果和香蕉的边际替代率比 A 小

B. 两人的边际替代率相等

C. A 将消费更多的苹果

D. A 将消费更多的香蕉

39. 下列各项中会导致一国生产可能性曲线向外移动的一项是(　　)。

A. 失业

B. 价格总水平提高

C. 技术进步

D. 消费品生产增加,资本品生产下降

40. 甲乙两人现有的效用水平分别为 10 和 20,资源的再配置使得两人的效用发生了变化,属于帕累托改进的一种是(　　)。

A. 甲的效用变为 10,乙的效用变为 15

B. 甲的效用变为 8,乙的效用变为 25

C. 甲的效用变为 8,乙的效用变为 30

D. 甲的效用变为 10,乙的效用变为 30

(三) 辨析题

1. 局部均衡的代表人物是帕累托。

2. 一般均衡的结果会不同于局部均衡的结果。

3. 帕累托最优化条件强调的是公平在福利经济学中的意义。

4. 按照帕累托的理论，消费者福利最优化的分析利用了生产可能曲线。

5. 按照帕累托的理论，将符合帕累托最优实现条件的切点连接起来的线，称为效率线。

6. 各自商品组合达到这样一种状态，任何一种改变都不可能使任何一个人的境况变好或变坏。这是消费者福利最优的条件。

7. 帕累托最优条件的 3 个组成部分中均没有涉及效率问题。

8. 只要一方的境况达到了最大化，那就实现了消费者福利的最优。

9. 阿罗运用数理逻辑证明，在一般情况下，试图依据个人偏好次序得出社会偏好次序是不可能的。

10. 生产可能性曲线上的所有点均是帕累托有效的。

11. 如果两种产品之间的边际转换率，对所有消费这两种产品的消费者，并不等于它们之间的边际替代率，则至少其中一种产品不是有效地生产的。

12. 当两种商品的边际替代率等于这两种商品的价格比率时，就满足了交换的帕累托最优条件。

13. 如果资源配置是帕累托最优状态，则存在一种重新配置资源的途径，使一些人的境况变好而不使其他人变坏。

14. 对于福利最大化来说，完全竞争长期一般均衡既是必要的，又是充分的。

15. 一般均衡和局部均衡的区别在于所考虑商品数目的多少。

16. 在生产的帕累托最优状态时，两条等产量线斜率相等。

17. 契约线上的点比不在契约线上的点有更好的福利状态。

18. 对一个社会来说，只能有一个社会福利最大值。

19. 帕累托最优的理论基础是序数效用理论，但对于基数效用理论也同样成立。

20. 税收被西方国家实践证明是促进收入分配平均化的最有效的工具。

(四) 简答题

1. 分配公正过程论的基本特点是什么?

2. 为什么说效用论是一种分配公正结果状态论?

3. 为什么公正与效率之间存在重大的交替?

4. 简述帕累托最优状态的3个条件。

5. 局部均衡分析与一般均衡分析的关键区别在什么地方?

6. 阿罗不可能性定理说明了什么问题?

7. 为什么完全竞争的市场机制符合帕累托最优状态?

8. 简要说明瓦尔拉斯一般均衡论的基本思想。

9. 交换的最优条件加生产的最优条件是不是等于交换和生产的最优条件? 为什么?

10. 假如一个经济原来处于全面均衡状态,如果由于某种原因,使得商品A的市场供给量减少,那么:(1) A商品的替代品市场和互补品市场会有什么变化? (2) 生产要素市场会有什么变化?

(五) 计算题

1. 电力的需求量白天与夜晚不同,白天的需求曲线为 $Q_1=240-2P_1+P_2$,夜晚的需求曲线为 $Q_2=120+P_1-2P_2$。若电力公司的成本函数 $C=[\max(Q_1,Q_2)]^2$,试问应该如何定价使得经济福利最大?

2. 小王有8个苹果和2个桔子,而小李有2个苹果和4个桔子。小王用苹果换桔子的边际替代率是3,而小李的边际替代率是1。请说明这一资源配置是否是有效率的? 如果是有效率的,请说明理由。如果不是有效率的,什么样的交换会使双方的境况都得到改善?

3. Z_i 表示某商品的超额需求函数,P_i 表示某商品的价格。已知:$Z_i=0$(令 $P_1=1$),$Z_2=2P_2{}^2+22P_2-13P_2P_3-64P_3+20P_3^2+48=0$,$Z_3=P_2-2P_3+2=0$.

试求三种商品的均衡价格。

4. 假设一个经济社会除一个生产者之外，均满足帕累托最优条件。该生产者是其产品市场上的唯一生产者，也是该产品投入要素 x 的唯一购买者。生产函数为 $q=0.5x$，产品需求函数为 $P=100-4q$，要素供给函数为 $r=2+2x$。求：

(1) 生产者实现利润最大化时的 q,x,P 和 r 的值。

(2) 生产者满足帕累托最优条件时的 q,x,P 和 r 的值。

5. 在一个由两个厂商组成的经济社会中，厂商 1 使用要素 K_1 和 L_1 生产商品，厂商 2 使用要素 K_2 和 L_2 生产商品。厂商 1 的边际产品函数为：

$$MP_{\mathrm{K}}^{1}=\frac{(\sqrt{K_1}\sqrt{L_1})}{2K_1},$$

$$MP_{\mathrm{L}}^{1}=\frac{(\sqrt{K_1}\sqrt{L_1})}{2L_1}。$$

厂商 2 的边际产品函数为：

$$MP_{\mathrm{K}}^{2}=\frac{(\sqrt{K_2}\sqrt{L_2})}{2K_2},$$

$$MP_{\mathrm{L}}^{2}=\frac{(\sqrt{K_2}\sqrt{L_2})}{2L_2}。$$

如果该经济社会有 100 单位的资本和 100 单位的劳动力，那么：

(1) $K_1=50,L_1=50,K_2=50,L_2=50$ 是不是资源有效的配置？

(2) $K_1=64,L_1=36,K_2=36,L_2=64$ 是不是资源有效的配置？

6. 在一个由两种商品和固定要素供给组成的经济社会中，假设社会福利函数为 $W=(q_1+2)q_2$，隐含的可能性边界为 $q_1+2q_2=10$，求社会福利最大时的 q_1 和 q_2 的值。

7. 由 A，B 两人及 X，Y 两产品构成的经济社会中，A，B 的效用函数分别为 $U_{\mathrm{A}}=xy$，$U_{\mathrm{B}}=40(x+y)$，X，Y 的存量为(120，120)，社会福利函数为 $W=U_{\mathrm{A}}U_{\mathrm{B}}$。求：

(1) 经济社会的效用边界。

(2) 社会福利最大化时的资源配置。

(六)案例分析题

1. 汽油价格与小型汽车的需求

20世纪70年代,美国市场的汽油价格两次上升,第一次发生在1973年,当时石油输出国组织切断了对美国的石油输出;第二次是在1979年,由于伊朗国王被推翻而导致该国石油供应瘫痪。经过这两件事件,美国的汽油价格从之前的每加仑1.27美元猛增至1981年的每加仑1.40美元。作为“轮子上的国家”,石油价格急剧上升对于美国当然不是一件小事,美国人面临一个严峻的节省汽油的问题。既然公司和住宅间的距离不可能缩短,人们只好继续奔波于两地之间。美国司机找到的解决办法之一就是当他们需要放弃自己的旧车、购置新车的时候,选择较小型的汽车,这样每加仑汽油就可以多跑一段距离。

分析家们根据汽车的大小来分类确定其销售额。就在第一次汽油价格上升之后,每年大约出售250万辆大型汽车、280万辆中型汽车及230万辆小型汽车。到了1985年,这3种汽车的销售比例出现明显变化,当年售出150万辆大型汽车,220万辆中型汽车及370万辆小型汽车。由此可见,大型汽车的销售自20世纪70年代以来迅速下降;反过来,小型汽车的销售却持续攀升,只有中型汽车勉强维持了原有水平。

结合案例分析什么是局部均衡?什么是一般均衡?联系实际说明我国汽油价格的上升对整个市场均衡的影响。

2. 经济学家的赌博

经济学家都爱认死理儿。争论中双方各自坚持自己的观点,针尖对麦芒,各不相让,谁也无法说服谁,于是就打赌,正确者赢,错误者输。

这次打赌的两位美国经济学家,一位是马里兰州立大学的朱利安·西蒙,另一位是斯坦福大学的保罗·埃尔里奇。在关于人类前途的问题上,埃尔里奇是悲观派,认为由于人口爆炸、食物短缺、不可再生性资源的消耗、环境污染等原因,人类前途不妙。西蒙是乐观派,认为人类技术进步和价格机制会解决人类发展中出现的各种问题,人类前途光明。他们两人的这些观点代表了学术界对人类未来两种根本对立的观点。这个争论事关人类的未来，因此格外受世人关注。

他们谁也说服不了谁，于是决定赌一把。争论涉及的问题太多，赌什么呢？他们决定赌不可再生性资源是否会消耗完。不可再生性资源是消耗完就无法再有的资源，如石油、煤及各种矿石等。这种资源在地球上的储藏量是有限的，越用越少，总有一天这种资源会用完。悲观派埃尔里奇的观点是，这种资源迟早会用完，这时人类的末日就快到了。这种不可再生性资源的消耗与危机，表现为其价格大幅度上升。乐观派西蒙的观点是，这种资源不会枯竭，价格不但不会大幅度上升，还会下降。

他们两人选定了 5 种金属：铬、铜、镍、锡、钨。各自以假想的方式买入 1 000 美元的等量金属，每种金属各 200 美元。以 1980 年 9 月 29 日的各种价格为准，假如到 1990 年 9 月 29 日，这 5 种金属的价格在剔除通货膨胀的因素后果然上升了，西蒙就要付给埃尔里奇这些金属的总差价。反之，假如这 5 种金属的价格下降了，埃尔里奇就把总差价支付给西蒙。

这场赌博需要的时间真长。到 1990 年，这 5 种金属无一例外地跌了价。埃尔里奇输了，教授还真是守信的，埃尔里奇把自己输的 57 607 美元交给了西蒙。

埃尔里奇和西蒙分别使用了什么均衡分析方法？为什么埃尔里奇还是输了？这个案例对我们使用其他不可再生资源如土地资源、水资源等，有什么启示？

3. 一部分人先富起来——公平与效率

改革开放以来，在邓小平同志提出的“可以让一部分人先富起来”的思想引导下，我国沿海一些地区的一部分人通过自己勤奋努力开始摆脱贫困，走上了富裕之路，对中国经济的增长起到了一定的促进作用。但随着改革的不断深入，在由计划经济向市场经济逐渐转型的过程中，特别是近几年，我国城乡、地区、行业之间的居民收入差距越来越大。

据测算，我国居民个人收入的基尼系数 1996 年为 0.424，1998 年为 0.456，2000 年又增加到 0.458。根据国际标准，基尼系数在 0.4 以上表示绝对不平均,表明我国已经进入绝对不平均区间,收入差距已经拉大。据此,有不少人担心市场经济取向的改革存在着失败的可能。

福利经济学第二定理表明,通过改变初始的财富禀赋分配,利用市场竞争可以达到资源的帕累托有效配置,从而兼顾公平与效率。为什么在现实中却难以实现?你如何看待目前中国的收入分配差距及其趋势?

4. 少数服从多数原则的局限性

在人们的心目中,选举的意义恐怕就在于大家根据多数票原则,通过投票推举出最受大家爱戴或信赖的人。然而,通过选举能否达到这个目的呢?1972 年诺贝尔经济学奖获得者、美国经济学家阿罗采用数学中的公理化方法,于 1951 年深入研究了这个问题,并得出在大多数情况下是否定的结论,那就是鼎鼎大名的"阿罗不可能性定理"。

假定张三、李四、王五三人为自己最喜欢的明星发生了争执,他们在刘德华、张学友、郭富城三人谁更受观众欢迎的问题上争执不下,张三排的顺序是刘德华、张学友、郭富城。李四排的顺序是张学友、郭富城、刘德华。王五排的顺序是郭富城、刘德华、张学友。到底谁更受欢迎呢?没有一个大家都认可的结果。如果规定每人只能投一票,三个明星将各得一票,无法分出胜负,如果改为对每两个明星都采取三人投票,然后依少数服从多数的原则决定次序,结果又会怎样呢?

首先看对刘德华和张学友的评价,由于张三和王五都把刘德华放在张学友的前边,二人都会选择刘德华而放弃张学友,只有李四认为张学友的魅力大于刘德华,依少数服从多数的原则,第一轮刘德华以二比一胜出;再看对张学友和郭富城的评价,张三和李四都认为应把张学友放在郭富城的前边,只有王五一人投郭富城的票。在第二轮角逐中,自然是张学友胜出;接着再来看对刘德华和郭富城的评价,李四和王五都认为还是郭富城更棒,只有张三认为应该把刘德华放在前边,第三轮当然是郭富城获胜。通过这三轮投票,我们发现对刘德华的评价高于张学友,对张学友的评价高于郭富城,而对郭富城的评价又高于刘德华,很明显他们陷入了一个循环的境地。这就是"投票悖论"。

也就是说不管采用何种游戏规则，都无法通过投票得出符合游戏规则的结果。如果世界上仅限于选明星的事情就好办多了，问题在于一些关系到国家命运的事情的决定上，也往往会出现上述的“投票悖论”问题。对此很多人进行了探讨，但都没有拿出更有说服力的办法。在所有人为寻找“最优公共选择原则”奔忙而无获的时候，美国经济学家阿罗经过苦心研究，在1951 年出版的《社会选择与个人价值》中提出了他的不可能性定理，并因此获得了 1972 年诺贝尔经济学奖。

什么是阿罗不可能性定理？为什么多数票原则的合理性是有限度的？

二、参考答案

（一）名词解释

1．解析：

局部均衡分析是指在其他条件不变的前提下，研究单个经济行为的均衡以及单个商品和要素市场的均衡。

2．解析：

生产契约曲线是指在两种要素空间中，两个生产者边际技术替代率相等的点的轨迹。在该曲线上的任意一点均代表着实现了生产帕累托最优。

3．解析：

如果在某种既定的资源配置状况下，已经不可能不减少一个人的福利而使其他人的福利得到改善，即不存在帕累托改进，那么这种状况就达到了帕累托最优状态。

4．解析：

在相同的要素约束下，不同的要素价格结构、商品价格结构对应着无数的效用可能性边界，这些边界的包络线即为最大效用可能性边界。

5．解析：

阿罗不可能性定理是指在一般情况下，要从已知的各种个人偏好顺序中推导出统一的社会偏好顺序是不可能的。

6. 解析:

总体均衡分析是研究所有个别决策单位和所有个别市场在相互影响的情况之下同时实现均衡的行为。

7. 解析:

当沿着生产可能性曲线运动时,一种产出的增加必然伴随着另一种产出的减少,这表明两种最优产出之间存在着一定的转换关系。反映两种产出转换比率的指数就是边际转换率,即生产可能性曲线的斜率的绝对值。

8. 解析:

交换的一般均衡条件是指消费者的各自商品组合选择达到这样一种状态,即如果再做任何一种改变都不可能使任何一个人的境况变好或者不使另一个人的境况变坏。用数学语言表达,就是在埃奇沃思盒状图中,消费者A的无差异曲线与消费者B的无差异曲线正好相切,因此,这两条无差异曲线的边际替代率正好相等,即 $MRS_{XY}^{A}=MRS_{XY}^{B}$。

9. 解析:

如果既定的资源配置状态的改变使得至少有一个人的状况变好,而没有使任何人的状况变坏,这种资源的配置状态的变化就是帕累托改进。

10. 解析:

对于任意价格,整个经济社会中所有成员用于购买商品和劳务的支出一定等于出售商品和劳务所得到的收入。这一恒等式表明,无论经济是否处于一般均衡,总有一种商品的价格可以由其他商品的价格表示出来,即当所有其他市场处于均衡状态时,另一个市场一定处于均衡。因而,一般均衡分析不可能得到所有市场的价格。但是,如果规定一种商品为一般等价物,那该商品的价格就是1,从而一般均衡才可能有确定的解。由此可见,一般均衡分析只能得到相对价格。

11. 解析:

交换契约曲线是指在两个消费者分配产品空间中,由所有无差异曲线的切点的轨迹构成的曲线。它表示两种产品在两个消费者之间的所有最优分配。

12. 解析：

柏格森于 1938 年提出了社会福利函数的概念，并得到了萨缪尔森的完善。它表示在效用空间中，社会福利函数与效用可能性边界相切处，达到社会福利的最佳选择。

13. 解析：

福利经济学从微观经济主体的行为及其相互联系的角度出发，以研究社会经济福利为目标，并以一定的伦理价值判断为前提。它属于规范经济学范畴。旧福利经济学建立在基数效用基础上，新福利经济学建立在序数效用基础上。

14. 解析：

埃奇沃思盒状图揭示了当所有消费的总量或经济活动中使用的投入品总量固定时，如何配置资源和考察生产的效率。在埃奇沃思盒状图中，方形的长和高分别代表两个消费者（或生产者）所拥有的两种商品（或生产要素）的总量，盒状图中各点表示两种商品（或要素）的总供给量在两个消费者（生产者）之间的配置状态。

15. 解析：

效率优先是指在决定收入分配的问题上，首先考虑效率，把效率当做决定收入分配的第一位的因素。经济效率高，所得到的收入也高；反之，经济效率低，所得到的收入也低。在保证效率的基础上，再考虑兼顾公平的问题。

16. 解析：

生产可能性曲线又称产品转换曲线，是表示经济社会在既定资源和技术条件下所能生产的各种商品最大数量的组合，反映了资源稀缺性与选择性的经济学特征。

（二）单项选择题

略

(三) 辨析题

1. 解析：

错误。马歇尔是局部均衡的代表人物,他在价值论和分配论的阐释中运用了这种分析方法。在他之后,美国经济学家张伯伦和英国经济学家罗宾逊夫人提出了垄断竞争理论,发展了局部均衡分析方法。

2. 解析：

正确。局部均衡是把所考虑的某个市场从相互联系的构成整个经济体系的市场全体中“取出来”单独加以研究。一般均衡分析是把所有相互联系的各个市场看成一个整体来加以研究,每一商品的需求和供给不仅取决于该商品本身的价格,而且也取决于所有其他商品(如替代品和补充品)的价格。其结果不同于局部均衡的结果。

3. 解析：

错误。帕累托最优是由一组边际条件来定义的,是福利经济学评价个人福利和社会总福利及其相互间关系的标准,是社会资源实现了最优效率的配置的体现。

4. 解析：

错误。帕累托最优状态时,消费者在两种商品之间的交换的边际替代率相等,即利用了交换契约曲线而不是生产可能曲线。

5. 解析：

正确。帕累托最优状态时,所有无差异曲线的切点连成的轨迹叫做交换契约线,所有等产量线的切点连成的轨迹叫做生产的契约曲线,这些都称为效率曲线。

6. 解析：

正确。任何一种商品组合的改变都不能使任何一个人的境况变好而不使其他人的境况变坏,这是消费者实现帕累托最优的条件。

7. 解析：

错误。帕累托最优 3 个条件:交换最优、生产最优和消费效用最优。其中生产最优涉及了效率问题。

8. 解析：

错误。消费者福利最优是各方境况都得到了最大化。如有一方境况还没有达到最优，那就存在帕累托改进的可能，就不是帕累托最优。

9. 解析：

正确。$V>C, C>S, S>V$。可见，利用少数服从多数的投票机制，将产生不出一个令所有人满意的结论，这就是著名的"投票悖论"。这最早是由康德尔赛在 18 世纪提出的，阿罗对其进行了数学论证，得出了著名的阿罗不可能性定理。

10. 解析：

正确。生产可能性边界表示经济社会在既定资源和技术条件下所能生产的各种商品最大数量的组合。任何要素的重新配置生产都不可能超出生产可能性边界，所以是帕累托有效。

11. 解析：

正确。两种产品之间的边际转换率，对所有消费这两种产品的消费者，等于它们之间的边际替代率的话，满足生产和交换的帕累托最优。若不是，则至少其中一种产品不是有效地生产和交换的。

12. 解析：

错误。当两种商品在两个消费者之间的边际替代率相等时，就满足了交换的帕累托最优条件。

13. 解析：

错误。帕累托最优状态是指资源已经达到最优配置，任何重新分配都不可能使任何一个人的境况变好而不使另一个人的处境变坏。如果可以使一个人的境况变好而没有使别人的状况变坏，则称为帕累托改进，如存在帕累托改进，那当前的状态就不是帕累托最优。

14. 解析：

错误。在长期均衡中完全竞争的确达到了帕累托最适度状态，因为完全竞争的市场结构在长期中能满足帕累托最适度的三个条件。但是完全竞争的长期均衡对帕累托最适度来说并非是必要的，因为在计划经济中，满足所有帕累托最适度条件是可能的。另外，虽然完全竞争对于帕累托最适度是充分的，但它对福利极大化并不充分，因为均衡状态在收入分配方面可能是很不公平的，而福利极大化必须兼顾生产效率和收入分配。

15. 解析：

错误。完全竞争局部均衡假定其他商品市场处于均衡状态，一般均衡放弃这一条件。也就是说，局部均衡与一般均衡分析的不同点是，是否假定其他市场处于均衡状态，不是所考虑商品数目的多少。

16. 解析：

正确。生产的帕累托最优状态的必要条件是任何两个生产者在任意两种生产要素间的边际技术替代率相等。也就是说此时的两条等产量线相切，斜率相等。

17. 解析：

正确。埃奇沃思盒状图中得到的契约线都符合帕累托最优状态。因此，契约线上的点所表示的福利状态要优于不在契约线上的点所表示的福利状态。

18. 解析：

错误。社会福利函数取决于环境、制度、文化、信仰、道德、风俗、习惯等诸多因素。当这些因素不同时，社会福利函数就可能不同。所以，社会福利最大值不是唯一的。

19. 解析：

正确。帕累托补充并且发展了瓦尔拉斯的稀缺价值理论和一般均衡理论，他以序数效用论和无差异曲线为基础，避开了效用无法测量的难题，并且将数学方法运用到更广的范围，进一步论述了一般经济均衡理论。他的理论同样适用于基数效用论。

20. 解析：

错误。个人所得税可能是有利于改善收入分配，但是其他种类的税收可能会起相反的作用。这些起反作用的税收的负面影响可能正好抵消甚至超过个人所得税的好处，结果使得整个税收制度对收入分配不起作用或起不好的作用。

(四) 简答题

1. 解析：

分配公正过程论集中讨论引起某种结果的过程或机制的公正，例如机会均等、不存在政治权力对分配的干预等。这种理论并不注意分配的结果本身，只要分配过程或机制是公正的，无论结果如何，都实现了分配公正。

2. 解析：

效用论认为，最公正的制度是社会效用总量达到最大化的制度。由于这种理论注意的是结果即总效用，所以属于分配公正结果状态论。

3. 解析：

如果更大的公正意味着提高收入的平等程度，那么就只有通过收入再分配来达到公正，即把某些人的收入通过征税转移给另一些人。但这种做法会损害富人的劳动与投资积极性，从而因激励效应减少了可以用于分配的收入总量。如果对生产性活动征税，就会减少用于这种活动的时间。此外，任何再分配制度都要使用一些资源来进行管理，这就减少了可以用于生产的资源。因此，公正与效率之间存在着重大的交替，更加平等地分蛋糕会使蛋糕变小。

4. 解析：

(1) 交换的最优条件：对于任意两个消费者来说，任意两种商品的边际替代率相等。

(2) 生产的最优条件：对于任意两个生产者来说，任意两种商品的边际技术替代率相等。

(3) 交换和生产的最优条件：任意两种产品的边际替代率与边际转换率相等。

5. 解析:

第一,局部均衡分析研究的是单个(产品或要素)市场,其方法是把所考虑的某个市场从相互联系的、构成整个经济体系的市场全体中“取出来”单独加以研究。在这种研究中,该市场商品的需求和供给仅仅被看成其本身价格的函数,其他商品的价格则被假定为不变,而这些不变价格的高低只影响所研究商品的供求曲线的位置。所得到的结论是,该市场的需求和供给曲线共同决定了市场的均衡价格和均衡数量。

第二,一般均衡分析是把所有相互联系的各个市场看成一个整体来加以研究的。因此,在一般均衡理论中,每一商品的需求和供给不仅取决于该商品本身的价格,而且也取决于所有其他商品(如替代品和补充品)的价格。每一商品的价格都不能单独地决定,而必须和其他商品价格联合起来共同决定。

当整个经济的价格体系恰好使所有的商品都供求相等时,市场就达到了一般均衡。

6. 解析:

第一,根据阿罗不可能性定理,在非独裁的情况下,不可能存在适用于所有个人偏好类型的社会福利函数。

第二,阿罗不可能性定理意味着,不能从不同个人的偏好当中合理地形成所谓的社会偏好。

总而言之,一般意义上的社会福利函数并不存在。这表明西方经济学没能彻底地解决资源配置问题。

7. 解析:

在完全竞争经济中消费者追求效用最大化的条件为:

$$MRS_{XY}^{A}=\frac{P_X}{P_Y},$$

$$MRS_{XY}^{B}=\frac{P_X}{P_Y}。$$

其中,A,B为任意两位消费者,X,Y为任意两种产品。

于是得到:

$MRS_{XY}^{A}=MRS_{XY}^{B}$。

因此，产品的均衡价格实现了交换的帕累托最优状态。

在完全竞争经济中生产者追求利润最大化的条件为：

$MRST_{LK}^{C}=\frac{P_L}{P_K}$，

$MRST_{LK}^{D}=\frac{P_L}{P_K}$。

其中，C，D 为任意两个生产者，L，K 为任意两种生产要素。

于是得到：

$MRST_{LK}^{C}=MRST_{LK}^{D}$。

因此，要素的均衡价格实现了生产的帕累托最优状态。

在完全竞争条件下，

$MRT_{XY}=|\Delta Y/\Delta X|=\frac{MC_X}{MC_Y}$，

$\frac{MC_X}{MC_Y}=\frac{P_X}{P_Y}$，

$MRS_{XY}^{A}=\frac{P_X}{P_Y}$。

于是得到：

$MRT_{XY}=\frac{P_X}{P_Y}=MRS_{XY}$。

因此，商品的均衡价格实现了生产和交换的帕累托最优状态。

在完全竞争经济中，消费者和生产者的最优化行为可以使帕累托最优的三个必要条件得到满足。在完全竞争的市场机制作用下，整个经济可以实现帕累托最优状态，这样的经济必定是最有效率的经济。

8. 解析：

一般均衡分析是将所有相互联系的各个市场看成一个整体来加以研究而进行的分析，它的基本思想是把单个市场的均衡条件推广到多个市场。一般均衡理论首先要解决的问题是是否存在一系列价格使所有市场同时处于均衡，即所谓的一般均衡存在性问题。

法国经济学家瓦尔拉斯在1874年建立一般均衡论的分析框架如下：

假定整个经济中有k种产品和r种生产要素。这样，整个经济中就有k种产品市场和r种生产要素市场。

首先，从产品市场均衡进行考察。产品的需求来源于消费者。对特定商品而言，消费者的需求取决于该商品本身的价格、其他商品价格以及消费者的收入等。但消费者的收入又来源于生产要素的价格。这样，一种商品的市场需求取决于所有产品及要素的价格，即：

$x_i=x_i(p_1,\cdots,p_k;p_{k+1},\cdots,p_{k+r})\ (i=1,\cdots,k)$。

产品的供给来源于厂商。厂商的供给同样取决于该商品的价格、其他商品的价格和成本，而厂商的成本又决定于要素价格。这样，一种产品的市场供给也取决于各种价格，即：

$y_i=y_i(p_1,\cdots,p_k;p_{k+1},\cdots,p_{k+r})(i=1,\cdots,k)$。

当市场需求等于市场供给时，一种产品的市场处于均衡，即：

$x_i=y_i(i=1,\cdots,k)$。

其次，从要素市场均衡进行考察。要素的需求是厂商的引致需求，它不仅取决于各种要素的价格，也与其他产品价格有关，即：

$x_i=x_j$。

要素的供给来源于消费者，并且是效用最大化的一个推广，即当市场需求等于市场供给时，要素市场处于均衡，即：

$y_i=y_j$。

如果存在着$p_1,\cdots,p_k$和$p_{k+1},\cdots,p_{k+r}$使得上述$k+r$市场均衡条件成立，就意味着一般均衡存在。这一问题归结为$k+r$个方程是否能得到$k+r$个价格的问题。瓦尔拉斯认为，这取决于这$k+r$个方程是否独立。但就整个经济系统而言，无论价格有多高，所有的收入之和一定等于所有的支出之和，这一恒等式被称为瓦尔拉斯定律。

由于瓦尔拉斯定律成立，不可能存在$k+r$个相互独立的均衡价格。但取某种商品为“一般等价物”，则问题得到解决。据此，瓦尔拉斯一般均衡理论断言，基于局部均衡分析的一般均衡价格存在。

9. 解析：

不是。交换的最优只是说明消费是最优效率的；生产的最优只是说明生产是最优效率的。两者的简单并列，只是说明消费和生产分开来看时，各自独立地达到了最优，但并不能说明，当交换和生产综合起来看时，也达到了最优。

交换和生产的最优则要将交换和生产这两个方面综合起来，讨论交换和生产的帕累托最优条件。

10. 解析：

(1) 如果商品 A 的市场供给减少，根据局部均衡分析，其价格 P 上升和供应量 Q 减少。根据一般均衡的分析，由于 A 商品的价格上升，人们会增加对其替代品的需求，从而替代品的价格上升和需求量上升；同时，人们会减少商品 A 互补品的需求，从而互补品价格下降和需求量下降。

(2) 商品市场的上述变化当然会影响到要素市场，显然，由于 A 商品价格的上升，人们减少了对 A 商品的需求，同时也减少了对 A 商品互补品的需求，因此 A 商品及其互补品的要素的需求降低，导致生产 A 商品及其互补品的生产要素的价格下降和数量下降。同时又导致 A 商品替代品的需求上升，从而导致生产 A 商品替代品的生产要素的需求上升，生产 A 商品替代品的生产要素的价格上升，数量增加。同时，对生产 A 商品、其互补品、其替代品的生产要素的替代品和互补品的影响产生新的变化。

(五) 计算题

1. 解析：

经济福利最大是指在一定的成本下取得效用最大，或是在一定的效用下成本最低，因为电力公司的成本函数为：

$C=(\max(Q_1,Q_2))^2$。

只有在 $Q_1=Q_2$ 时，成本才可达到最小，即：

Q_1-Q_2-Q。

电力公司的利润函数为：

$\pi = Q_1P_1 + Q_2P_2 - C = (P_1 + P_2)Q - Q^2$。

其定价要符合利润最大化的要求,即要满足条件:

$\frac{d\pi}{dQ} = 0$,

即:$P_1 + P_2 - 2Q = 0$,

将其代入白天和夜晚的需求函数,解得:

$P_1 = 110, P_2 = 70, Q = 90$。

2. 解析:

此时资源的配置是无效率的。交换的帕累托最优的条件是指要使两种商品X和Y在两个消费者1和2之间的分配达到帕累托最优状态,则对于这两个消费者来说,这两种商品的边际替代率必须相等。本题中两人的*MRS*并不相等,因此资源配置没有达到帕累托最优状态。帕累托改进的方法是小王用苹果去换小李的桔子。

3. 解析:

因为,$Z_2 = 2P_2^2 + 22P_2 - 13P_2P_3 - 64P_3 + 20P_3^2 + 48 = 0$ ①

$Z_3 = P_2 - 2P_4 = 0$ ②

将 $P_2 = 2P_3 - 2$ 代入①式,可得:

$P_3^2 - 5P_3 + 6 = 0$,

解得:

$P_{31} = 3, P_{32} = 2; P_{21} = 2, P_{22} = 2$。

所以存在两个均衡解(1,4,3)和(1,2,2)。

4. 解析:

(1) 生产者利润函数为:

$$\begin{aligned}\pi &= TR - TC = Pq - rx \\ &= (100 - 4q)q - (2 + 2x)x \\ &= (100 - 4q)q - (2 + 4q)2q \\ &= 96q - 12q^2\end{aligned}$$。

在利润最大化时,其利润函数的一阶导数为零,即:

$96-24q=0$,

解得：

$q=4$,

$x=2q=8$,

$P=100-4q=84$,

$r=2+2x=18$。

(2) 如果生产者满足帕累托最优条件,则有：

$MP\cdot P=r$,

$$P=\frac{r}{MP}=MC。$$

因为 $TC=rx=2rq$,所以：

$$MC=\frac{\mathrm{d}TC}{\mathrm{d}q}=2r=2(2+2x)=4+8q。$$

又因为 $P=MC$,则：

$4+8q=100-4q$,

解得：

$q=8$,

$x=2q=16$,

$P=100-4q=68$,

$r=2+2x=34$。

5. 解析：

由于

$$RTS_{KL}^{1}=\frac{MP_{K}^{1}}{MP_{L}^{1}},$$

$$RTS_{KL}^{2}=\frac{MP_{K}^{2}}{MP_{L}^{2}},$$

$RTS_{KL}^{1}=RTS_{KL}^{2}$,

(1) 将 $K_1=50, L_1=50, K_2=50, L_2=50$ 代入,得到：

$RTS_{KL}^{1}=RTS_{KL}^{2}=1$,因此资源配置有效。

(2) 将 $K_1=64, L_1=36, K_2=36, L_2=64$ 代入,有:

$RTS_{KL}^1=\frac{9}{16}$,

而 $RTS_{KL}^2=\frac{16}{9}$,

可知:$RTS_{KL}^1 \neq RTS_{KL}^2$,因此,资源配置不是有效的。

6. 解析:

即求:

$\max W=(q_1+2)q_2$,

$s.t.\ q_1+q_2=10$。

构造拉格朗日函数:

$L=(q_1+2)q_2+\lambda(q_1+2q_2-10)$,

令一阶偏导数=0,有:

$$\begin{cases}\dfrac{\partial L}{\partial q_1}=q_2+\lambda=0\\[2ex]\dfrac{\partial L}{\partial q_2}=q_1+2+2\lambda=0\\[2ex]\dfrac{\partial L}{\partial \lambda}=q_1+2q_2-10=0\end{cases}$$

解得:$q_1=4, q_2=3$。

7. 解析:

设配置给 A 的产品量为(x,y),则配置给 B 的产品量即为:

$(120-x, 120-y)$。

此时,

$U_A=xy$,

$U_B=40(120-x+120-y)=40(240-x-y)$。

结合上述两式,则有:

$U_A=x(240-x-\frac{U_B}{40})$。

帕累托最优状态是指一个人效用水平不变条件下使另一个人的效用极大。

所以，在 U_B 不变的条件下，U_A 最大，可以令 U_A 对 x 求导，使其等于零，即：

$$240-\frac{U_B}{40}-2x=0。$$

解得：

$$x=120-\frac{U_B}{80}。$$

将其代入 $U_A=x\left(240-x-\frac{U_B}{40}\right)$，解得：

$$U_B=9\ 600-80U_A^{1/2}。$$

这就是社会效用边界。

(2) 构造社会福利函数为：

$$w=U_AU_B=U_A(9\ 600-80U_A^{1/2})=9\ 600U_A-80U_A^{3/2}。$$

由社会福利最大化条件：

$$\frac{dw}{dU_A}=9\ 600-120U_A^{1/2}=0。$$

解得：

$$U_A=6\ 400, U_B=3\ 200。$$

此时，$x=80$，$y=80$。

(六) 案例分析题

1. 解析：

案例中石油价格变化导致使用该汽油的本类型汽车需求发生的变化属于局部均衡，由一种类型汽车需求变化又引起了一系列汽车需求变化就是一般均衡。

造成这种变化的原因是显而易见的。假设一个人每年需要驾驶 15 000 英里，每加仑汽油可供一辆大型汽车行驶 15 英里，如果是一辆小型汽车就可以行驶 30 英里。这就是说如果他坚持选择大型汽车，每年他必须购买1 000加仑汽油，如果他满足于小型汽车，他只需购买一半的汽油，也就是 500 加仑就够了，当汽油价格处于 1981 年的最高点，即每加仑 1.40 美元的时候，选择小型汽车意味着每年可以节省700美元。即便他曾经是大型汽车的拥护者,在这种情况下,在每年700美元的数字面前,他也会觉得有必要考虑一下小型汽车的好处。

2. 解析:

本案例中两位经济学家对不可再生资源所持观点实际上取决于他们所用的分析方法,埃尔里奇用的是局部均衡分析法,西蒙采用的是一般均衡分析法,而且是动态的。局部均衡分析法通常假定某一产品(或要素)的需求和供给只取决于其自身的价格,不考虑其他市场的影响,因而这种方法隔绝了各类市场之间的联系。一般均衡分析法通常认为各种市场之间存在着不可忽略的联系,一种产品(或要素)的价格是所有市场共同决定的。因此,本案例中这两位经济学家赌博的最终输赢实际上是这两种分析方法之间的输赢,是这两种分析方法哪一种更接近经济生活现实的问题。

这5种金属无疑是不可再生性资源,但也同任何其他资源一样受价格调节。当这5种金属越来越短缺时,其价格必定上升。但为什么现实中这5种金属越来越少,而价格反而下降,西蒙赢得了这场赌博呢?关键在于价格上升对于刺激供给的作用。

世界上任何一种资源都有其替代品,不可再生性资源同样也有替代品。当这5种金属的价格上升时,就刺激了人们去开发它们的替代品。例如,铜和锡过去主要是用于制造各种生活器皿。当铜和锡的价格上升时,发明并大量生产替代铜和锡的塑料制品就有利可图了。同样,铜和其他制造电线的金属价格上升也刺激了人们开发替代铜的光导纤维,光导纤维主要以沙子为原料。这就是说,这5种金属价格的上升刺激了人们去开发它们的替代品。当这些替代品大量生产出来时,供给增加,价格下降,人们就会用替代品取代这些金属。这时,这些金属的需求大大减少,价格自然就下降了。

替代品的开发与大量生产是技术进步的结果,但促进这种技术进步的是价格机制。在市场经济中,包括专利在内的产权受到立法保护,人们可以从自己的发明创造中获得丰厚利益。这是激励人们开发各种替代品的动力。发明者寻找和开发这5种金属的替代品——塑料或光导纤维等,当然这并不是为了解决社会面临的这5种金属短缺问题,而是为了获利。但在他们为获利而开发这 5 种金属的替代品时，他们就为社会进步作出了贡献。价格调节使发明者的个人利益与社会利益相一致。这就是市场调节自发刺激技术进步的机制。有了这种机制，人类就可以生产出一切不可再生性资源的替代品。因此，像这 5 种金属一样的不可再生性资源，不会枯竭，价格也不会无限上升。而且，价格上升到一定程度后，必然由于替代品的大量生产而再下降，甚至低于原来的价格水平。这正是西蒙敢于打这场赌的理论依据。他的获胜不是偶尔的运气，而是客观经济规律的必然结果。

埃尔里奇最终在这场赌博中输给了西蒙，证明一般均衡分析法比局部均衡分析法更接近经济现实。从一般均衡分析角度出发，我们可以在很多问题上保持正确且乐观的态度。以土地为例，如果土地的价格过高，那么就会出现土地替代品，比如会发展起高层楼房，会填海造地，会向还未被开发的土地扩展等等。如果地球上的土地价格实在太高，那么，开发月球土地资源就会顺理成章并有利可图。总之，只要土地价格过高，就会出现土地的替代品，从而使土地价格保持相对稳定。同样，对待水资源匮乏的问题我们也无需悲观，依靠价格机制可以解决水资源短缺的问题。如果水价大幅度提高到一定程度时，海水淡化、废水重新利用等都会有利可图的，水的供给就会增加，同时，水价上升能促使人们节约用水，减少需求。比如当水价较低时，用滴灌技术代替大水漫灌是不经济的。但当价格涨到一定程度，人们就会自觉地采用滴灌技术，因为这样做才经济合算。水价上升不仅会使已发明的各种节水技术得以利用，同时也能刺激新的节水技术的出现。照此推理，解决水资源危机的核心方法就是保证价格机制的正常运行。

3. 解析：

收入分配差距的拉大是由社会主义计划经济向市场经济转型的必然结果。这有利于提倡自由竞争，有利于鼓励人们勤劳致富，有利于提高全社会资源配置效率，有利于投资增长，对经济的增长起到了促进作用。经济发展与收入分配之间的关系可以形象地用做蛋糕与分蛋糕来说明，经济发展越快，蛋糕做得越大，即使蛋糕分得不是很均匀，每个人得到的也可能会比蛋糕较小而分配得均匀时多。因此判断一种经济制度优劣的标准首先不是平等而是效率,不是它的蛋糕分得平均不平均,而是它的蛋糕有多大。或者说,应该提倡效率优先。回顾中国这些年走过的路,对这个道理会有更深的体会。改革开放前,我国的基尼系数在0.13～0.19之间,收入分配是较为平等的。但这种平等是以经济落后为代价的,所实现的只是共同贫穷。改革开放这些年来,收入不平等的差距的确拉大了。但蛋糕做得大多了,尽管分得不均匀,但每个人分到的都多了。我国人民总体生活水平的提高是有目共睹的事实。

收入分配差距的拉大这种现象不仅出现在中国,也在世界各国出现过或当前现实中存在。从世界历史经验看,经济发展中都有一个先是收入差距拉大,以后又逐渐较为平等的过程。经济发展到一定阶段之后,随着市场经济的完善和政府采取一些收入再分配政策,收入差距会缩小。现在发达国家比发展中国家收入分配更平等正是这个原因。

收入分配与经济发展的关系说明了一个简单的道理:蛋糕小时只能先让干活的人多吃,他们吃得多,会把蛋糕做得更大,这时每个人分得的蛋糕也大了,如果蛋糕小时平均分配,谁还会努力做蛋糕呢?

有人认为收入差距的拉大证明了社会的不公平程度在加剧。其实,公平有几种理解:起点的平等、过程的平等和结果的平等。起点平等是指所有人对生产要素的占有都一样;过程平等是指经济游戏的规则对任何人都平等;结果平等是指所有人对社会产出的分享程度都相同。相对而言,起点平等和结果平等是很难做到的。因此,强调收入分配公平时应该更多地侧重于过程的公平,即保证人人都有平等竞争的机会。

由于收入分配差距过大会带来种种社会问题,因此必须采取措施缩小收入分配的差距。如:(1)要加大税收征管力度,强化国家税收对收入分配的调节职能,完善个人所得税法,开征遗产税;保护合法收入,整顿不合理收入,调节过高收入,取缔非法收入。同时健全法律法规,加强民主监督和制度监管,减少和杜绝贪污腐败现象。(2)提高农民收入,减少城乡收入差距。(3)加快西部开发,缩小地区收入差距。

4. 解析：

阿罗不可能性定理是指在一般情况下，要从已知的各种个人偏好顺序中推导出统一的社会偏好顺序是不可能的。阿罗不可能性定理的意思是，“只要给出几个选择者都必然会接受的前提条件，在这些前提条件的规定下，人们在一般或普遍意义上不可能找到一套规则（或程序）在个人选择顺序基础上推导出来”。由此进一步推出，在一般或普遍意义上，无法找到能保证所有选择者福利只会增加不会受损的社会状态。

阿罗所说的几个选择者必然接受的条件是：(1) 广泛性。至少有三个或三个以上的被选方案，以供选择者选择；(2) 一致性。即一定的社会选择顺序以一定的个人选择为基础，但必须符合公众的一致偏好；(3) 独立性。不相关的方案具有独立性；(4) 独立主权原则。对备选方案的选择和确定，应由公民完全依据个人的喜好而定，不能由社会强加；(5) 非独裁性。不能让每一个人的喜好决定整个社会对备选方案的排序顺序，应坚持自由和民主的原则。

阿罗认为上述五个相互独立的条件每一个都是必要的，但是要构造能同时满足这些条件的社会福利函数是不可能的。导致不可能的原因在于 5 个条件之间相互存在矛盾，因此不可能达到完全一致。他从中得出了一个似乎不可思议的结论：没有任何解决办法能够摆脱“投票悖论”的阴影，在从个人偏好过渡到社会偏好时，能使社会偏好得到满足，又能代表广泛的个人偏好这样一种排序方法，只有强制与独裁。这样寻找合理的社会选择机制的努力就几乎陷入了困境。

阿罗不可能性定理打破了一些被人们认为是真理的观点，也让人们对公共选择和民主制度有了新的认识。人们所推崇的“少数服从多数”的社会选择方式不能满足“阿罗五个条件”，如市场存在着失灵一样，对公共选择原则也会导致民主的失效。因此多数票原则的合理性是有限度的。

第 11 章

市场失灵与微观经济政策

一、习　题

（一）名词解释

1. 寻租
2. 外部效应
3. 科斯定理
4. 市场失灵
5. 不完全信息
6. 逆向选择
7. 外部经济
8. 外部不经济
9. 公共物品
10. 搭便车
11. 市场信号
12. 道德风险
13. 柠檬市场
14. 公共资源
15. 集体选择
16. 信息不对称

（二）单项选择题

1. 被称作外部经济效果的市场失灵发生在（　　）。

A. 当市场价格不能反映一项交易的所有成本和收益时

B. 当竞争建立在自身利益最大化的前提上时

C. 当厂商追求利润最大化目标时

D. 当市场不能完全出清时

2. 某一经济活动存在外部经济效果是指该活动的（　　）。

A. 私人利益大于社会利益　　B. 私人成本大于社会成本

C. 私人利益小于社会利益　　D. 私人成本小于社会成本

3. 当人们无偿地享有了额外收益时，称作（　　）。

A. 公共产品　　B. 负外部经济效果

C. 交易成本　　D. 正外部经济效果

4. 如果一个市场上一种商品相对社会最优产量来说处于供给不足状态，这说明存在（　　）。

A. 正外部经济效果　　B. 信息不完全

C. 负外部经济效果　　D. 逆向选择

5. 当正外部经济效果发生在一种产品的生产中时，（　　）。

A. 太多的资源被分配给该产品的生产

B. 社会边际收益大于私人边际成本

C. 社会边际收益小于私人边际成本

D. 社会边际收益等于私人边际成本

6. 从社会角度来看，效率要求（　　）相等。

A. 社会边际收益和社会边际成本

B. 社会边际收益和私人边际收益

C. 社会边际成本和私人边际收益

D. 社会边际成本和私人边际成本

7. 一旦产权被分配后，市场将产生一个有社会效率的结果，这种观点称为(　　)。

A. 有效市场理论　　B. 看不见的手

C. 科斯定理　　D. 逆向选择

8. 科斯定理的一个局限性是(　　)。

A. 当存在大量厂商时最有效

B. 假设存在很大的交易成本

C. 只有当普遍拥有产权时才成立

D. 当交易成本很高时不成立

9. 如果某种产品的生产正在造成污染,因而社会边际成本大于私人边际成本,适当的政策是征税,征税额等于(　　)。

A. 治理污染设备的成本

B. 私人边际成本

C. 社会边际成本和私人边际成本之差

D. 社会边际成本

10. 在保险市场上出现"保险价格过高保险公司不愿意提供保险"现象的主要原因是(　　)。

A. 外部效应　　B. 搭便车行为

C. 信息不完全　　D. 道德陷阱

11. 卖主比买主知道更多关于商品的信息,这种情况被称为(　　)。

A. 道德陷阱　　B. 搭便车问题

C. 信息不对称问题　　D. 逆向选择

12. 市场失灵是指(　　)。

A. 在私人部门和公共部门之间资源配置不均

B. 不能产生任何有用成果的市场过程

C. 以市场为基础的对资源的低效率配置

D. 收入分配不平等

13. 在完全竞争市场中出现低效率的资源配置是因为产品价格(　　)边际成本。

A. 小于　　　　　　　　B. 大于

C. 等于　　　　　　　　D. 可能不等于

14. 为了提高资源配置效率,政府对竞争性行业厂商的垄断行为(　　)。

A. 是限制的　　　　　　B. 是提倡的

C. 是不管的　　　　　　D. 是有条件地加以支持的

15. 某个厂商的一项经济活动对其他厂商产生有利影响,这种现象被称作(　　)。

A. 生产的外部不经济　　B. 消费的外部不经济

C. 生产的外部经济　　　D. 消费的外部经济

16. 某人的吸烟行为属于(　　)。

A. 生产的外部经济　　　B. 消费的外部经济

C. 生产的外部不经济　　D. 消费的外部不经济

17. 如果上游工厂污染了下游居民的饮水,按照科斯定理,(　　),此时该问题就可妥善解决。

A. 不管产权是否明确,只要交易成本为零

B. 只要产权明确,且交易成本为零

C. 只要产权明确,不管交易成本有多大

D. 不论产权是否明确,交易成本是否为零

18. “公共产品的产权是属于社会,而不属于任何个人”是指公共产品具有(　　)。

A. 排他性　　　　　　　B. 非排他性

C. 竞争性　　　　　　　D. 非竞争性

19. 对造成外部不经济的企业,国家应采取(　　)政策。

A. 拆分　　　　　　　　B. 发放津贴

C. 国有化　　　　　　　D. 征税

20. 产权理论的中心论题是(　　)。

A. 产权不能交易

B. 责任而不是权利

C. 确保获得利润

D. 只要存在交易成本,产权制度就对经济活动产生影响

21. 某项生产活动存在外部不经济时,其产量(　　)帕累托最优产量。

A. 大于　　B. 小于

C. 等于　　D. 以上三种情况都有可能

22. 市场不能提供纯粹的公共物品是因为(　　)。

A. 公共物品不具有排他性　　B. 公共物品不具有竞争性

C. 消费者都想“免费乘车”　　D. 以上三种情况都是

23. 下列情况哪一种属于寻租行为(　　)。

A. 公司凭借自己所有的财产收取租金

B. 公司投入资源去劝说政府阻止新公司进入它的行业

C. 政府剥夺公司的垄断租金

D. 政府查出公司的垄断租金

24. 政府提供的物品(　　)公共物品。

A. 一定是　　B. 不都是　　C. 大部分是　　D. 少部分是

25. 政府提供国防等公共物品的原因是(　　)。

A. 人们对这类物品的评价不高

B. 存在私人企业可以获得的潜在超额利润

C. 搭便车问题会引起由私人市场提供时供给不足

D. 在生产这些物品方面,政府比私人企业更有效率

26. 下面存在搭便车问题的物品是(　　)。

A. 收费的高速公路　　B. 收学费的学校

C. 路灯　　D. 私人经营的商店

27. 得到公共物品总需求曲线的方法是(　　)。

A. 把个人边际成本曲线垂直相加

B. 把个人边际成本曲线水平相加

C. 把个人边际收益曲线垂直相加

D. 把个人边际收益曲线水平相加

28. 对于一项交易的双方来说，一般会存在信息不对称，比如可能交易的买方对交易对手的情况不了解，那么原因可能有(　　)。

A. 买方自身认识能力有限

B. 交易对手有意隐瞒

C. 对于买方来说，要想掌握更多的信息需要付出更大的成本

D. 上面各项都有可能

29. 公共产品的均衡产量，可以由(　　)决定。

A. 市场供求　　B. 购买者

C. 投入—产出分析法　　D. 成本—收益分析法

30. 通过(　　)可以使外部不经济的产品减少供给。

A. 减税　　B. 补贴　　C. 增加税收　　D. 市场价格变动

31. 下面哪一个是市场失灵的例子？(　　)

A. 房屋价格昂贵

B. 穷人不能得到足够的医疗保健

C. 富人对财富和名誉的炫耀令人反感

D. 阶段性的高失业率困扰着市场经济

32. 公共产品的生产可通过特定的社会体制决定，称为公共选择理论，下面属于公共选择的理论内容为(　　)。

A. 集权决策　　B. 投票决策

C. 阿罗不可能性定理　　D. 以上各项都是

33. 通过产权界定或给资源使用权定价，较适宜于有效利用的资源为(　　)。

A. 人力资源　　B. 一次性使用资源

C. 可再生自然资源　　D. 以上几项都不是

34. 通过税收或补贴来使外部性内化，是指(　　)。

A. 通过税收使原有外部不经济的产品增加供给

B. 通过税收使原有外部不经济的产品减少需求

C. 通过补贴使原有外部经济的产品增加供给

D. 通过税收使原有外部经济的产品减少需求

35. 为了社会平等、生产效率及价格效率等目的,对自然垄断实施价格管制,以下说法错误的是(　　)。

A. 社会平等要求 $P=AC$

B. 价格的效率要求 $P=MC$

C. 生产效率要求 $P=MC=AC_{max}$

D. 采用价格管制达到上述三个目的是不可能的

36. 政府干预可能导致的消极后果是(　　)。

A. 动态非效率　　B. 产品质量下降

C. 短期行为　　D. 以上全是

37. 通过明晰产权解决外部性问题的典型案例是(　　)。

A. 造纸厂的排污危害江河下游生活

B. 在公共场合吸烟导致吸“二手烟”

C. 家庭舞会影响邻居休息

D. 黄色网站毒害青少年身心健康

38. 在信息搜寻模型中,人们花在信息搜寻上的边际成本(　　)。

A. 随着搜寻范围的扩大而上升

B. 随着搜寻范围的扩大而下降

C. 不受搜寻范围的影响

D. 无法确定

39. 信息市场不像其他商品市场那样能够良好地运作,是因为(　　)。

A. 没有企业愿意出售自身信息

B. 消费者不愿意花钱购买信息

C. 消费者在真正购买信息之前难以确定他们购买的究竟是什么

D. 信息是无形商品

40. 一条阻塞的高速公路因其排他成本(　　)而像公共物品,但因其多一个使用者使用的成本(　　),又可以看成是私人物品。

A. 低,低　　B. 高,低　　C. 高,高　　D. 低,高

（三）辨析题

1. 公共物品的生产决策与私人物品的生产决策一样都由市场经济的运行规则决定。

2. 市场经济在任何情况下都能充分有效地发挥资源的配置作用。

3. 外部经济说明私人成本低于社会成本。

4. 由于垄断会使效率下降，因此任何垄断都是要不得的。

5. 在垄断存在的情况下，政府必须进行控制，其目标是实现帕累托最优，同时兼顾公平。

6. 在不完全信息条件下，降低商品和要素价格一定会刺激消费者对该商品的需求。

7. 产生逆向选择时，不一定都需要进行行政干预，可以通过有效的制度安排和有力措施加以排除。

8. 外部经济有利于资源配置。

9. 纯公共物品必须同时具有非竞争性和非排他性。

10. 科斯主张用产权明晰化的办法来解决外部性问题。

11. 交易费用为零在现实中是不存在的。

12. 在公共选择理论中，多数票原则是最有效原则。

13. 养蜂者的活动对果园生产者的利益存在生产的外部影响。

14. 垄断对社会造成的损害只在于企业获得了超额利润。

15. 对产生外部经济行为的企业或个人应采取征税或罚款的措施。

16. 一项公共物品是否值得生产，主要依据公众的意愿。

17. 不完全竞争市场中出现低效率的资源配置表现为产品价格低于边际成本。

18. 事先隐藏信息的逆向选择问题，只出现于卖方。

（四）简答题

1. 什么叫市场失灵？哪些情况会导致市场失灵？

2. 垄断为什么不能实现帕累托最优?

3. 外部性如何干扰市场对资源的配置?

4. 什么是科斯定理?为什么一些西方经济学家会认为明确产权可以解决外部影响问题?

5. 公共物品与私人物品相比有什么特点?这种特点怎样说明在公共物品生产上市场是失灵的?

6. 什么是不完全信息和不对称信息?

7. 广告是促进还是妨碍有效的市场竞争?

8. 垄断是如何造成市场失灵的?

9. 什么是道德风险?列出三种雇主为了降低道德风险会采取的措施。

10. 什么是委托—代理问题?该问题是如何产生的?

(五)计算题

1. 某产品的市场需求函数 $Q=1\ 000-5P$,成本函数 $C=20Q$。求:

(1) 如果生产这种产品的厂商为完全垄断厂商,在其实现利润最大化时的产量、价格和利润分别是多少?

(2) 达到帕累托最优状态的产量和价格分别是多少?

(3) 垄断造成的社会福利净损失为多少?

2. 假设对于某厂商来说,从私人角度看每增加生产 1 单位产品可以增加私人收益 14 元;从社会角度看,除了私人收益外,每增加生产 1 单位产品可以增加社会收益 6 元。厂商的成本函数为 $C=Q^2-20Q$。试问为实现帕累托最优状态,政府补贴可以使产量增加多少?

3. 假设某化工厂产品的反需求函数 $P=600-2Q$,成本函数 $C_p=3Q^2-400Q+40\ 000$。

(1) 试求该化工厂获得最大利润时的产量、价格和利润。

(2) 如果考虑外部不经济问题,社会成本函数为 $C_s=4.25Q^2-400Q+40\ 000$,求帕累托最优状态下的产量和价格。

4. 假设一个养蜂场位于一个苹果园的边上,它们都位于竞争性市场上，设苹果的产量为 A，蜂蜜的产量为 H，养蜂场和苹果园的生产成本函数分别为 $C_H(H)=\frac{H^2}{100}$，$C_A(A)=\frac{A^2}{100}-H$，蜂蜜的价格是 1 元，苹果的价格是 2 元。试求：

(1)两个农场独立经营，则蜂蜜的均衡产出为多少？苹果的均衡产出为多少？

(2) 两个农场合并经营，则蜂蜜的均衡产出为多少？苹果的均衡产出为多少？

(3) 两个农场独立经营，为了达到社会的有效供给，则应对蜂蜜生产实行多少补贴？

5. 假设有 10 个人住在一条街上，每个人愿意为增加一盏路灯支付 2 美元，而不管已提供的路灯数量。若提供 X 盏路灯的成本函数为 $C(X)=X^2$，试求最优路灯安装只数。

6. 在一个社区内有三个集团，他们对公共电视节目小时数 T 的需求曲线分别为：$W_1=100-T$，$W_2=150-2T$，$W_3=200-T$。假定公共电视是一种纯粹的公共物品，它能以每小时 100 美元的不变边际成本生产出来。

(1) 公共电视有效率的小时数是多少？

(2) 如果电视为私人物品，一个竞争性的私人市场会提供多少电视小时数？

7. 设一个公共牧场的成本是 $C=5X^2+2\,000$，其中，X 是牧场上养牛的头数。牛的价格为 $P=800$ 元。

(1) 求牛场净收益最大时的养牛数。

(2) 若该牧场有 5 户牧民，牧场成本由他们平均分担，这时牧场上将会有多少养牛数？从中会引起什么问题？

8. 一农场主的作物缺水，他要决定是否进行灌溉。如进行灌溉，或者天下雨的话，作物带来的利润是 1 000 元，但若缺水，利润只有 500 元。灌溉的成本是 200 元。农场主的目标是预期利润达到最大。

(1) 如果农场主相信下雨的概率是 50%，他会灌溉吗？

(2) 假如天气预报的准确率是100%,农场主愿意为获得这种准确的天气信息支付多少费用?

9. 某人打算进行一次环球旅行,计划花费 $Y=10\ 000$ 元,旅行带来的效用 $U(Y)=\ln Y$,在旅途中,他有25%的可能性会遗失1 000元。

(1) 如果市场上有250元的保险可购买,此人愿不愿意购买这个保险?

(2) 此人为购买保险愿意支付的最高价格为多少?

(3) 如果此人在购买保险后就变得大意,遗失1 000元的概率由25%提高到30%,这种情况下保险价格应该为多少?

10. 在一个完全竞争的产业中,某厂商发明了一种新生产工艺,这种工艺降低了该厂商的平均成本曲线,使得该厂商在长期内也能获得利润。

(1) 如果市场价格为20元,厂商的边际成本为 $MC=0.4q$,q 为每天的产量,则该厂商每天该生产多少产品?

(2) 假如政府发现该新工艺会污染空气,边际社会成本为 $SMC=0.5q$,在市场价格仍为20的情况下,每天的社会最优产量应是多少?为了使该厂商达到这个产量,政府应如何征税?

11. 一个养蜂人住在果园旁边。果园因为蜜蜂受益,每箱蜜蜂大约可为一亩果园果树授粉。但是蜜蜂的活动还不足以使全部的果树授粉,因此果园主人必须以每亩10元的成本采用人工授粉。如果养蜂的边际成本为 $MC=2+2Q$(Q 是蜂箱的数目),每箱生产20元的蜂蜜。

(1) 养蜂人会养多少箱蜜蜂?

(2) 这是不是经济上有效率的蜂箱数目?

(3) 什么样的变动可以导致更有效率的运作?

12. 如果社会中每人对建造一个游泳池的评价均为100元,即每人愿意为游泳池的建造支付的最大数额为100元。假设社会中有20个人,游泳池的建造成本1 600元。政府通过以下方式融资:每个人开列一张支票给政府,如果总额超过1 600元,则政府会决定建造游泳池(为了简化问题,政府会销毁多余的钱),如果游泳池不能建造的话,政府会还钱给出资者。

(1) 如果每个人都不出资,这种情况是一种均衡吗?

(2) 如果 20 个人每人出资 80 元,这种情况是一种均衡吗?

(3) 如果 16 个人每人出资 100 元,4 人不出资,这种情况是一种均衡吗?

(六) 案例分析题

1. 为什么黄牛没有绝种?

历史上,许多动物的物种都遭受到了灭绝的威胁。当欧洲人第一次到达北美洲时,这个大陆上野牛的数量超过 6 000 万头。但在 19 世纪期间猎杀野牛的行为如此广泛,以至于到 1900 年在政府开始保护动物之前,这种动物只剩 400 头左右了。而非洲的大象,由于偷猎者为获得象牙而大肆捕杀,也面临着灭绝的威胁。

但并不是所有具有商业价值的动物都面临着这种威胁。例如,黄牛是一种有价值的食物来源,但没有一个人担心黄牛将很快绝种。实际上,对牛肉的大量需求保证了这种动物延续地繁衍。

为什么象牙的商业价值威胁到大象,而牛肉的商业价值是黄牛的护身符呢? 政府怎样才能解决与大象生存相类似的问题?

2. 相同与不同:公共厕所经营管理模式的比较

在市场经济中,政府以何种方式提供各种公共产品与服务一直是社会各界关注的热点话题。近年来全国各地都在进行公厕民营化的尝试。

(一) 武昌火车站两公厕竞出天价,年身价过百万

2003 年 8 月,武昌城管局对 6 所收费公厕进行招标,武昌火车站前的两座公厕一年的经营权卖出了 100 多万元的高价。

在武昌清江饭店三楼拍卖现场,尽管有关方面此前曾公开贴出公告招标,但门口的城管工作人员称是内部竞标,拒绝记者旁听。据了解,约有 40 人参与招标。武昌火车站出站口公厕一年经营权底价为 33 万元,竞出 62.15 万元的高价,火车站另一侧农贸大厦边的厕所则拍得 40.1 万元。

(二) 苏州公共厕所一律免费开放

2003 年 1 月 1 日起,苏州 287 座公共厕所已先后全部免费开放。免费

开放后如何实现低成本高水平管理?同年4月22日上午,苏州将市区38座公厕的保洁、维护、管理权向社会进行招标,129位自然人和12家具有环卫行业资质的企业参加了投标。首轮开标结果,有29座公厕找到了"管家",其中22座是个人中标,7座为企业中标,未中标的9座将继续向社会招标。这次招标的标底,通过测定每座公厕的每年全部保洁和维修等费用确定,这笔费用由市和区两级财政各承担一半。招标时对公厕的保洁和维修制定有详细的标准和要求,如"一客一保洁",即每位客人使用公厕后都要保洁一次,还规定管理者除可以向使用公厕者代售一角一份的手纸外,不可再有其他收费服务。保洁维护权转让后,苏州市环卫部门将对每座公厕一个月不少于10次检查。

城市公共卫生服务是一种典型的公共物品,那么,在公共物品生产与供给模式中,苏州模式与武昌模式孰优孰劣?在公共物品的供给中,是否可以简单地以改革产权的方式,就可以解决公共物品使用中的搭便车现象?

3."土掌房"的房顶是私有的吗?

在云南省泸西县一个叫作"城子"的古村落,其独特的住宅建筑模式引起游客的浓厚兴趣。

城子村的住宅叫作"土掌房"。修建时先夯土为墙,至两层的高度,再修建平顶。先以横木搭在墙上,再纵向平铺树枝树叶,用稀质胶土涂抹,压实,上面再层层覆盖胶土,用力踩压夯实。土掌房建筑以土为主,墙厚屋顶也厚,吸热慢散热也慢,有利于调节昼夜及冬夏气温。城子村属于当地自然条件优越的区域,人口众多,土地宝贵。这里的主要种植物是玉米和稻谷,成熟时节需要晒场晾晒。依山建筑土掌房,前面人家的房顶可以成为后面人家的晒场,而左右毗邻的房顶还可以成为通道,这样可以提高建筑密度,节省土地。整个城子村,几百户人家,上千座土掌房,一排排依山而建,远远看去,像一条条彩带缠绕山间。城子村土掌房的建筑模式基于其特殊的地理环境和建筑材料优势,有其技术和经济上的合理性,但是其中涉及的某些与产权和外部性有关的问题可能是传统经济学无法解释的。

城子村的土掌房在经济学上最令人感兴趣的地方在于其屋顶。就产权来说，尽管修建房屋的时候会有乡邻帮忙，每一户人家的屋顶和整个房屋作为一个整体，权力的内涵和边界都是清晰的。这样，当每一户人家的屋顶都成为后面一家人的晒场或者村庄的通道时，按照我们对传统经济学的理解，外部性问题就产生了。当然，每一户人家向别人提供屋顶作为晒场，同时也得到前面一户人家的屋顶作为晒场，这相当于一种交易。但更直接而真实的原因是，城子村所在地区属于多雨区域，其水平的房顶需要不断踩压才能保证其板结踏实，才能防止漏水。所以，每一户人家将自己房顶提供给后面人家作为晒场，一方面为他人提供了外部性，另一方面也是在维护和实现自己的利益。在这里，每户人家都在主动向他人提供外部性，这符合他的直接利益；同时，每一户人家也在接受他人提供的外部性，这既符合自身利益也符合他人利益。人们的这样一种行为模式，并没有否认经济学的自利性假设。实际上，在选择住址时，人们更愿意将自己的住房盖在自己亲戚住房的前后，这实际上体现的是将外部性内部化的追求，这其中当然也体现着人们对自身利益的强调。

“土掌房”的房顶产权是明晰的吗？为何存在外部性问题？这种外部性是否导致了资源的无效配置？为什么？

4. 香港地铁盈利模式的正外部性分析

香港在发展轨道交通方面成绩显著，香港地铁公司是世界上为数不多的盈利的地铁公司之一。香港地铁工程于 1975 年 11 月正式开工，1979 年 10 月开始分段通车，整个路网共有 53 个车站。若以每公里地铁线路接载的乘客量计算，香港超过 5 万人次，东京为 3.7 万人次，首尔为 2.7 万人次，新加坡为 0.91 万人次，伦敦为 0.64 万人次，从这个意义上，香港地铁是世界上效率最高、也是最繁忙的地下交通线。香港地铁客运量长久以来一直维持在日均 230 万人次以上，居民乘坐地铁出行的比例非常高。香港是世界上人口密度最大的城市之一，但却能保持城市交通顺畅，形成了现代化、多元化的公共交通体系，建立了现代化城市管理交通体系。国际大城市的公共交通营运大多需要政府补贴，香港的公共交通营运公司能赢利的现象是国际少有的。

在产权界定方面,香港与世界上大部分国家和地区不同。香港地方主管部门将地铁沿线的土地权充分授予地铁公司,除此之外,地铁公司还拥有地铁资源开发,如广告、物业及自行确定票价的权利。

在世界上大部分国家和地区,地铁企业普遍存在着行业性的政策性亏损。其实,地铁企业亏损的根本原因并非是由于产出少,实际上地铁项目具有巨大的正外部性。地铁项目的建设与运营,至少有4大类直接产出:地铁设施、附属资源、沿线未出让土地的增值,以及沿线已出让土地和物业的增值。此外,地铁还有低碳环保、缓解道路交通拥堵、提升市民生活品质、改善城市投资环境、优化城市布局结构等间接产出。

在传统的经营模式下,地铁企业获得的经济效益仅仅是直接产出的前两类,但其后两类收入往往是前两类收入的几倍甚至近10倍,香港地铁巧妙地将这两项巨大的正外部性得以内在化,从而收获丰厚利润。

香港地铁获利的主要原因是什么?按照你的理解,地铁的外部性主要都体现在哪些方面?这些对于国内其他城市的轨道交通发展有哪些借鉴意义?

二、参考答案

(一) 名词解释

1. 解析:

寻租是指为获得和维持垄断地位从而得到垄断利润(亦即垄断租金)的活动。

2. 解析:

外部效应是指个人或企业的行为直接影响到其他个人和企业,但其他个人和企业并没有因此支付成本或得到补偿的情形。外部效应分为正的外部效应和负的外部效应两种情况。

3. 解析:

科斯定理是一种产权理论,是解决经济活动外部性的重要理论和全新思路。其原理内容是通过产权界定来解决外部效应问题。具体是指在市场交换中，如果交易成本很小，而且收入的高低不影响交易双方的决策，只要产权能够明确地界定，就可以实现社会资源的有效配置。若交易费用为零，那么产权对资源配置的效率就没有影响。

4. 解析：

市场失灵是指市场无法有效率地分配商品和劳务的情况，通常用于无效率状况特别重大，或非市场机构较有效率且创造财富的能力较私人选择为佳时。此外，市场失灵也通常被用于描述市场力量无法满足公共利益的状况。导致市场失灵的原因通常有 4 个：公共产品、外部性、垄断、信息不对称。

5. 解析：

不完全信息是指市场参与者不拥有某种经济环境状态的全部知识。

6. 解析：

逆向选择是指在买卖双方信息不对称的情况下，劣质商品会将优质商品驱逐出市场，进而出现市场交易产品平均质量下降的现象。

7. 解析：

外部经济是指某个家庭或厂商的一项经济活动给其他家庭或厂商无偿地带来好处，显然，这项经济活动的私人利益小于社会利益。

8. 解析：

外部不经济是指某个家庭或厂商的一项经济活动给其他家庭或厂商造成危害，显然，这项经济活动的私人利益大于社会利益。

9. 解析：

公共物品是指具有非竞争性和非排他性、不能依靠市场机制实现有效配置的产品。

10. 解析：

搭便车是指不支付成本或支付很低的成本而消费公共产品的行为。产生的原因是商品的非排他性。由于商品的这种特征，拥有或消费这种商品的人不能或很难把他人排除在获得该商品带来满足的范围之外。这一特征及其相应的问题被形象地称为搭便车。

11. 解析:

市场信号是指一个竞争对手的任何行动。这种信号能直接或间接反映竞争对手的意图、动机、目标或内部情况。竞争对手的行为以多种多样的方式提供信号。有些信号是虚张声势,有些信号是警告,还有些信号表示了某些行动的趋势。它可以消除或减少市场参与者面临的不确定性。

12. 解析:

道德风险是指源于非对称信息的存在。在特定条件下确立的交易,由于事后具有信息优势的一方采取"不道德的"行为而使得另外一方蒙受损失。道德风险是导致市场失灵的一个重要原因。

13. 解析:

柠檬市场即次品市场。当产品的卖方对产品质量比买方有更多信息时,柠檬市场会出现,低质量产品会不断驱逐高质量产品,或高质量产品不愿意进入市场交易。

14. 解析:

公共资源是指没有明确所有者,人人都可以自由获得、免费利用的资源,不具有排他性,但具有竞争性,有别于公共物品和私人物品的一种物品,如海洋、湖泊、草场等。

15. 解析:

集体选择是指当一个人的选择涉及他人的选择,从而需要协商时,集体选择就存在了。集体选择或集体决策也称为公共选择,是指各参与者依据某种协商规则,相互协商来确定集体行动方案的过程。

16. 解析:

信息不对称是指交易中的各人拥有的信息不同。在市场经济活动中,各类人员对有关信息的了解是有差异的:掌握信息比较充分的人员,往往处于比较有利的地位,而信息贫乏的人员,则处于比较不利的地位。一般而言,卖家比买家拥有更多关于交易物品的信息,但反例也可能存在,比如医疗保险,买方通常拥有更多信息。

(二) 单项选择题

略

(三) 辨析题

1. 解析：

错误。私人物品可以根据边际成本等于边际收益的原则，由市场规则决定其价格和数量。公共物品由于存在私人成本与社会成本的不一致，故不能像私人物品那样，由市场规则决定。

2. 解析：

错误。市场有时会出现如垄断、外部性、信息不对称等造成的市场失灵的情况，就不能充分有效地发挥资源配置作用。

3. 解析：

错误。外部经济说明私人收益低于社会收益。外部不经济时，私人成本低于社会成本。

4. 解析：

错误。垄断会使效率下降，是市场失灵的原因之一。但不是所有垄断都不应存在，有些需要集中大量资源、技术，短时间无法靠市场收回成本的行业还是需要垄断，比如铁路等。

5. 解析：

正确。垄断常常导致资源配置缺乏效率，垄断利润常常也被看做是不公平的，使得对垄断进行政府干预是必要的。

6. 解析：

错误。消费者在购买商品时，同时考虑价格和质量。如价格下降而质量更差，并不会增加需求。在信息不充分的情况下，消费者无法判断质量是否下降，因而有时会出现逆向选择，即价格下降的同时需求也下降。

7. 解析：

正确。产生逆向选择的主要原因是信息不充分。可以通过有效的制度安排或有力措施加以排除，减少信息的不充分。如广告法限制虚假广告、延长产品保修期等方法。

8. 解析：

错误。外部经济和外部不经济都不利于资源的优化配置。

9. 解析：

正确。同时具有排他性和竞争性的物品是私人物品，而同时具备非竞争性和非排他性的物品为公共物品。若具有非排他性而有竞争性的，称为公共资源。

10. 解析：

正确。科斯认为，只要财产权是明确的，并且交易成本为零或者很小，即能使得私人成本等于社会成本，解决外部性问题。

11. 解析：

正确。交易过程中发现交易对象、询价、签约、修订契约、履约和执行契约等，都必须付出相应费用，交易费用不可能为零。

12. 解析：

错误。与一致同意原则相比，多数票原则协商成本低，更容易达成一致。但多数票原则并非最有效，可能会存在以下问题：忽略少数派利益、收买选票、周期多数等。

13. 解析：

正确。养蜂者养的蜜蜂可以为果园的果树授粉，对果园的生产产生正外部影响。

14. 解析：

错误。垄断对社会造成的损害不只在于企业获得了超额利润，还使整个经济偏离帕累托最优，在低效率中达到均衡。

15. 解析：

错误。对产生外部经济行为的企业或个人应采取补贴等措施，反之，对产生外部不经济行为的企业或个人应采取征税或罚款的措施。

16. 解析：

错误。公共物品的非竞争性和非排他性的特点，决定了生产和消费不能由市场上的个人决策来解决，必须由政府来承担。

17. 解析：

错误。不完全竞争市场中出现低效率的资源配置表现为产品价格高于边际成本，而不是比边际成本低。而产量低于完全竞争的均衡产量。

18. 解析：

错误。有时，买方也会事先隐藏信息，比如买车险的人也许会隐藏自己酗酒的习惯或涂改事故记录。

（四）简答题

1. 解析：

市场失灵是指市场机制在不少场合下会导致资源不适当配置，即导致市场无效率的一种状况。换句话说，市场失灵是自由的市场均衡背离帕累托最优的一种情况。微观经济学表明，在一系列理想的假定条件下，自由竞争的市场经济可以使资源配置达到帕累托最优状态，但理想化的假定条件并不符合现实情况。在以下这些情况下市场会失灵：不完全竞争、公共物品、外部影响、信息不完全等。

2. 解析：

垄断尽管会带来规模经济、降低产品成本、促进科学研究和采用新技术，从而有助于生产力发展，但同时垄断也会降低效率，不能实现帕累托最优。因为垄断的存在必然造成价格高、效率低、社会缺乏公平、厂商的产量低于社会最优产量等现象。同时，垄断行业中存在的技术创新停滞、寻租等现象，又会造成更大的社会成本。

3. 解析：

自由竞争的市场机制会使资源配置达到帕累托最优是有前提条件的，即假定经济活动不存在“外部性”，也就是单个经济活动主体的经济行为产生的私人利益和私人成本就是社会利益和社会成本。但在现实生活中，私人利益和社会利益、私人成本和社会成本往往是不一致的。一项经济活动存在外部经济时，人们从该项活动中得到的私人利益会小于社会利益；而存在外部不经济时，人们从事该项活动所付出的成本又会小于社会成本。在这两种情况下，自由竞争条件下的资源配置都会偏离帕累托最优：存在外部经济时，私人活动水平会低于社会所要求的水平；而存在外部不经济时，私人活动水平会高于社会所要求的水平。

4. 解析：

关于科斯定理的一般说法是：只要产权是明确的，并且市场交易成本为零或者很小，那么无论初始财产权分配给谁，市场均衡的最终结果都是有效率的。按照科斯定理，只要产权是明晰的，而且交易成本为零或者很小，市场力量就可以足够强大，以至于总能够使外部影响“内部化”，从而实现帕累托最优。也就是说，在解决外部影响问题上不一定要政府干预，只要产权明确，市场会自动解决外部性问题。而在此以前，以英国的庇古为主要代表的传统经济学家认为，解决外在性问题需要政府干预：出现外部不经济时要运用征税的办法，其数额应等于外部不经济给其他社会成员造成的损失，使私人成本和社会利益相等，这样可使资源配置达到帕累托最优。因此，科斯定理的出现被认为是对传统经济学的修正。

5. 解析：

公共物品是指供整个社会即全体社会成员共同享用的物品，如国防、警务之类等。这些公共物品只能由政府以某种形式来提供，这是由其消费的非排他性和非竞争性决定的。非排他性指某产品为某人消费的同时，无法排斥别人也来消费这一物品。这与一件衣服、一磅面包之类的私人物品不同。对于私人物品来说，购买者支付了价格就取得了该物品的所有权，就可轻易排斥别人来消费这一物品；而像国防之类的公共物品则不同，该国每一居民不管是否纳税，都享受到了国防保护。非竞争性指公共物品可以同时为许多人所消费，增加一名消费者的消费边际成本为零，即一个人对这种物品的消费不会减少可供别人消费的量，例如增多一位消费者打开电视机不会给电视台带来任何成本的增加。

公共物品使用之所以具有非排他性和非竞争性，是因为公共物品生产上具有不可分性，如国防、警务等提供的服务，不可能像面包、衣服那样可分割为许多细小单位，而只能作为一个整体供全体社会成员使用。当物品可像私人物品那样细分时，消费者就可按一定价格购买自己所需要的一定数量独自享用，排斥他人分享。在这种情况下，消费者对物品的偏好程度可通过愿意支付的价格来表现，使自己的消费达到最大满足，从而市场价格可对资源配置起到支配作用。由于公共物品不能细分，因而人们对公共物品的消费不能由市场价格来决定，价格机制无法将社会对公共物品的供需情况如实地反映出来。这样，公共物品就只能由政府根据社会成员的共同需求来提供。如果要人们根据价格所表现的偏好来生产这些物品，则谁都不愿意表露自己的偏好，只希望别人来生产这些物品，自己坐享其成，这样公共物品就无法生产出来了，因此，在公共物品生产上市场机制就失灵了。

6. 解析：

微观经济学关于竞争市场模型的一个基本假设就是信息完全性，即所有人都知道其他人的经济特征及其各种有关的生产消费信息。显然，这个假定不符合现实。现实生活中的市场都是信息不完全的市场，例如消费者并不完全清楚要购买的商品质量，生产者也并不完全清楚市场上究竟需要多少本企业产品，也不完全知道可供给其作出最有利选择的所有生产技术和所能使用的最合算的全部生产要素。信息不对称可看成信息不完全的一种情况，即一些人比另外一些人具有更多的有关经济信息，例如，工人比雇主更清楚自己的生产能力和工作努力程度，厂商比消费者更了解自己产品的质量。需要说明的是，不完全信息不仅是指人们常常限于认识能力不可能知道在任何时候、任何地方发生的或将要发生的任何情况，而且更重要的是指行为主体为充分了解信息所花费的成本实在太大，不允许他们去掌握完全的信息。例如，保险公司就很难去充分了解参加保险的自行车主是否会谨慎小心地保管自己的车子，除非公司派专人天天跟在每辆投保的自行车后面监视，但如果真这样做，代价实在太大了。因此，自行车主的行为对保险公司来说必然是一种不完全的或者说不对称的信息。

7. 解析:

经济学通常将广告分为两种:一种是信息性广告,一种是劝说性广告。前者旨在提供信息,比如向消费者提供关于商品的销售地点、价格、特征等方面的信息。后者往往是为了掩盖信息,旨在迷惑消费者,使他们以为在没有差别的商品之间存在某些差别,以便对其产品产生良好的印象。

广告是企业宣传其产品的一种信号。企业愿意支付巨额广告费这一事实,在一定程度上暗示消费者,生产者对他们的产品充满信心。如果消费者试用这种产品,存在两种可能:一种是质量确实好,消费者会喜欢它,并成为回头客。企业争取到更大的市场份额,广告是值得考虑的。另一种情况是,产品质量差,企业失去信誉,广告的作用适得其反。正是由于这种反馈机制的存在,使消费者在不同程度上愿意相信广告。但是,广告也可能导致商品的人为差异,并形成市场壁垒,使质量低的现有产品阻挠高质量产品的市场进入。

所以广告是促进还是妨碍有效的市场竞争,取决于广告是否遵守广告法,是否真正传达了正确的信息,让市场更加透明。

8. 解析:

垄断可以造成生产效率不能得到最大限度的发挥,资源不能得到充分利用,社会福利遭受损失。以上问题可由图11-1解释说明,在图中,曲线 D 表示厂商面临的市场需求曲线,曲线 MR 表示厂商的边际收益曲线,假定平均成本和边际成本相等且固定不变,用直线 $AC=MC$ 表示。厂商实现利润最大化的原则是边际成本等于边际收益,厂商将产量确定在 Q_2,价格确定在 P_2,垄断厂商获得超额经济利润,此时确定的价格大于边际成本,消费者愿意为增加额外一单位产量而支付的货币超过生产该单位产量所耗费的成本,资源配置偏

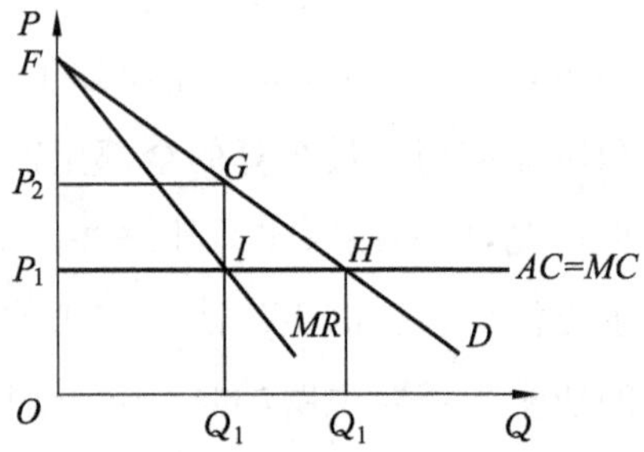

图 11-1

离帕累托最优状态，整个经济均衡于低效率之中。要达到帕累托最优状态，产量应增加到 Q_1，价格应降到 P_1。然而，垄断决定的产量和价格只能是 Q_2 和 P_2。如果产量和价格是完全竞争条件下的 Q_1 和 P_1，消费者剩余是 FP_1H 的面积，当垄断者把价格提高到 P_2 时，消费者剩余只有 $\triangle FP_2G$ 的面积，所减少的消费者剩余的一部分（图 11-1 中 P_1P_2GI 所代表的面积）为垄断者占有，另一部分（$\triangle GIH$ 所代表的面积）就是由于垄断所引起的社会福利的纯损失，它表示由于垄断所造成的低效率而带来的经济损失。不仅如此，垄断还可造成更大的经济损失。为了获得和维持垄断地位从而获取超额经济利润，厂商常常要付出一定的代价，例如，向政府官员行贿，雇佣律师向政府官员游说，等等。这种行为是一种纯粹的浪费，它不是用于生产，没有创造出任何有益的产出，完全是一种非生产性的寻利活动，一般称其为“寻租”活动。现实的经济生活证明，寻租活动造成的经济损失要远远超过传统垄断理论中的“纯损”三角形。

9．解析：

（1）道德风险指一个没有受到完全监督的人从事不忠诚或不合意行为的倾向。一般在双方信息非对称的情况下，人们享有自己行为的收益，而将成本转嫁给别人，从而造成他人损失的可能性。

（2）雇主为了降低道德风险，可做以下三件事：① 更好地进行监督。例如，父母可以在自己家里安装录像机，以便在父母外出时录下保姆的行为，目的是抓住其不负责的行为。② 提供高工资。根据效率工资理论，一些雇主会选择向其工人支付高于劳动市场供求均衡水平的工资。赚到这种高于均衡水平工资的工人不太会怠工，因为如果他被抓住了并被解雇，他就无法找到另一份高工资工作。③ 延期支付部分工资和奖金。企业会延迟支付工人的部分工资和奖金，因为如果抓住工人怠工并解雇，他就会蒙受相当大的惩罚。延期支付报酬的一个例子是年终奖金。同样，一个企业也会选择在工人生命的后期进行支付。

因此，工人随着年龄的增长而增加工资可能不仅仅反映经验的利益，也是对道德风险的一种反映。雇主并不需要单独使用这几种机制，可以用这些机制的某种组合来减少道德风险问题。

10. 解析:

(1) 在法律上,如果一方委托另一方从事某种活动,并签订合同后,双方之间就建立了委托—代理关系。合同的授权人即为委托人,得到授权的人就是代理人。经济学借用这种法学理论,分析两权分离条件下所有者与经营者的关系,指的是所有人(委托人)想使经营者(代理人)按照前者的利益选择行动,但所有者不能直接观测到经营者选择了什么行动,难以进行监督。

(2) 因为经营者的工作成果,既取决于其自身的努力程度,又取决于一些无法控制的客观因素,由于所有者无法区分这两种因素,经营者可能在授权的过程中追求自己的利益,甚至是通过损害所有者的利益来达到这一目的。因此,委托—代理问题源于委托人和代理人之间的信息不对称。解决的办法是建立一套激励约束机制,诱使代理人从自身利益出发,选择对委托人最有利的行动。

(五) 计算题

1. 解析:

(1) 由市场需求曲线函数可得 $P=200-0.2Q$,相应的可得 $MR=200-0.4Q$。由成本函数可得 $MC=20$。

根据完全垄断厂商利润最大化原则 $MR=MC$,即 $MR=200-0.4Q=20=MC$,解得 $Q_m=450$。代入需求函数得 $P_m=200-0.2\times450=110$。

此时,厂商利润为 $\pi=P_mQ_m-TC=110\times450-20\times450=40\ 500$。

(2) 在达到帕累托最优状态时,$P^*=200-0.4Q_m=200-0.4\times450=20$,产量为 $Q^*=1\ 000-5P^*=1\ 000-5\times20=900$。

(3) 由垄断所造成的福利损失为:

$$\frac{1}{2}(Q^*-Q_m)\cdot(P_m-P^*)=\frac{1}{2}\times(900-450)\times(110-20)=20\ 250。$$

2. 解析：

由题意可知，实际上厂商生产的边际收益是私人边际收益和社会边际收益之和，即：

$MR=MR_P+MR_S=14+6=20$。

根据帕累托最优状态的条件可知：$MR=MC$。

即：$20=2Q-20$，

解得：$Q^*=20$。

这意味着政府应该每单位补贴 6 元，从而使产量增加 20 单位。

3. 解析：

(1) 不考虑外部不经济时：

$MR=600-4Q, MC_P=6Q-400$。

令：$MR=MC_P$。

解得：$Q_m=100$。

代入反需求函数可得：$P_m=600-2Q_m=400$，

故：

$\pi=P_mQ_m-C_P=400\times100-(3\times100^2-400\times100+40\ 000)=10\ 000$。

(2) 在考虑外部不经济时，有：

$MR=600-4Q, MC_P=6Q-400, MC_S=8.5Q-400$。

令：$MR=MC_P+MC_S$，

解得：$Q_m=75.68$。

代入反需求函数可得：

$P_m=600-2Q_m=448.64$。

4. 解析：

(1) 两个农场独立经营时，

$MC_H=\frac{1}{50}H, MC_A=\frac{1}{50}A$。

由于两个农场都是充分竞争性的，令：

$MC_H=\frac{1}{50}H=P_H=1, MC_A=\frac{1}{50}A=P_A=2$。

分别解得：$H^*=50, A^*=100$。

(2) 若两个农场合并经营，则总成本为：

$$C=C_H+C_A=\frac{1}{100}H^2+\frac{1}{100}A^2-H,$$

总收益为：

$TR=HP_H+AP_A=H+2A$，

利润为：

$$\pi=TR-C=(H+2A)-\left(\frac{1}{100}H^2+\frac{1}{100}A^2-H\right)。$$

$$令\begin{cases}\dfrac{\partial\pi}{\partial H}=0\\[2mm]\dfrac{\partial\pi}{\partial A}=0\end{cases}$$

解得：$H^*=100, A^*=100$。

(3) 当蜂蜜产量 $H=100$ 时，$MC_H=\frac{1}{50}H=2$，为达到社会的有效供给，应对蜂蜜生产补贴1元。

5. 解析：

如图11-2所示，路灯属于公共物品，每个人愿意为增加一盏路灯支付2美元，10人共20美元，这可看成是对路灯的需求或边际收益，而安装路灯的成本函数为：$C(X)=X^2$。

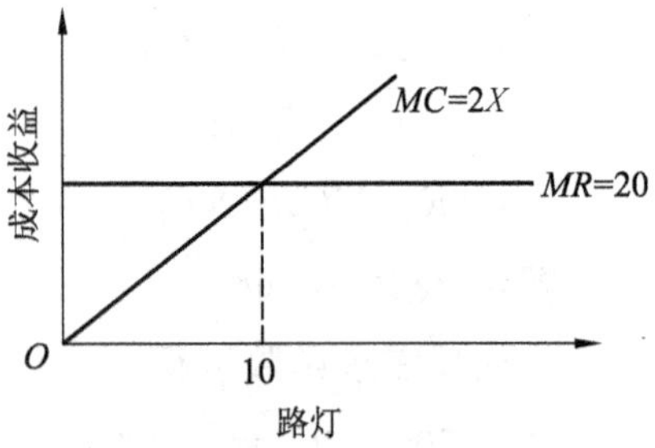

图 11-2

则边际成本函数为：$MC=2X$。

令 $MR=MC$，即：$20=2X$。

解得：$X=10$。

最优路灯安装只数为10。

6. 解析：

(1) 公共电视是一种纯粹的公共物品，因此，要决定供给公共物品的有效水平，必须使这些加总的边际收益与生产的边际成本相等：

$W=W_1+W_2+W_3=450-4T$，

$450-4T=100$，

解得：$T=87.5$。

这就是公共电视的有效小时数。

(2) 在一个竞争性的私人市场中，每个集团会提供的电视小时数为：

$100-T=100, T_1=0$；

$150-2T=100, T_2=25$；

$200-T=100, T_3=100$。

将 T_1, T_2, T_3 相加，得：$T=0+25+100=125$。

这就是竞争性的私人市场会提供的电视小时数。

7. 解析：

(1) 牧场净收益最大的养牛数将由 $P=MC$ 即 $800=10X$ 给出，解得：$X=80$。

(2) 每户牧民分摊的成本是：

$(5X^2+2\ 000)\div 5=X^2+400$，

于是养牛数将是：$800=2X$，

得：$X=400$。

从中引起的问题是牧场因放牧过度，数年后将一片荒芜。这就是“公地的悲剧”。

8. 解析：

(1) 如果农场主相信下雨的概率是 50%，不进行灌溉的话，他的预期利润为：

$E(\pi)=0.5\times 1\ 000+0.5\times 500=750$，

如果进行灌溉，则肯定得到的利润为：

$1\ 000-200=800$。

因此，他会进行灌溉。

(2) 他不买天气预报信息时，如上所述，他会进行灌溉，得到利润 800。

如果买天气预报信息并假定支付 x 元费用，他若知道天下雨，就不灌溉，于是可获利润：

$\pi_1=1\,000-x$，

若确知天不下雨，就灌溉，于是可获利润：

$\pi_2=800-x$。

由于他得到的信息无非是下雨和不下雨，因此，在购买信息情况下的预期利润为：

$E(\pi)=0.5(\pi_1+\pi_2)=900-x$，

令 $E(\pi)=900-x=800$。

解出：不购买预报信息时的利润 $x=100$。

9. 解析：

(1) 用分别表示未发生遗失和发生遗失时的效用，那么不购买保险的预期效用为：

$$EU_1=0.75U_1+0.25=0.75\ln 10\,000+0.25\ln(10\,000-1\,000)$$
$$=9.184。$$

如果此人购买了保险，其旅行的花费分别为：

$10\,000-250=9\,750$ 和 $10\,000-250=9750$。

预期效用为：

$EU_2=0.75U_1+0.25=0.75\ln 9\,750+0.25\ln 9\,750=9.185$。

有 $EU_1<EU_2$。

所以，此人会去买保险。

(2) 设他愿意支付的保费最高为 P，

$$EU_3=0.75U_1+0.25U_2$$
$$=0.75\ln(10\,000-P)+0.25\ln(10\,000-P)$$
$$=\ln(10\,000-P)\geqslant EU_1$$
$$=9.184。$$

解得 $P\leqslant 260$，此人愿意支付的保费最高为 260 元。

(3) 此人在购买保险后，若丢失 1 000 元的概率上升为 30%，公平的保险费应该是：1 000×30%=300 元。

10. 解析：

(1) $MC=0.4q=P=20$，则每天的产量为：

$q=50$。

(2) 由于发现污染，则厂商的边际成本为：

$MC'=MC+SMC=0.4q+0.5q=0.9q$。

令：$MC'=P$，

有：$0.9q=20$，

解得：$q\approx22$。

如果征税 T，则厂商的边际成本为：

$MC+T=0.4q+T=20$。

将 $q\approx22$ 代入，得：$T=11.2$ 元。

11. 解析：

(1) 养蜂人根据 $MR=MC$ 的原则，有：

$2+2Q=20$。

解得：$Q=9$。

养蜂人会养 9 箱蜜蜂。

(2) 这不是有效率的蜂箱数目。因为这些蜜蜂不足以使整个果园的果树授粉。如果果园主人按每亩 10 元的钱发给养蜂人，那么养蜂人的蜂箱数量变为：

$2+2Q=20+10$，

解得：$Q=14$(箱)

(3) 根据外部性理论，如果让果园主人和养蜂人的活动合并，可以将外部经济问题内部化，从而使得运作更有效率。或者，养蜂人可以和果园主人签订合同，使得果园的果树都得到授粉，同时养蜂人得到实惠。

12. 解析：

(1) 如果每个人都不出资，这种情况是一种均衡，即纳什均衡。

(2) 如果 20 个人每人出资 80 元，共出资 1 600 元，那么是林达尔均衡。

(3) 如果 16 个人每人出资 100 元,总额达到 1 600 元,那么政府将建造游泳池,4 人不出资也能享受游泳池,因此不是均衡,是典型的搭便车行为。

(六) 案例分析题

1. 解析:

大象是共有资源,而黄牛是私人物品。大象生活在森林里不属于任何人。每个偷猎者被利益激励着去尽可能多地猎杀他们所能找到的大象。由于偷猎者人数众多,每个偷猎者很少有保存大象种群的激励。与此相比,黄牛生活在私人所有的牧场上,每个牧场主都尽极大的努力来维持自己牧场上的牛群,因为他能从这种努力中得到收益。

政府试图用两种方法解决大象的问题。一些国家,如肯尼亚、坦桑尼亚和乌干达,已经把猎杀大象并出售象牙列为违法行为。但这些法律一直很难得到实施,大象种群在继续减少。而另一些国家激励人们保护自己土地上的大象,结果大象数量开始增加了。由于私有制和利润动机在起作用,非洲大象会在某一天也像黄牛一样安全地摆脱绝灭的厄运。

2. 解析:

首先,武汉模式与苏州模式相比,前者不仅使得政府的直接支出减少,而且,相关部门还有不菲的收入。在苏州模式下,政府不但没有收入,还需投入大量资金以维持公共卫生系统的正常运转,所以实现苏州模式的基础是相对雄厚的财政收入。

其次,应注意不同模式下可能出现的其他负面影响。在武汉模式下,公厕管理者需"24 小时"营业,每分钟须接待两人以上,才能"保本经营",长此以往,公厕的经营权就不会如此吃香。

一般来说,如果通过拍卖等方式出让城市公厕的经营管理权,符合政府管理与社会公众的共同利益。但是如果仅仅一拍了之,然后任凭经营者凭借地理优势和垄断搞天价收费,基本的城市公共设施就成了少数人的盈利场所。有关部门的直接成本降低了,最终的社会成本却增加了。所以这种形式的公共事业民营化与市场激励机制的引入,将少数人的利润最大化放在了首位，使公共服务的生产和消费失去了公平，严重损害了公众利益。

对于类似这种公厕民营化的公共服务市场化改革，政府不能简单地以改革产权然后不闻不问的方式解决，管理部门应该保证各个方面的市场激励机制与此相适应。只有实现公共管理制度的系统性变革，公共服务的市场化才能真正取得成功。

3. 解析：

城子村土掌房建筑的产权是清晰的，但在清晰的产权之下却出现了外部性；外部性是存在的，但资源配置效率不是受到损害，相反却得到了实现和提高。

城子村所体现的思维和行为模式表明，人们依然在追求自身利益，而且人们对自身利益的追求推动了整体利益的实现。不过，这样一种从自我利益到社会利益的实现机制不同于斯密的“无形之手”。斯密的“无形之手”，是市场竞争之手。基于自利的竞争是否能促进社会利益的实现，需要很多复杂而严格的条件。至少，由于产权界定的不完全性，外部性的存在可能影响资源配置最优化的实现。这是竞争经济学的逻辑。但是，问题的关键可能在于，城子村村民不是现代经济学的信奉者，他们思考问题和处理问题的方式也就不同于现代经济学。比如，从城子村村民的行为方式中可以了解到，即使出于自我利益考虑和处理问题，他们也没有将竞争看成是人与人之间行为关系的唯一方式，在这样一种宽容而可塑的思维背景之下，合作可能成为他们考虑和处理人际关系的一种选择。当他们以合作而不是竞争的思维来考虑和处理问题的时候，传统经济学意义上的外部性问题就不再进入他们的思维了。

外部性问题只存在于竞争经济学当中。在那里，人与人之间的关系是竞争而对立的，他人利益的实现总是意味着自身利益的受损。于是，在这样一个霍布斯丛林中，任何人都成为他人的敌人，从而所有人成为所有人的敌人。在这种你死我活的竞争中，外部性成为生死攸关从而不得不被严加关注的问题。但是，如果将人与人之间的关系不是理解为竞争而是理解为合作，不是将他人理解为敌人而是理解为自己的同类甚至兄弟，那么，外部性就不再是一个问题。套用传统经济学的理解方式，当人们意识到自己利益的实现需要他人的合作时,外部性就被内部化,外部性问题因此而不存在。当然,城子村的建筑模式及其背后所体现的人们的思维和行为模式,只是一个特例。不过这个特例也许蕴涵着可以帮助大家拓展认识空间的某些因素。

4. 解析:

香港地铁最大的成功之处,就是将地铁作为一个企业来经营。在符合政府专营权规定义务的条件下,香港地铁始终坚持按照商业运作原则开展业务。地方政府在这其中没有扮演一个干预者的角色,而是通过合理有效的政策推动并扶植其发展,同时也约束企业,使其合法经营;企业则通过与地方政府签订的承诺书,实现对社会和市民的服务承诺,同时获得和维持地铁业务的专营权。主要盈利原因:地铁+地产组合的盈利模式、物业增值、自行定价、引入市场运作机制。地铁的正外部性包括:减少污染,缓解交通堵塞,优化城市结构、节省居民出行时间,出行更安全,提高生活质量,提高了沿线地价,带动沿线地产及相关产业发展。

香港地铁将外部性内化,对国内其他城市轨道交通发展的启示如下:给予地铁公司一定的土地资源,地铁的建设势必会使地铁沿线的地价升值。地方政府可以将地铁沿线的部分地上资源,主要是土地资源,交给地铁公司开发,用地上来养地下;调整票价定制主体,地方政府可以通过调整票价的手法实现地铁公司的扭亏为盈。票价是决定地铁公司收入的重要因素,香港地铁公司票务收入在运营总收入中所占比重非常高。而我国大部分地区城市轨道交通票价过低,以至地铁公司常收不抵支。在地铁票价的制定上,内地目前一般是政府定价,地铁公司没有根据运营成本和客流情况决定票价的权力。其实,应在一定程度上给予地铁运营商定价的权利,发挥地铁票价的弹性作用;政府给予补贴,即政府对地铁公司的经营亏损进行补贴。由于地铁公司在经营初期很难实现盈利,而且地铁公司的亏损部分又是政策性亏损,因此,由政府对地铁公司的亏损进行补贴有一定的合理性。

参考文献

[1] [美]格里高利·曼昆:《经济学原理:微观经济学分册》(第6版),梁小民,梁砾译.北京大学出版社,2012年。

[2] 蔡继明:《微观经济学习题》,人民出版社,2002年。

[3] 陈承明,方东风:《西方经济学习题集》,上海财经大学出版社,2009年。

[4] 陈恳,王蕾:《西方经济学解析·微观部分》,高等教育出版社,2004年。

[5] 陈恳,吴卫华:《西方经济学习题精编》,高等教育出版社,2003年。

[6] 陈恳:《西方经济学解析·微观部分》,高等教育出版社,2004年。

[7] 高鸿业:《微观经济学》(第5版),中国人民大学出版社,2011年。

[8] 高鸿业:《西方经济学习与教学手册》,中国人民大学出版社,2005年4月。

[9] 胡维熊,张德远:《现代西方经济学习题集》,上海财经大学出版社,1996年。

[10] 黄河清:《西方经济学习题集》,暨南大学出版社,2009年。

[11] 黄亚钧,蒋毅一:《微观、宏观经济学学习指导书》,高等教育出版社,2007年。

[12] 黄亚钧:《微观经济学》,高等教育出版社,2005年。

[13] 金圣才:《全国名校经济学考研真题详解》,中国石化出版社,2009年。

[14] 黎诣远,陈迅:《西方经济学学习辅导书》,高等教育出版社,2006年。

[15] 黎诣远:《西方经济学(微观经济学)》,高等教育出版社,2008 年。

[16] 李建琴,史晋川:《微观经济学教程》,浙江大学出版社,2007 年。

[17] 黎东黎,刘东:《微观经济学》,南京大学出版社,2004 年。

[18] 梁小民:《西方经济学导论》,北京大学出版社,2003 年。

[19] 刘厚俊,梁东黎:《西方经济学经典命题》,江西人民出版社,2008 年。

[20] 刘厚俊:《现代西方经济学原理》,南京大学出版社,2009 年。

[21] 卢锋:《经济学原理(中国版)》,南京大学出版社,2002 年。

[22] 平新乔:《微观经济学十八讲》,北京大学出版社,2001 年。

[23] 任保平,宋宇:《微观经济学》,科学出版社,2009 年。

[24] 邵金菊,孙家良:《微观经济学》,浙江大学出版社,2010 年。

[25] [美]斯图亚特·格罗瑟,吉姆·李:《经济学习题集》,李绍荣,葛明磊等译,中国市场出版社,2009 年。

[26] 王瑞泽:《最新经济学考研典型试题解析、点评与扩展》,清华大学出版社,2010 年。

[27] 王小兰,邓容华:《经济学基础》,北京理工大学出版社,2009 年。

[28] 许纯祯,吴宇晖,张东辉:《西方经济学》,高等教育出版社,2008 年。

[29] 尹伯成:《现代西方经济学习题指南(微观部分)》,复旦大学出版社,2009 年。

[30] 游思义,王新俊:《经济学基础》,北京理工大学出版社,2009 年。

[31] 袁志刚:《微观经济学》,高等教育出版社,2008 年。

[32] 张元鹏,李琼,胡翠:《微观经济学习题与解答》,格致出版社,2009 年。

[33] 张云峰,高中良,娄兆麟:《微观经济学典型题解析及自测试题》,西北工业大学出版社,2001 年。

[34] 赵英军:《西方经济学习题集》,机械工业出版社,2006 年。